AF324968

TOUT VIENT A POINT;

QUI PEUT ATTENDRE;

OU

CADICHON,

SUIVI DE JEANNETTE;

OU L'INDISCRÉTION:

CONTES.

Par feu M. le Comte DE CAYLUS;

Pour servir de Supplément aux Contes des Fées de Madame d'AULNOY;

Avec une Préface de l'Auteur.

A LA HAYE,

Et à PARIS,

Chez la Veuve DUCHESNE, Libraire, rue Saint-Jacques, au Temple du Goût.

M. DCC. LXXV.

PRÉFACE

DE L'AUTEUR.

LES Contes de Fées ont été long-temps à la mode ; & dans ma jeuneſſe on ne liſoit guères que cela dans le monde. Mme. la Comteſſe de Murat & Mme. d'Aulnoy ont fait en ce genre des morceaux charmants. La traduction des Contes Arabes & Perſans de MM. Galland & Petis de la Croix ont eu un succès prodigieux ; & ce ſuccès

A 2

étoit mérité. Auſſi ont-ils excité
l'émulation de beaucoup de gens
de Lettres qui ont aſpiré à l'honneur de les imiter. Quelques-
uns ont été heureux ; d'autres
ont été relégués dans la pouſ-
ſière des magaſins de Librairie,
juſqu'au moment où ils ont paſſé
à l'Epicier. Je craignois fort
d'augmenter le nombre de ces
infortunés Conteurs , lorſque
les Sociétés dans leſquelles
j'étois répandu , m'engagèrent à
m'eſſayer en ce genre. Je réſiſ-
tai : mais je me laiſſai ſéduire
enfin , par l'attrait naturel que

les ouvrages d'imagination, &
plus encore par la fin qu'un
homme de Lettres sage & honnête doit toujours se proposer
en écrivant. Je trouvois dans
les Ouvrages des Illustres Dames
dont j'ai parlé, & dans les
Mille & Un, une infinité de
leçons de morale qui s'intro-
duisoient dans le cœur, sous le
masque de l'agrément. Je me
sentois, par mon propre caractère, assez porté à rendre la
vertu aimable, & je ne crus
pas cette voie inutile. D'ailleurs, cela me délassoit ; &

lorsque j'avois bien desséché mon cerveau & fatigué mon esprit à deviner le sens de quelques anciens Hiéroglyphes , je trouvois le vrai plaisir à promener mon imagination dans le vaste champ de la Féerie. Rien, en effet , ne sauroit l'épuiser ; & quelques habiles & actifs que soient les Moissonneurs qui y recueillent, on trouvera toujours , non-seulement à glaner après eux , mais encore à faire une récolte aussi abondante que la leur. Je m'amusai donc à écrire des Contes , par le même motif qui m'engageoit à graver à l'eau forte. Je sentois bien que je ne pouvois atteindre à la perfection dans aucun de ces deux cas : mais c'étoit autant de gagné sur l'ennui du désœuvrement ; & c'étoit assez pour moi.

Mes premiers Contes réussirent néanmoins, & au-delà de mes espérances : cela m'encouragea ; j'en publiai quelques autres qui eurent encore plus de succès. Celui des *Féeries nouvelles* surtout, & des *Contes Orientaux* flatta mon amour-propre, &

peut - être euffé - je continué à m'exercer en ce genre, fi des occupations plus férieufes ne m'en euffent détourné; & j'étois obligé de les fuivre, fans pouvoir me permettre la moindre interruption.

Le goût du fiecle changea: les Romans Métaphyfiques ou libertins prirent la place de *Merlin*, & *d'Urgande la dé-connue*. Ce fut, peut-être, à la honte & au détriment des mœurs. En les peignant comme on les voyoit, plus le portrait étoit reffemblant, & plus il gâtoit le cœur ; car il ne faut pas s'y tromper : il en eſt des Ouvrages d'imagination, comme des problêmes des Caſuiſtes. Il eſt de telles queſtions , que ceux-ci ſe permettent , même dans les Traités les plus graves, qui, par la manière dont elles ſont expoſées , ſont plus propres à donner des appas au vice , qu'à en faire redouter la laideur. Les Fables de la Fontaine ſont d'excellentes leçons de vertu : en diroit-on autant de ſes Contes ?

Je n'ai à me reprocher aucun

écart à ce fujet. Ceux qui ont lu les Féeries que j'ai publiées, ont dû s'appercevoir, au premier coup-d'œil, que je n'ai eu, par - tout , d'autre but que *d'emmieller la viande falubre à l'enfant* , comme dit Montaigne. Je ne m'aviferai pas d'en faire ici l'analyfe , elles font affez connues : je dois feulement dire pourquoi , après plus de trente ans , j'ai encore ofé écrire *Cadichon & Jeannette*. Une femme refpectable, & qui tenoit encore de la vieille Cour , avoit deux jeunes petits - fils , dont

l'un étoit d'une impatience extrême , & l'autre d'un caquet
qui ne finissoit point. La bonne
grand'mere crut que deux Contes sur ces sujets pourroient les
corriger , & elle me pria de
les faire : je n'avois rien à lui
refuser , & j'eus à m'applaudir
de ma confiance ; car , à force
de les lire & relire , chacun des
deux Contes produisit l'effet
qu'on en attendoit ; mais ce
fut par une toute autre cause
que la moralité des Contes.
L'impatient anonnoit en lisant ;
mais il vouloit pouvoir racon-

A 6

ter l'histoire : il fallut y mettre le temps nécessaire pour l'apprendre. Le babillard employoit à lire un temps qu'il auroit perdu à jaser ou à espionner, & c'étoit autant de silence pour lui, je dirois même d'incuriosité. Quoi qu'il en soit , ces Contes leur furent profitables ; & , de quelque œil qu'on les regarde, les Contes de Fées le feront toujours.

Que peut-on , en effet, objecter de raisonnable contre ces sortes d'Ouvrages ? Le merveilleux ? le bizarre ? l'extrava-

gance d'une imagination sans
régle & sans frein ? Que cela
prouve-t-il ? Rien du tout. On
pardonne bien le merveilleux
à Homere , à Virgile & aux
autres Poëtes quelconques. Est-il
plus sage de supposer des Dieux
passionnés , divisés , inconstans ,
injustes & cruels , que de supposer des Enchanteurs & des
Fées qui ont ces mêmes vues ?
Non , sans doute. Il y a plus
même : c'est que les Enchanteurs & les Fées ne sont donnés dans aucun Conte que
comme des Etres puissans , il

est vrai ; mais subordonnés à un pouvoir supérieur au leur. Et aucun Auteur des Féeries n'a jamais manqué de donner la puissance suprême à la bienfaisance ; & Jupiter, le Maître des Dieux, est quelquefois malfaisant.

Les Poëtes peignent les passions & leurs excès ; mais souvent ils se bornent à les peindre. Contens d'avoir rendu la Nature, ils s'inquiètent peu d'en corriger les mouvemens déréglés. Horace a beau nous dire que les Poëmes d'Homere contiennent une morale plus faine que celle qui réfulte des leçons de Chryfippe, de Crantor & des autres Stoïciens. Si Horace n'eût eu la bonté de vouloir trouver dans l'Iliade & l'Odyf-fée les moralités que fon admirable Analyfe nous préfente, aucun des Lecteurs du *divin* Homere ne les auroit, peut-être, jamais apperçues.

Ce n'eft pas que, dans tous les Contes de Fées, la morale foit auffi frappante que dans *Serpentin Verd*, ou dans le *Prince Souci*, &, fur-tout, dans

Rosimond, *Alfaroute* & les autres Contes de l'immortel Féné-
lon, dont le nom devroit être
ici de la plus grande autorité;
mais pour être plus voilée &
moins apparente, la morale se
fait toujours assez sentir pour
produire l'effet que l'Auteur
s'est proposé. Pour prouver cette
assertion, je n'ai qu'à mettre
sous les yeux du Lecteur un
Précis du *Palais de la Vengeance*, l'un des plus beaux
Contes que je connoisse. Mme.
la Comtesse de Murat suppose
un jeune Prince & une jeune

Princesse s'aimant l'un l'autre ,
& aimés l'un & l'autre par une
Fée & un Enchanteur qui se
promettent bien de les rendre
infidèles. Pour y parvenir , ils
les enlèvent de concert & en
même temps. Tout est mis en
œuvre pour leur faire oublier
leurs premieres amours ; vains
efforts , rien ne les séduit , &
chacun d'eux conserve chère-
ment la mémoire de l'objet
aimé. Rébutés enfin de leurs
inutiles tentatives , la Fée &
l'Enchanteur résolvent, dans leur
désespoir , d'accabler ces mal-

heureux amants du poids de toute leur colère, ou, pour mieux dire, de leur fureur. De mille moyens de vengeance entre lesquels leur pouvoir leur permettoit de choisir, ils se décident pour celui qui rendra la vie la plus dure à ces amants trop constants à leur gré. D'un coup de baguette, ils construisent à l'instant un Palais superbe dans une solitude immense qui en défend l'approche à tout effort humain. C'est-là qu'ils transportent le Prince & la Princesse ; ils les douent d'immortalité par un raffinement de barbarie, leur interdisent toute occupation, les privent de toute Société, & les laissent entièrement livrés à eux-mêmes. Servis par des mains invisibles, ils ne voient qu'eux seuls, & se croient dans les premiers instants au comble du bonheur. Leur inexpérience les empêche de s'appercevoir qu'un tête-à-tête éternel, doit bientôt devenir un éternel supplice ; *car*, comme dit Saadi, *toujours du plaisir n'est pas du plaisir. L'ac-coutumance* produit bientôt l'en-

nui ; & lorſque l'ennui vient
ſuccéder à la tendreſſe, le dé-
goût, la haine même ne tar-
dent pas à le ſuivre. Auſſi Mme.
de Murat n'a pas cru pouvoir
mieux terminer ſon Conte,
qu'en diſant que l'Enchanteur
qui avoit enfermé le Prince &
la Princeſſe dans ce Palais déli-
cieux, mais déſert,

Les avoit, dans ces lieux témoins de ſa

vengeance,

Condamnés à ſe voir toujours.

Je me garderai bien de m'ap-
peſantir ſur les réflexions que
ce récit feroit naître ; je dirai

seulement qu'indépendemment
de l'intérêt que le Lecteur prend
pour ces infortunées victimes de
la jalousie & de la vengeance,
l'instruction se glisse dans son
âme, & il apprend qu'il ne
faut point épuiser la sensibilité,
si l'on veut se conserver sensible. Je citerai, à ce sujet, ces
beaux Vers de M. Arouet, dans
une des Épîtres morales qu'il
publia il y a près de trente
ans (*).

(*) Ces mots prouvent que M.
le Comte de Caylus écrivoit ceci vers
1760. (*Note de l'Editeur.*)

Les plaisirs font les fleurs que notre divin
Maître

Dans les ronces du monde autour de nous
fait craître ;

Il en eft pour tout âge , & par des foins
prudents

On en peut conferver pour l'hiver de fes
ans.

Mais s'il faut les cueillir , c'eft d'une main
légère ;

On flétrit aifément leur beauté paffagère.

N'offrez pas à vos fens , de molleffe acca-
blés ,

Tous les parfums de Flore à la fois exhalés.

Il ne faut pas tout voir , tout fentir , tout
entendre.

Quittons les voluptés pour favoir les reprendre.

Le travail eft fouvent le pere du plaifir , &c.

En voilà assez sur un objet que l'on regarde comme purement frivole ; je ne m'étendrai pas davantage sur sa justification. Les gens sensés, qui savent apprécier les choses , ne prosciront jamais ce genre ; & s'il falloit citer une autorité respectable , je dirois que M. de Montesquieu se trouvant, faute d'autres Livres, nécessité à lire les *Mille & une Nuits*, y trouva tant d'attrait, que je lui ai entendu dire, plus d'une fois, qu'il se félicitoit d'avoir fait connoissance avec les Conteurs Arabes,

& qu'il en relifoit volontiers quelque chofe tous les ans.

Au refte , je ne fais pas fi ces deux Contes auront du fuccès ; je ne fais même fi je les mettrai au jour. Je voudrois pouvoir les joindre à quelques Extraits que j'ai faits d'après des Manufcrits de la Bibliothèque du Roi : mais il faudroit pour cela plus de loifir que je n'en ai.

CADICHON,

CADICHON,
CONTE.

IL étoit une fois un Roi & une Reine qui avoient un fort petit Royaume à gouverner. Le Roi se nommoit Petaud ; c'étoit un fort bon homme, assez brusque, d'un esprit simple & très-borné; mais du reste le meilleur Roi qu'il y eût au monde : ses Sujets étoient presqu'aussi grands Maîtres que lui ; car dans les moindres circonstances ils donnoient tout haut leur avis, sans qu'on le leur demandât ; & chacun vouloit qu'on eût égard au ſien, & qu'il fut ſuivi.

La Reine s'appelloit Gillette ; elle n'avoit guères plus d'eſprit que ſon mari, mais il étoit doux, timide & tranquille, ce qui faiſoit qu'elle parloit peu, & ſouvent par Sentences: elle avoit pour le Roi la ſoumiſſion & les déférences que l'on a ordinairement pour un mari de qui l'on tient ſa fortune.

Comme Petaud étoit le ſeul enfant que le Roi ſon pere & la Reine ſa mere euſſent eu de leur mariage, ils avoient réſolu au moment de ſa naiſſance de lui faire épouſer une petite Princeſſe, niece d'une vieille Fée, nommée Gangan, qui étoit pour-lors

l'amie intime des pere & mere de
Petaud. Il eſt vrai que la Princeſſe
n'étoit pas encore venue au monde :
mais ſur la parole & les aſſurances de
Gangan qu'elle ſeroit un jour une
perſonne accomplie , on promit tout
ce qu'elle voulut , & on s'engagea
même par ſerment à ne ſe point
dédire.

Petaud , étant parvenu à l'âge de
vingt-cinq ans , jugea à propos de
ſe marier à ſa fantaiſie ; il s'embarraſſa peu des promeſſes de ſes pere &
mere , & épouſa, ſans leur conſente-
ment , une jeune fille extrêmement
jolie , dont il étoit devenu fort amou-
reux. Elle n'étoit que la fille d'un ri-
che Fermier ; mais quoiqu'elle eût

épousé le fils du Roi, son bon naturel l'empêcha d'être vaine, c'est-à-
dire, sotte.

Le Roi, pere de Petaud, irrité du
mariage de ce Prince, ne put refuser à
Gangan de venger l'affront qu'il leur
faisoit à tous deux : il déshérita ce Prince, lui défendit de jamais paroître à sa
Cour, & le réduisit à sa légitime,
que l'on fixa à une terre assez considérable, dont son beau – pere avoit
été le Fermier. Toute la grace qu'on
lui accorda, fut d'ériger cette terre
en Souveraineté, avec la permission
de porter le titre de Roi & de Majesté.
Peu de temps après sa disgrace, son
pere mourut, & sa mere ayant
obtenu la régence, ne fut pas fâchée

d'être débarraſſé d'un fils, qui, malgré ſon peu d'eſprit, auroit pu tra-
verſer ſes projets, & le deſir qu'elle
avoit de régner.

Petaud n'étoit ni ambitieux, ni
Conquérant; ainſi il ne tarda pas à
s'accoutumer dans ſon petit Etat, &
même à s'y trouver fort bien : tout
petit qu'il étoit, il y régnoit, comme
s'il eût été grand ; à le bien prendre,
c'en étoit autant qu'il lui en falloit ;
& les titres de Roi & de Majeſté lui
tenoient lieu d'un grand Royaume.
Mais comme les eſprits les plus bor-
nés ont toujours leur portion de va-
nité, il ſe piqua bientôt d'imiter le
Roi ſon pere, & créa un Sénéchal,
un Procureur-Fiſcal & un Receveur :

(car on ne connoiſſoit alors ni
Chancelier , ni Parlement , ni Fermes
Générales ; les Rois rendoient la juſ-
tice eux-mêmes , & recevoient tout
ſimplement leurs revenus.) Il fit auſſi
battre monnoie , & compoſa avec
ſon Sénéchal des Ordonnances pour
la Police de ſon petit Etat : ſon beau-
pere fut celui qu'il décora de cette
dignité de Sénéchal : il ſe nommoit
Caboche , c'étoit un homme franc,
ſincère & équitable ; il avoit reçu de
la nature ſa part d'imagination , en
ſens-commun ; auſſi décidoit-il lentement , mais preſque toujours juſte :
il ſavoit par cœur les quatrains de
Pibrac , & aimoit à les reciter. Cette
petite fortune ne le rendit pas plus

vain ; car il continua de faire valoir les Fermes comme auparavant : ce qui lui gagna tellement la confiance de son gendre, que sa Majesté ne pouvoit plus se passer de lui.

Tous les matins Caboche alloit chez le Roi avec qui il déjeûnoit ; ensuite on parloit d'affaire : mais le plus souvent ce Ministre lui disoit : « Sire, avec votre permission, vous » n'y entendez rien , laissez - moi » faire, & tout ira bien ; il faut que » chacun se mêle de son métier, dit » M. Pibrac : mais, répondoit le Roi, » que ferai - je donc moi ? Ce que » vous voudrez, répliquoit Caboche, » vous gouvernerez votre femme & » votre potager. Voilà tout ce qu'il

» vous faut : je crois, en effet, que
» tu as raison, disoit le Roi ; ainsi
» fais ce que tu voudras ». Cependant pour ne rien perdre du côté de
la réputation, il se paroit les jours
de fête d'un Manteau Royal de toile
rouge, imprimée de fleurs d'or, d'une
toque de pareille étoffe, & d'un
Sceptre de bois doré qu'il avoit acheté
d'un vieux Comédien de campagne
qui avoit quitté la profession. Après
son Conseil, il se faisoit apporter
l'Almanach de Liége & celui de Milan,
qu'on lui envoyoit de Troyes tous les
ans dès le mois de Juillet, & qu'il
faisoit relier en beau papier marbré, &
dorer sur tranche. Dans l'un, il appre-
noit les temps propres à semer, plan-

ter, tailler, greffer, faigner & pur-
ger; & il y avoit tant de confiance,
qu'il fe faifoit fouvent médicamenter
lui & la Reine fans en avoir befoin.
Dans l'autre, il étudioit les prédictions
politiques, dont il étoit d'autant plus
émerveillé, qu'il n'y entendoit rien.
Au bout de quelques années, tous ces
Almanachs lui compoferent une petite Bibliothèque qu'il eftimoit autant
que fi elle eût été bonne; & il n'y
avoit même que le Sénéchal & lui
qui en euffent la clé. L'après-midi,
il s'occupoit dans fon petit potager
royal à pratiquer ce que fon Almanach lui avoit enfeigné le matin. Le
foir, il envoyoit chercher Caboche
pour jouer, jufqu'à l'heure du fouper;

B 5

une brifquanbille , ou un piquet au
grand cent , puis il foupoit en Public
avec la Feine , & à dix heures tout
le monde étoit couché.

Gillette, de fon côté, s'occupoit aux
affaires domeftiques , elle filoit avec
fes femmes , & faifoit , avec le lait
de fes vaches & de fes chevres, des
fromages excellents : elle ne man-
quoit pas , fur-tout , de paitrir , tous
les matins , un petit gâteau de farine
d'orge qu'elle faifoit cuire fous la
cendre , & elle le portoit auffi-tôt
avec un fromage à la crême dans
fon petit jardin , au pied d'un rofier,
ainfi qu'il lui avoit été ordonné dans
un fonge le lendemain de fes noces.

La tranquillité dont ils jouiffoient

l'un & l'autre dans leur petit Royaume, n'étoit troublée que par le desir
d'avoir des enfans. Le Roi avoit consulté, mais envain, les Médecins,
les Charlatans & les Devineresses ;
à l'égard des Fées, il étoit trop piqué
contre elles pour y avoir recours. Gillette, au contraire, avoit en leur pouvoir une confiance parfaite ; mais elle
n'osoit la faire connoître, dans la crainte de déplaire à son époux. Malgré cela,
Gangan, peu satisfaite de l'exhéréda-
tion de Petaud, s'étoit encore vengée
sur cette pauvre Reine, en la con-
damnant à être tout à la fois stérile
& féconde.

Il y avoit déja deux ans que Gillette étoit mariée, sans qu'elle eût

eû la moindre apparence de groſſeſſe ;
& Petaud commençoit à déſeſpérer
d'avoir des enfans , lorſqu'un jour la
ſage-femme de ſon Royaume , qui
étoit premiere Dame d'honneur de
la Reine , vint lui annoncer que Sa
Majeſté étoit groſſe. A cette nouvelle,
tranſporté de joie , il l'embraſſa de
tout ſon cœur , & tirant de ſon doigt
une belle bague compoſée d'un œil
de chat , il lui en fit préſent. Il ne
s'en tint pas là , car il donna le ſoir
un grand ſouper à tous les Notables de
ſon Royaume ; après lequel , il tira lui-
même toute ſon artillerie , qui con-
ſiſtoit en douze Arquebuſes à rouet,
& en ſix Carabines à fourchette. On
prétend que , durant le ſouper , ſa joie

immodérée lui avoit fait dire des choses contraires à sa dignité ; & que, sur les remontrances de son Sénéchal, il avoit répondu en versant un grand verre de vin à ce Ministre : « Grand » merci, beau-pere : tu as peut-être » raison ; mais l'on n'est pas tous les » jours pere, au bout du compte : par- » tant, n'en parlons plus, & réjouis- » sons-nous ; car, à ma place, tu en » ferois peut-être de même sagement». Caboche ne répliqua rien, & chacun se retira très-content de leurs Majestés.

Comme le Roi étoit aimé de ses Sujets, on fit, le même jour & à la même heure, des réjouissances par tout le Royaume, & l'on attendit patiem- ment le temps des couches : mais

l'on fut bien furpris, quand, après les
neuf mois révolus, la Reine, ayant
fenti de violentes douleurs, redevint
tout-à-coup tranquille : fa groffeffe,
cependant, bien loin de diminuer, ne
fit qu'augmenter pendant neuf autres
mois ; & au bout de ce temps-là,
elle reffentit encore les mêmes attein-
tes, mais fans aucun fuccès. Enfin,
on vit avec le dernier étonnement,
un évènement fi fingulier fe répéter
de même jufqu'à fept fois, au grand
déplaifir du Roi, de la Reine & de
la fage-femme, fa premiere Dame
d'honneur. De temps en temps, le Roi
feuilletoit fes Almanachs, & con-
fultoit leurs prédictions, fans y rien
trouver qui regardât les femmes grof-

ses, & cela l'impatientoit beaucoup. Il demandoit souvent à la Reine, quand elle vouloit finir d'accoucher ; & la Reine, fort tranquillement, lui répondoit : Sire, *tout vient à point, qui peut attendre.* Ainsi il eut beau s'impatienter, & la Reine vouloir lui obéir, l'Arrêt de Gangan fut exécuté, & cette Princesse ne cessa de devenir grosse pendant plus de cinq années.

On ne savoit que penser d'une aventure si singuliere, lorsqu'un jour, le Roi étant dans son fruitier avec son Sénéchal, on vint lui dire que la Reine venoit de donner le jour à un Prince & à une Princesse ; ils y coururent aussi-tôt, & ils étoient à peine

entrés dans sa chambre, qu'elle mit
encore au monde un fils & une fille,
qui, un moment après, furent suivis
de deux autres. « Miséricorde, s'écria
» le Roi, qu'est-ceci, Madame, &
» quand finirez-vous ? Alors la Reine,
» poussant un grand cri qui annon-
» çoit encore quelque chose, lui ré-
» pondit : je ne sais, Sire ; mais je
» sais *que tout vient à point, qui*
» *peut attendre :* attendre, reprit le
» Roi, oh ! par mon Sceptre, je
» n'en ferai rien ; si je restois ici
» davantage, il me viendroit, je
» crois, autant d'enfans qu'il y a
» de pommes dans mon fruitier ».
En effet, il fut à peine sorti, que la
Reine mit au monde un beau garçon,

qui rendit à sa mere le calme qu'elle desiroit depuis si long-temps. Il avoit les plus beaux yeux qu'on eût jamais vu, la peau fort blanche, & les sourcils, ainsi que les cheveux, d'un noir de jais ; comme il étoit né coëffé, le Roi & la Reine sentirent pour lui plus d'inclination que pour les autres, & cette Princesse voulut absolument nourrir elle-même son petit Cadichon (car c'est ainsi qu'on le nomma).

Au bout de dix huit mois, les trois Princes devinrent si vifs & si semillants, que les nourrices n'en pouvoient venir à bout. Quand elles s'en plaignoient au Roi, il leur répondoit » Laissez les faire, lorsqu'ils auront » mon âge, ils ne seront plus si vifs ;

» j'ai été tout de même, moi qui
» vous parle ; & cela viendra ». Les
trois Princesses, au contraire, étoient
douces, mais si sombres & si tran-
quilles, qu'elles restoient dans la situation où on les mettoit ; ce qui faisoit que le Roi préféroit ses garçons
à ses filles, & que la Reine aimoit
mieux ses filles que ses garçons ;
excepté Cadichon, qui, n'ayant aucun des défauts de ses freres & sœurs,
étoit le plus joli enfant du monde :
il auroit bientôt été gâté, si une Fée
bienfaisante ne l'eût, à l'insu de Gangan & même de Gillette, doué au
moment de sa naissance d'un caractère
égal & invariable.

Lorsqu'il fut question de sevrer les

enfans de leurs Majeftés , on affem-
bla un Conseil extraordinaire , com-
posé du Sénéchal , du Procureur-Fiscal , du Receveur & des Mies qui y
furent appellées. Après bien des con-
teftations , on y réfolut , fur l'avis de
Caboche , de faire ufage de lait de
vache pour les trois garçons , & de lait
de chevre pour les trois filles : cet avis
parut très - propre à corriger , d'une
façon fimple , la vivacité des Princes ,
& la lenteur des Princeffes : mais
quand ils furent plus avancés en âge ,
& qu'il fallut leur donner des alimens
plus folides , ils en firent une fi grande
confommation , que les revenus du
Roi fe trouverent confidérablement
diminués ; d'ailleurs , comme les Princes n'avoient perdu par leur pre-

miere nourriture qu'une partie de
leur vivacité, & que les Princesses
en avoient acquis une nouvelle,
c'étoit toute la journée un carillon
& des disputes effroyables. On se
chamailloit, on se tirailloit, & on
usoit des hardes tant & tant qu'on avoit
peine à y suffire. Il n'y avoit que le petit Cadichon qui fut doux & obéissant :
aussi ses freres & sœurs lui faisoient
toujours quelque niche. « Le Roi di-
» soit souvent à la Reine : vos trois
» filles grandissent furieusement, &,
» par mon Sceptre, je ne sais trop ce
» que j'en ferai, car, pour mes garçons,
» je leur donnerai les baux de mes
» Fermes, & le gain qu'ils feront
» sera pour eux ; mais, pour vos filles,

» cela est différent ». A quoi la Reine répondoit : Sire , donnons-nous patience ; car , *tout vient à point , qui peut attendre.*

Tandis que le Roi Petaud s'inquiétoit, & que la Reine Gillette se tranquillisoit, leurs enfans parvinrent à l'âge de sept ans. Chacun de ceux qui composoient leur Cour , donnoit déjà son avis ou plutôt sa décision pour l'établissement des Princes & Princesses , lorsqu'un matin la Reine venant de paitrir son petit gâteau , apperçut sur la table une jolie petite souris bleue qui rongeoit la pâte : son premier mouvement fut de la chasser , mais un sentiment involontaire l'en empêcha : elle la considera attenti-

vement , & fut fort surprise de la
voir se saisir du petit gâteau & l'emporter dans la cheminée. Sa tranquillité fit place à son impatience, &
courant après la souris, dans le dessein de lui enlever sa proie , elle vit
disparoître l'une & l'autre , & ne
trouva à la place qu'une petite vieille
ratatinée & haute d'un pied. Après
plusieurs grimaces & quelques paroles peu intelligibles, cette petite figure
mit la pelle & les pincettes en croix,
fit dessus , avec le balai , trois cercles
& trois triangles, poussa sept petits
cris aigus, & finit par jeter le balai
par-dessus sa tête. La Reine, malgré
sa frayeur, ne laissa pas de remarquer
que la vieille, en traçant les cercles &

les triangles, avoit prononcé diſtincte-
ment ces trois mots, *confiance*, *diſ-
crétion*, *bonheur* ; elle cherchoit à en
pénétrer le ſens , quand un bruit
qu'elle entendit dans la chambre voiſine, la tira de ſa rêverie : comme
elle crut reconnoître la voix de Cadichon, elle y courut auſſi-tôt : mais
elle eut à peine ouvert la porte,
qu'elle apperçut trois gros hannetons
qui tenoient chacun dans leurs pattes
une de ſes filles , & trois grandes
Demoiſelles qui portoient ſur leurs
dos ſes trois fils. Tout cela, en s'en-
vôlant promptement par la fenêtre ,
chantoit en chœur & fort mélodieu-
ſement , *hanneton , vôle , vôle , vôle.*
Ce qui toucha le plus Gillette , fut

de voir au milieu d'eux Cadichon
entre les pattes de la souris bleue ;
ils étoient l'un & l'autre sur un petit
char, fait d'une grosse coquille de
limaçon, couleur de rose, & traîné
par deux chardonnerets parfaitement
bien panachés. La souris, qui lui parut
plus grande que ne sont ordinairement
les animaux de son espece, avoit une
belle robe de Perse, un mantelet de
velours noir, une coëffe nouée sous
le menton, & deux petites cornes
bleues au-dessus du front. Le char,
les hannetons & les demoiselles partirent avec tant de vitesse, que la
Reine les eut bientôt perdus de vue.
Alors, plus occupée de la perte de
Cadichon & de ses enfants, que des
Fées

Fées & de leur pouvoir, elle se mit
à crier & à pleurer de toutes ses forces. Le Roi, qui l'entendit, accourut
suivi de son Sénéchal, & voulut en
savoir la cause : mais la douleur de
Gillette étoit si forte, qu'elle ne put
lui répondre que par ces mots, les
hannetons . . . . les demoiselles . . . .
ah ! Sire, on enleve nos enfans. Le
Roi, qui ne fit attention qu'à ces der-
nieres paroles, quitta brusquement
Gillette, & ordonna à Caboche de
prendre dans son antichambre deux
mousquetons (car il y en avoit toujours une demi douzaine, en attendant qu'il eût des Gardes). Puis, traversant son potager royal, il gagna
la campagne dans le dessein de pour-

suivre & de tuer les Raviſſeurs.

Il y avoit environ une heure qu'il étoit parti, & la Reine, dont les larmes étoient épuiſées, ne donnoit plus que des ſoupirs à la perte de ſes enfans, lorſqu'elle entendit quelque choſe bourdonner autour d'elle, & vit tomber à ſes pieds un papier plié en quarré ; elle le ramaſſa auſſi-tôt, l'ouvrit précipitamment, & y lut ces mots.

« Calmez votre inquiétude, ma
» chère Gillette, & ſouvenez-vous
» que de la confiance & de la diſcré-
» tion dépend votre bonheur : vous
» l'avez commencé par votre exacti-
» tude à me donner des gâteaux &
» des fromages, & ma reconnoiſ-

» sance fera le reste ; mais soyez tou-
» jours convaincue que *tout vient à*
» *point, qui peut attendre*, & qu'après
» cela vous devez tout espérer de vo-
» tre amie la Fée des Champs.

Ce billet, joint à sa confiance au pouvoir des Fées, acheva de calmer ses inquiétudes ; & , adressant la parole à une petite linotte qu'elle apperçut sur le ciel de son lit : « Linotte, belle » linotte, lui dit-elle, je ferai tout » ce qu'il vous plaira , mais donnez- » moi, je vous prie, lorsque vous en » saurez, des nouvelles de mon petit » Cadichon ». A ces mots, la linotte battit des aîles , chanta & s'envola ; & la Reine persuadée que cela vou- loit dire , *j'y consens* , la remercia &

lui fit une grande révérence. Cependant le Roi & son Sénéchal, las d'avoir
couru inutilement, revinrent à la
maison, & trouverent la Reine si
tranquile, que le Roi en fut presque
scandalisé ; il lui fit plusieurs questions pour en savoir la raison, auxquelles Gillette ne répondit jamais
que, *tout vient à point, qui peut attendre.* Ce sang-froid l'impatienta si fort
qu'il se seroit emporté contre elle, si
son Sénéchal ne lui eût remontré que
Gillette avoit raison, & que Pibrac
& le Conseiller Mathieu l'avoient dit
avant elle dans un de leurs quatrains
qu'il lui récita sur le champ. Le Roi,
pour qui Caboche étoit un Oracle, se
tut, & écouta avec attention un beau

petit discours qu'il lui fit sur les incon-
véniens d'avoir des enfans , & sur les
chagrins & la dépense qu'ils causent
presque toujours à leur pere & mere.
« Par mon Sceptre, dit le Roi, le beau-
» pere a raison , & ces sept marmots-là
» m'auroient ruiné , s'ils fussent plus
» long-temps restés chez moi : par-
» tant, grand merci à qui s'en est
» chargé ; comme ils sont venus, ils
» s'en vont : il n'y a à tout cela que
» du temps de perdu ; ainsi réjouis-
» sons-nous, c'est à recommencer ».
La Reine, qui craignoit de trop parler,
ne répondit rien ; & le Roi, n'ayant
plus rien à dire, retourna dans son Cabinet jouer un cent de piquet avec
son Sénéchal.

C 3

Pendant que tout ceci se passoit chez le Roi Petaud , la Reine, sa mere, se lassant d'un veuvage qui duroit depuis long-temps , résolut de se remarier ; pour cet effet, elle jeta les yeux sur un jeune Prince , voisin de son Royaume & Souverain des Isles-Vertes : il étoit beau , bien fait, & son esprit avoit autant de grace que sa personne ; ses plaisirs étoient son unique occupation ; il n'étoit bruit que de ses galanteries , & l'on assuroit qu'aucune jolie femme de son Royaume ne lui avoit résisté.

La réputation avantageuse & le portrait de ce Prince tournerent si bien la tête de la Reine, qu'elle se flatta de s'en faire aimer , & de fixer son inconstance. Il n'y avoit qu'une difficulté, c'est qu'elle n'étoit ni jeune, ni aimable ; elle avoit la taille haute & maigre, les yeux petits, le nez long & pendant, la bouche fort grande & paſſablement de barbe. Une pareille figure pouvoit être avantageuſe à une Reine pour en impoſer : mais elle étoit peu propre à inſpirer de l'amour. On ne ſauroit tout-à-fait s'aveugler ſur ſes défauts, lorſqu'ils ſont marqués à un certain point : elle ſentit, dans des momens de réflexion, qu'en l'état où elle étoit il lui ſeroit impoſſible de plaire au jeune Roi des Iſles-Vertes, & que, pour y réuſſir, il falloit avoir de la beauté, ou tout au moins de la jeuneſſe ; mais comment y parve-

nir, & comment changer des cheveux gris, & des traits hommasses
en une figure aimable, en graces en-
fantines ou en mines agaçantes?
Il est vrai que Gangan, son amie, lui
auroit été d'un grand secours dans
cette occasion, si cette Fée ne l'eût
pas plusieurs fois pressée inutilement
d'adopter sa nièce, & de la désigner
héritiere de sa Couronne; ainsi, il
y avoit tout à craindre d'exciter sa
colere par une pareille proposition.
La vieille Reine sentit tout cela, hésita,
combattit, & regarda tant & tant le
portrait du beau Prince des Isles-Vertes,
que l'amour l'emporta, enfin, sur les
égards qu'elle devoit à la Fée : elle lui
fit part de ses sentimens, & la conjura,

dans les termes les plus preſſans, de
lui prêter les ſecours de ſon Art, &
de ne lui pas refuſer cette marque
eſſentielle de ſon amitié ; elle alla
même juſqu'à lui faire voir le portrait
du jeune Prince, & à exiger d'elle
l'approbation de ſon deſſein. Gangan
ne put cacher ſa ſurpriſe, mais elle
diſſimula ſon reſſentiment ; elle prévit
de quelle conſéquence il étoit de ſe
déclarer ouvertement contre ce mariage, puiſque le Roi des Iſles-Vertes,
qui avoit preſque ruiné ſes Etats pour
ſubvenir à ſes dépenſes, ſeroit capable de le conclurre par intérêt, & de
le ſoutenir à l'aide d'un puiſſant Génie protecteur de ſon Royaume :
ainſi, feignant de donner les mains à

C 5

cette affaire, elle promit à la Reine
de travailler au plutôt à son rajeu-
nissement ; mais elle se promit, en
même temps, de la tromper, & de
la mettre hors d'état d'exécuter ses
volontés.

Le jour que cette Fée avoit marqué pour l'exécution de ses promes-
ses, elle parut vêtue d'une longue
robe de satin, couleur de chair &
argent ; sa coëffure n'étoit composée
que de fleurs artificielles & pompons
de clinquant ; un petit Nain ama-
ranthe lui portoit la robe, & avoit
sous le bras gauche une boëte noire
de lacque de la Chine. La Reine la
reçut avec les plus grandes marques
de respect & de reconnoissance, &

la supplia, après les premiers complimens, de ne pas différer son bonheur.
La Fée y consentit, fit retirer tout
le monde, & ordonna à son Nain
de fermer les portes & les fenêtres :
puis, ayant tiré de sa boëte un Livre
de vélin, garni de grands fermoirs
d'argent, une baguette composée
trois métaux, & une fiole qui n.
fermoit une liqueur verdâtre & for
claire ; elle fit asseoir la Reine sur un.
carreau au milieu de la chambre, &
commanda au Nain de se placer
debout vis-à-vis de Sa Majesté ; ensuite ayant tracé autour d'eux trois
cercles en spirale, elle lut dans son
Livre, les toucha trois fois de sa
baguette, & jeta sur eux de la liqueur

C 6

dont on vient de parler. Alors les
traits du visage de la Reine se mirent
à diminuer peu-à-peu, & la taille
du petit Nain à croître à proportion;
de sorte qu'en moins de trois minutes ils changerent de figure sans sentir le moindre mal. Quoique la Reine
se fut armée de courage, elle ne put
voir, sans quelque crainte, la croisi-
sance du Nain; mais les flammes
bleuâtres qui s'éleverent tout-à-coup
des trois cercles, augmenterent tellement sa frayeur, qu'elle s'évanouit;
alors la Fée, ayant fini son enchante-
ment, ouvrit une fenêtre & disparut
avec son Page, qui, tout grand qu'il
étoit devenu, reprit la robe de sa
Maitresse, & sa boëte de lacque de
la Chine.

La premiere chose que fit la Reine,
après avoir repris ses sens, fut de se
présenter devant son miroir ; elle y
vit, avec un plaisir extrême, que ses
traits étoient charmans ; mais elle ne
remarqua pas que ces mêmes traits
étoient ceux d'une jolie petite fille de
huit à neuf ans ; que sa coëffure avoit
pris la forme d'un toquet, garni de
longues boucles de cheveux blonds,
& que son habit étoit changé en corps
de robe avec les manches pendantes,
& le tablier de dentelles : tout cela
joint à sa grande taille, dont le
charme n'avoit rien diminué, produisoit quelque chose de fort bizarre :
cependant elle n'en fut point frappée ;
car, de toutes les idées qu'elle avoit

avant fon changement, il ne lui étoit
refté que celles qui avoient rapport
au Roi des Ifles-Vertes, & à l'amour
qu'elle reffentoit pour lui. Elle fut
donc auffi contente d'elle, que fes
courtifans en furent étonnés; on ne
favoit même ce que l'on devoit faire,
& quel parti on avoit à prendre; lorfque le premier Miniftre, dont tous
les Grands dépendoient, tira d'embarras, & décida que, bien loin de con-
trarier la Reine, il falloit, au contraire, flatter fes goûts & fes fantai-
fies, & commença par ordonner à fa
femme & à fes filles de fe conformer
à fes volontés. Bientôt pour plaire
au Miniftre, on fuivit leur exemple,
& en peu de temps toute la Cour

s'habilla comme la Reine , & l'imita
en tout. On ne parloit plus , même les
hommes , que d'une façon enfantine ;
on ne jouoit qu'à la Madame , à rendez - moi ma fille , aux offelets , à la
bataille. Les Cuifiniers n'étoient em-
ployés qu'à faire des darioles , des
tartelettes & des petits-choux. On ne
s'occupoit qu'à habiller & à déshabiller des poupées , & dans tous les jeux
& les collations , il n'étoit queftion
que du Roi des Ifles· Vertes ; la Reine
en parloit cent fois le jour , & l'appelloit toujours mon petit mari. Elle le
demandoit fans ceffe , & fe paya ,
pendant quelque temps , des raifons
dont on fe fervit pour la flatter ; mais
enfin la gaieté fit place à l'humeur ;

elle éprouva tous les caprices d'un enfant qui n'a pas ce qu'il veut, & dont on n'ôse rompre les volontés. Après s'être amusé quelque temps d'un évènement si singulier, (car l'oisiveté de la Cour fait qu'on s'y amuse de tout) on s'impatienta des puérilités de ce grand enfant ; on se lassa de la contrainte & des complaisances qu'il falloit avoir ; on s'éloigna insensiblement, & elle étoit sur le point d'être tout-à-fait abandonnée, lorsqu'on apprit que le Roi des Isles-Vertes, qui parcouroit les Royaumes voisins, devoit arriver incessamment dans celui-ci. A cette nouvelle, on reprit courage. La Reine redevint si gaie & si enjouée, qu'elle ne fit que chanter &

danſer, en attendant ce Prince. Ce moment fortuné arriva ; elle courut au-devant de lui ; & , quoiqu'on lui eût repréſenté que le cérémonial ne le permettoit pas , elle voulut abſolument aller le recevoir au bas de ſon eſcalier : mais , en le deſcendant avec précipitation , elle s'embarraſſa les pieds dans ſa robe qu'elle avoit fait détrouſſer , & tomba aſſez rudement ; quoique ſes mains euſſent garanti ſa tête , & qu'elle n'eût que le nez légérement écorché , ſa frayeur fut ſi grande , qu'elle pouſſa les hauts cris ; on la porta dans ſa chambre , on lui baſſina le viſage avec de l'eau de la Reine d'Hongrie , & on parvint à l'appaiſer , en lui diſant que ſon petit mari demandoit à la voir. Le Prince parut en effet : mais la vue d'un objet si ridicule lui fit faire de si violents éclats de rire , qu'il fut obligé de sortir de la chambre & même du Palais. La Reine , qui le vit partir , se mit à crier de toutes ses forces qu'elle vouloit son petit mari ; on courut après lui , on le pressa de revenir ; tout cela fut inutile ; il n'y voulut jamais consentir , & s'éloigna promptement d'une Cour où tout le monde lui parut être insensé. La Reine , qui apprit son départ , en fut inconsolable ; on essaya en vain tous les moyens de la calmer ; sa mauvaise humeur n'en devint que plus insupportable ; & le joug parut trop dur à ceux même qui lui étoient le plus attachés : les autres, honteux d'être Sujets d'une telle Reine , furent d'avis de lui ôter la Couronne ; & ce parti alloit l'emporter , lorsque Gangan , qui n'avoit voulu que la dégoûter du mariage , la désenchanta , & lui rendit sa premiere forme. A la vue de sa figure naturelle , elle pensa se poignarder de désespoir ; elle s'étoit trouvée charmante sous celle qu'elle venoit de quitter , & elle ne voyoit à la place qu'un visage de plus de 60 ans , & une laideur qu'elle avoit détestée. Elle ne croyoit pas avoir été ridicule dans l'état d'où elle sortoit , & elle n'avoit rien perdu de son amour ; ainsi la perte de sa jeunesse , & celle du Prince des Isles-Vertes, la jetterent dans une langueur qui fit craindre pour sa vie, & lui inspirerent, en même temps, une haine implacable contre la Fée Gangan. A l'égard de ses Sujets, ils en eurent pitié, & regarderent cet évènement comme une juste punition du sacrifice qu'elle avoit fait de la tendresse maternelle, & de la reconnoissance, à son ambition & à ses desirs insensés. C'étoit, à-peu-près, dans ce temps-là que la Fée des Champs avoit enlevé les enfans de Petaud & de Gillette : cette généreuse Fée étoit la protectrice de ceux qui se trouvoient obligés de passer leur vie à la campagne ; elle s'employoit à prévenir ou à diminuer les

disgraces qui pouvoient leur y arriver,
& étoit d'autant plus en état de les
protéger, qu'elle possédoit l'amitié &
la faveur de la Reine des Fées.

L'Isle Bambine, dont cette Souveraine lui avoit donné le Gouvernement, étoit le lieu où elle avoit transporté les quatre garçons & les trois
filles du Roi Petaud & de la Reine
Gillette. Cette Isle n'étoit habitée que
par des enfans sous la protection des
Fées, par des Mies, & par ceux que
l'on destinoit à les servir : il y régnoit
un printemps continuel ; les arbres &
les prairies y étoient toujours couverts
de fruits & de fleurs, & la terre y produisoit d'elle-même,& sans aucune cul-
ture, tout ce qui pouvoit flatter le goût

& les yeux : les promenades y étoient charmantes, les jardins variés & remplis de jolis petits carrosses de toutes les façons, trainés par des barbets à longues oreilles. Ce qu'il y avoit de plus aimable, c'est que les murs des chambres des enfants étoient de sucre Candi ; les planchers d'écorce de citron confit, & les meubles d'excellents pain d'épice de Reims. Quand on étoit bien sage, on avoit beau en manger, il n'y paroissoit jamais : on trouvoit outre cela dans les rues & dans les promenades toutes sortes de jolies petites poupées magnifiquement habillées, & qui marchoient & dansoient toutes seules. Les petites filles qui n'étoient ni fieres, ni gourman-

des, ni défobéiffantes, n'avoient qu'à
fouhaiter, & fur le champ les bonbons & les fruits fe détachoient d'eux-
mêmes, & venoient les trouver ; les
poupées fe jettoient dans leurs bras,
& fe laiffoient habiller & déshabiller,
careffer & fouetter avec une difcré-
tion & une obéiffance fans pareille ;
mais lorfqu'au contraire elles avoient
commis quelque faute, la poupée
s'enfuyoit, en faifant une grimace à
celle qui l'appeloit ; les bonbons fe
changeoient en chicotin, & la petite
parure devenoit vilaine & mauffade.
A l'égard des petits garçons, lorfqu'ils n'étoient ni obftinés, ni menteurs, ni pareffeux, ils avoient des
Polichinels, des cerf-volans, des raquet-

tes, & de tous les jouets qu'on peut imaginer; mais quand les Mies étoient mécontentes, les Polichinels se moquoient d'eux, leur pettoient au nez, & leur disoient tout ce qu'ils avoient fait de mal; les cerf-volans manquoient de vent, les raquettes se trouvoient percées; enfin, rien ne leur réussissoit, & plus on s'obstinoit, & pis c'étoit. Il y avoit de ces especes de punitions & de récompenses pour tous les âges, comme, par exemple, de se trouver monté sur un âne, lorsqu'on se croyoit sur un petit cheval bien harnaché, ou de s'entendre dire: « ah! qu'elle est laide! qu'elle est » mal propre! que fait-on de cela » ici? » Tandis que les autres petites

Demoiselles

Demoiselles étoient bien parées & bien fêtées : enfin, on ne négligeoit rien pour corriger en eux les défauts du cœur & de l'esprit ; &, pour les instruire en les amusant, on leur faisoit lire les Annales de la Féerie, qui contiennent les Histoires les plus remarquables de cet Empire, telles que sont celles de *Javotte*, *Nabotine*, *Landore*, *Jeannette* & plusieurs autres ; car, la Fée des Champs en faisoit grand cas, & elle les rassembloit avec grand soin de tous les Royaumes du monde.

Pendant que les enfans de Petaud & de Gillette demeurerent dans l'Isle Bambine, on mit en usage tous les moyens imaginables pour vaincre l'opiniâtreté des trois garçons & la fierté des trois filles ; mais ces défauts, bien loin de diminuer, ne faisoient qu'augmenter avec l'âge. Depuis quatre ans l'intérêt particulier que la Fée gouvernante prenoit à ces enfans, joint aux soins, à l'attention & à la patience des Mies, n'avoient presque rien changé à leur caractère ; &, ne sentant que trop que leur naturel l'emporteroit sur leur éducation, elle n'espéra plus de les changer par les voies simples, & fut obligée d'avoir recours à des remèdes violens, tels que la métamorphose : cette extrémité étoit dure, à la vérité ; mais elle étoit immanquable pour perfectionner les caractères. Les

enfans, malgré leurs changemens,
conservoient les idées & le sentiment
de ce qu'ils étoient & de ce qu'ils
avoient été, & subissoient les loix
de leur état. Dès que la Fée, qui
avoit le don de pénétrer les pen-
sées, les croyoit corrigés, elle leur
rendoit leur première forme avec son
amitié, & leur procuroit souvent un
établissement avantageux. Elle changea donc, mais avec peine, les trois
fils de Petaud en Polichinels, & les
trois filles en Dames Gigognes, & les
condamna à être ainsi marionnettes
pendant l'espace de trois ans. Comme
elle étoit aussi contente du Prince Cadichon, qu'elle avoit été peu satisfaite
de ses freres & sœurs, elle ne voulut

pas qu'il fût le témoin de leur disgrace , & résolut de l'eloigner. Il ne
s'agissoit que de trouver un asyle qui
le garantît de la méchanceté de Gangan ; mais, pour ne rien prendre sur
son compte , elle jugea à propos d'aller consulter la Reine des Fées , son
amie , & de prendre son avis sur ce
qu'elle avoit à faire. Dans ce dessein,
elle mit son vertugadin de velours
vert , son mantelet de satin jonquille
& son petit chaperon bleu : puis,
ayant fait atteler à sa chaise de poste
d'osier doré , six hannetons blancs,
harnachés de non-pareilles couleur
de rose , elle partit en diligence, &
arriva en peu de temps dans l'Isle
Fortunée , où la Reine des Fées faisoit sa résidence ordinaire.

Ayant mis pied à terre au bout d'une magnifique avenue d'orangers & de citronniers, elle entra dans la cour du Château, où elle trouva en haie vingt-quatre Gines noires, hautes de six pieds, ayant de longues robes retroussées, & portant sur l'épaule gauche une massue d'acier poli : elles avoient derriere elles vingt-quatre Autruches noires, mouchetées de rouge & de bleu, qu'elles tenoient en lesse, & elles gardoient un profond silence. (Ces Gines noires étoient de méchantes Fées, condamnées à remplir ces postes pendant plusieurs siècles, selon la qualité de leurs crimes.) Dès qu'elles apperçurent la Fée, elles la saluerent, en laissant tomber leurs maſſues ſur le pavé ; comme il étoit pareillement d'acier , il rendit un ſon éclatant & fit feu. Cet honneur étoit dû à toutes celles qui , ainſi que la Fée , avoient un Gouvernement. Après avoir monté l'eſcalier , compoſé de Porphire , de Jaſpe , d'Agate & de Lapis , elle apperçut dans la premiere chambre douze jeunes filles ſimplement vétues , mais ſans chaperon ; elles avoient ſeulement le clavier à la ceinture , & la demi - baguette dont elles la ſaluerent , comme avoient fait les Gines : elle leur rendit le ſalut ; car cet emploi eſt ordinairement deſtiné à celles qui devoient être bientôt initiées à l'art de Féerie. Elle traverſa une longue ſuite

d'appartemens magnifiquement meublés , & arriva dans l'antichambre de
la Reine qu'elle trouva rempli de
Fées, qui s'y étoient rendues de toutes
les parties du monde , les unes pour
leurs affaires , & les autres pour faire
leur Cour.

Il n'y avoit presque plus personne
dans le cabinet de la Reine , lorfqu'elle en vit fortir la vieille Gangan.
Sans le respect que les Fées ont pour
leur Souveraine , elle n'auroit pu
s'empêcher d'éclater de rire à la vue
d'une figure aussi grotesque que celle
de Gangan. Sur un corps de robe
de satin verd , chamarré de dentelles
bleues & or , elle portoit un large
vertugadin de même étoffe , brodé

de chenille & de pompons couleur
de rose; d'un demi-ceint, enrichi
d'éméraudes. Pendoient à un clavier
d'argent un petit miroir en boëte à
mouches, une grosse montre & un
étui de pièces : ses oreilles étoient
chargées de deux grosses pendeloques
de perles & de rubis, & elle avoit
sur la tête un chaperon de velours
petit jaune, avec une aigrette d'amé-
thistes & de topazes; un gros bou-
quet de jasmains ornoit le devant de
son corps, & dix ou douze mouches
dispersées sur un vieux rouge, cou-
vroient une peau ridée & couleur de
rose seche.

Si la Fée des Champs fut étonnée
de l'équipage ridicule de Gangan,

celle-ci ne le fut pas moins de rencontrer sa rivale au moment qu'elle
s'y attendoit le moins. Elle n'ignoroit
pas la protection que cette Fée avoit
accordée aux enfans de Petaud & de
Gillette. Mais comme le lieu lui dé-
fendoit de laisser éclater son ressenti-
ment, elle le dissimula, & affectant
un air de politesse mêlé de hauteur :
« Comment, Madame, lui dit-elle,
» vous êtes-vous résolue à quitter le
» calme de la campagne, pour venir
» vous confondre dans le tumulte
» de la Cour ? Il faut que vous ayez
» eu pour cela des raisons bien for-
» tes. Celles qui m'y amenent, in-
» terrompit la Fée des Champs, ne
» ressemblent point du tout aux vô-

» tres ; l'intérêt, ni l'ambition n'ont
» jamais été les motifs de ma pro-
» tection, & je sais ne l'accorder qu'à
» ceux qui en sont dignes & recon-
» noissans. Je le crois, répondit Gan-
» gan ; les dindons & les oies sont
» bonnes personnes. Cela est vrai,
» reprit vivement la Fée, & beau-
» coup plus que les Gangans, car ils
» ne sont point injustes ; qu'en dites-
» vous » ?

La dispute n'en seroit pas demeu-
rée-là, si l'on n'eût averti la Fée des
Champs que la Reine étoit seule,
& qu'elle vouloit lui parler ; ainsi les
deux Fées se saluèrent, & se sépare-
rent en femmes qui se haïssent parfaitement.

La Reine, qui s'apperçut de l'émotion que cette dispute venoit de cau-
ser à son amie, feignit de l'ignorer,
& voulut en être informée ; & la
Fée des Champs, charmée de satisfaire
la curiosité de sa maitresse, n'hésita
pas à lui faire le récit des injustes
motifs que Gangan avoit eu de per-
sécuter le Roi Petaud & la Reine
Gillette, & de ce que la pitié lui
avoit fait entreprendre pour traver-
ser les desseins de cette perfide Fée.
« Votre procédé est louable, lui dit
» la Reine, & j'aime à voir en vous
» cette génereuse ardeur à protéger
» les malheureux : mais je crains ce-
» pendant que Gangan ne se venge
» encore des bontés que vous avez

» pour la bonne Gillette, & pour ſes
» enfans ; elle eſt méchante, & j'en
» reçois ſouvent des plaintes ; mais
» ſoyez ſûre que, ſi elle abuſe davan-
» tage contre vous de ſon pouvoir,
» je l'en punirai d'une façon terrible
» & éclatante ; je ne puis vous en
» dire davantage ; voici l'heure du
» Conſeil ; à mon retour nous con-
» férerons enſemble ſur les moyens
» de prévenir les mauvais deſſeins
» de votre ennemie ».

Dès que la Fée des Champs fut
ſeule, elle ne put réſiſter à l'envie
de conſulter les Livres de ſa Souveraine. Tous les myſtères de la Féerie
y ſont dévoilés, & l'on y découvre,
jour par jour, tout ce qui ſe paſſe

dans l'Univers ; mais il n'appartient
qu'à la Reine de suspendre ou d'empêcher ces évènemens ; elle a sur les
Fées la même puissance, que celles-
ci ont sur les hommes. La Protectrice de Cadichon eut à peine ouvert
ces Livres , qu'elle y lut distincte-
ment , que , par le pouvoir de grande
Féerie , la perfide Gingan enlevoit
dans le même instant le jeune Prince ,
& qu'elle le transportoit dans l'Isle
Inaccessible où elle retenoit sa niece
depuis le moment de sa naissance.
A cette vue , elle trembla d'abord
pour la vie de son protégé , & ensuite pour son cœur & pour ses sen-
timents ; car elle savoit que cette
méchante Fée étoit plus capable de

les corrompre , que de les former.
Le trouble que cet incident jeta dans
son âme, fit place aux réflexions, &
elle pensoit aux moyens d'empêcher
les suites de cette entreprise, lorsque
la Reine sortit du Conseil & vint la
rejoindre : à la tristesse qu'elle remarqua sur le visage de son amie,
elle jugea de ce qui lui étoit arrivé
pendant son absence ; & lui adressant la parole : « vous avez voulu ,
» lui dit-elle, satisfaire votre curio-
» sité , & vous avez appris des cho-
» ses que je voulois dérober à votre
» connoissance. Je n'ai pu refuser , il
» est vrai , à Gangan le pouvoir de
» grande Féerie, puisque suivant nos
» loix il est dû à son ancienneté ; mais

» la connoissance que j'ai de son ca-
» ractère m'a fait limiter ce pouvoir
» à un certain espace de temps ;
» assurez-vous, généreuse Fée, qu'a-
» près cela votre ennemie sera sévè-
» rement punie, si elle abuse de ce
» même pouvoir, qu'elle tient de
» nos loix & de ma bonté ; cepen-
» dant, pour vous donner dès aujour-
» d'hui une preuve de mon amitié,
» & mettre à couvert des attentats
» de Gangan les autres enfans de
» Gillette, auxquels vous vous in-
» téressez, prenez cette fiole, frot-
» tez-les de la liqueur qu'elle ren-
» ferme : c'est de l'eau d'invisibi-
» lité ; elle dérobe les objets aux yeux
» des Fées seulement ; & son charme

» est tel, que Gangan, avec toute sa
» puissance, ne sauroit le vaincre :
» allez, ma chere amie, souvenez-
» vous que votre Reine aime la géné-
» rosité, qu'elle protege la vertu,
» & comptez toujours sur sa protec-
» tion & sur sa tendresse ». A ces
mots la Fée prit respectueusement la
main de la Reine, la baisa & partit.

Elle ne fut pas plutôt dans son
Isle qu'elle mit en usage l'eau d'invisibilité ; elle en frotta les trois Polichinels & les trois Dames Gigognes,
& réserva seulement l'extrémité de
leurs nez qu'elle laissa visible , afin
de les pouvoir reconnoître; puis, ayant
donné ses ordres, & consulté les
Livres, elle partit pour se rendre chez

le Roi Petaud, où e'le avoit lu que
sa présence étoit nécessaire.

En effet, lorsqu'elle y arriva, le
petit Royaume de ce Prince étoit
tout en combustion, & voici quel en
étoit le sujet. Il y avoit déja long-
tems que la maison où Sa Majesté
avoit logé jusqu'alors, & que son
beau-pere le Sénéchal avoit habitée
avant lui, tomboit de tous côtés,
malgré les réparations qu'on y avoit
faites. Il avoit résolu, dans un Conseil
particulier avec son maître Maçon,
qu'il avoit fait son premier Architecte, d'en rebâtir une nouvelle. Cet
Officier de la Couronne, n'ayant
depuis long-temps rien fait de neuf
pour leurs Majestés, avoit abat u

tout le vieux bâtiment dans le dessein d'en commencer un nouveau, qui, selon lui, devoit être bien plus magnifique que l'autre : mais les épargnes du Roi depuis l'enlevement de ses enfans, & ses revenus annuels ne suffisant pas pour l'exécution de ce nouvel édiffice, il prit le parti, par le conseil de son Receveur & du Procureur-Fiscal, d'imposer une taxe pour fournir à la dépense de son bâtiment. Ses Sujets, qui n'avoient point encore payé d'impôts, murmurèrent fort haut, & jurèrent de ne point obéir ; ils menacèrent même de s'en plaindre à la Reine mere, & de la rendre l'arbitre de leurs plaintes. A leur mécontement se joignirent les remontrances de

Caboche ; il prétendoit qu'il étoit ridicule de faire payer aux autres une chose qui ne pouvoit leur être ni utile, ni profitable ; que Sa Majesté n'étoit au fond qu'un homme comme un autre ; qu'ayant ses biens & revenus il ne devoit pas prendre ceux d'autrui pour dépenser davantage ; que, par conséquent, lorsqu'on n'avoit le moyen que d'avoir une maison, il ne falloit pas avoir un château ; & quiconque n'avoit qu'un écu, ne devoit dépenser qu'un écu. Toutes ces raisons paroissoient fort bonnes au Roi ; mais dans le même instant le Procureur - Fiscal & le Receveur lui crierent qu'il étoit le Maître ; que ce n'étoit pas la peine d'avoir des Sujets,

si on ne leur faisoit pas acheter le
soin qu'on se donnoit de les gouverner ; qu'ils étoient faits pour payer,
& les Rois pour dépenser ; & qu'il
n'y avoit qu'une tête de Sénéchal
capable de penser autrement, & de
conseiller de même. Le Roi trouvoit que ceux - ci raisonnoient fort
juste, & concluoit à lever l'impôt ;
cependant chacun prenoit parti, &
donnoit sa décision. « On les sera
» bien payer, disoient les uns ; on
» ne paiera pas, disoient les autres ;
» cela ne sera pas ainsi, disoit Cabo-
» che, car je l'ai mis dans ma tête ;
» cela sera, disoit le Procureur-Fiscal,
» ou j'y perdrai mon latin ». Enfin,
c'étoit un si grand tintamarre qu'on

ne s'entendoit pas. Le Roi, qui ne
savoit plus auquel entendre, ne
savoit plus quel parti prendre : quand
il étoit avec la Reine, il lui disoit
quelquefois : « Oh ! par mon Sceptre,
» si cela continue, je planterai tout là,
» & alors sera le Roi qui voudra ;
» car j'irai si loin, si loin, que je n'en-
» tendrai parler ni de Royaume, ni
» de Peuple, ni de maisons. Ne vous
» impatientez pas, Sire, lui répondoit
» tranquillement la Reine, j'ai déja eu
» l'honneur de dire à Votre Majesté, que
» *tout vient à point, qui peut attendre.*
» Eh ! que diable voulez-vous que j'at-
» tende, répliquoit le Roi ? encore
» si ceux qui ont emporté nos enfans
» nous avoient laissé une maison à la

» place, nous n'en ferions pas où
» nous en sommes ; mais sans doute
» la Gangan y a mis bon ordre ; &,
» si cela continue, nous n'aurons pas
» plus de maisons que nous n'avons
» d'enfans » ; & puis c'étoit de rabâ-
cher contre les Fées tant & tant, que
la bonne Gillette en étoit impatientée.

La Fée, qui avoit été témoin pendant quelque temps de ce qui se passoit, & qui souffroit des inquiétudes de la Reine, se montra enfin à
elle sous la forme d'une linotte, dont
elle s'étoit déja servie une fois, & la
tranquilisa, en l'assurant que bientôt
elle lui donneroit des preuves con-
vaincantes de son amitié & de sa protection. Gillette, transportée de joie,

la baifa mille fois , après lui en avoir
demandé la permiffion ; la pria de
refter , & lui promit , pour l'y engager , de lui faire tous les jours , tant
qu'elle demeureroit avec elle , un petit
gâteau , compofé de farine , de millet , de chenevis & de lait : la Fée y
confentit , & fes promeffes ne tarderent pas à s'accomplir. Le quin-
zieme jour de fon arrivée , le Roi ,
qui fe levoit ordinairement de grand
matin , fut étrangement furpris de
fe voir dans une maifon toute neuve ,
fort commode & très - folidement
bâtie : je dis une maifon ; car ce
n'étoit que cela , & point du tout
un palais ; il n'y avoit ni architecture ,
ni peinture , ni fculpture , ni dorure.

On trouvoit au rez - de - chauffée une cuifine , une dépenfe ou office , une falle à manger , & une falle d'audience : au premier étage , une antichambre , une chambre , un cabinet, une garderobe pour la Reine , & un grand cabinet en aîle pour le Roi, dans lequel la bibliothèque dont on a parlé , fe trouva toute placée. Audeffus étoient de fort beaux greniers, bien lambriffés , d'où l'on découvroit la plus belle vue du monde. On n'avoit pas oublié une laiterie avec tous fes uftenfiles; mais ce qu'il y avoit de plus admirable , c'eft que toute la maifon étoit bien meublée, & garnie de tout ce qui étoit néceffaire : les meubles étoient parfaitement fem-

blables

blables pour les étoffes & pour la forme à ceux de leurs Majestés, & ils auroient pû s'y méprendre, si ceux-ci n'avoient été neufs. On s'imagine bien quel fut l'étonnement de Petaud, de se trouver dans une maison qu'il ne connoissoit point ; mais ce fut bien autre chose, lorsqu'ayant ouvert une des fenêtres de sa chambre, il apperçut au lieu de son petit potager royal, un grand gazon en boulingrin, au bout duquel étoit un assez bel étang, terminé par un bois de haute futaie ; qu'il y avoit à droite du boulingrin un potager rempli de tous les différens légumes, & qu'à gauche étoit un verger planté de toutes sortes d'arbres fruitiers. Il

E

considéra tout cela pendant quelque
temps : mais, sa surprise faisant place
à sa joie, il courut au lit de la Reine
qui dormoit encore, & la réveilla
en lui criant : « Ma femme, ma
» femme, levez-vous, venez voir une
» maison toute neuve, des jardins
» magnifiques. Savez-vous ce que
» c'est que tout cela ? pour moi je
» n'y comprends rien ». La Reine
eut à peine le temps de prendre son
jupon, son pet-en-l'air & ses mulles ;
elle fut à la fenêtre avec le Roi, qui
sur le champ là conduisit dans tout
l'appartement, & de-là au rez-de-
chaussée, où ils trouverent la cuisine
& l'office garnis de tout ce dont on
pouvoit avoir besoin. Toutes ces mer-

veilles ne laisserent pas que d'effrayer
le bon Petaud ; mais la Reine, qui se
doutoit d'où tout cela venoit, n'avoit
pas la même crainte, & n'osoit en
rien dire. Ils étoient tous deux dans
cette situation, lorsque le Sénéchal,
qui cherchoit depuis une heure la
maison du Roi, entra dans celle-ci,
plus par le devoir de sa charge, que
par l'espérance d'y rencontrer leurs
Majestés : il ne savoit que penser
d'une maison élevée en une nuit ; &
quoiqu'il fût moins peureux que son
gendre, il ne commença cependant
à se rassurer, que lorsqu'il se vit en
campagne. Le Roi, de son côté, fut
aussi fort aise de le voir arriver ; &,
tenant toujours le bras de la Reine,

ils parcoururent une seconde fois toute la maison du haut en bas, & tous les jardins.

Chacun raisonna beaucoup sur la singularité de cette aventure : les uns trouvoient que leurs Majestés étoient bien hardies de demeurer dans une maison bâtie par les Fées au risque d'y être lutinées ; les autres, au contraire, prétendoient qu'ils faisoient fort bien, & qu'il seroit à souhaiter que toutes les vieilles maisons du Royaume fussent rebâties de même. Comme on se fait aisément au bien-être & aux nouveautés, après en avoir beaucoup parlé, on n'en parla plus ; & le Roi fut en peu de temps aussi accou-tumé à sa nouvelle maison, que s'il

l'eût habitée toute ſa vie : par ce
moyen il ne fut plus queſtion d'impôt ; la tranquilité revint dans l'Etat,
& l'union entre les grands Officiers
de la Couronne. Il n'y eut que, le
pauvre Architecte qui penſa ſe pen-
dre , mais qui ſe contenta de donner
au diable les Génies & les Fées , &
de les appeller cent fois Magiciens &
Sorciers.

Pendant que la Fée des Champs
produiſoit toutes ces merveilles , elle
remarqua, dans Gillette , tant de reſ-
pect pour les Fées & de reconnoiſ-
ſance pour elle , que ſe ſentant atta-
chée de plus en plus aux intérêts de
cette Reine , elle ne put lui refuſer
de faire à ſa Cour un ſéjour plus

E 3

long qu'elle n'avoit projeté : elle la
rassura aussi sur le sort de ses enfans,
& lui apprit leur châtiment & les
raisons qu'elle avoit eu de se porter
à cette extrémité ; mais comme la
vraie & tendre amitié fait faire mys-
tère des choses les plus intéressantes,
lorsqu'elles peuvent être affligeantes
pour la personne aimée, elle lui ca-
cha avec soin l'enlevement de son
cher Cadichon, & les alarmes qu'elle
en ressentoit elle-même ; puis, lui
ayant recommandé la confiance, la
patience & la discrétion, si elle vouloit parvenir au bonheur, elle la
quitta avec regret, pour retourner
dans son Gouvernement de l'Isle Bambine.

Dès qu'elle y fut arrivée, on l'informa avec empreſſement d'un évènement inouï depuis l'établiſſement de l'Iſle. La Mie Doyenne, qui, pendant l'abſence de la Fée, faiſoit les fonctions de Gouvernante, lui apprit que quelques enfans mutins, opiniâtres, & auxquels on avoit pardonné pluſieurs fois, ſoutenus des poupées leurs amies, s'étoient révoltés dans le deſſein de ne plus obéir à leurs Mies ; que l'eſprit de révolte avoit tellement gagné en peu de temps, qu'on avoit eu bien de la peine à en arrêter le cours ; que, pour cet effet, ſe ſervant de ſon autorité, elle avoit commencé par faire empriſonner les poupées dans les boëtes , & qu'à l'égard des enfans, elle avoit condamné les uns à n'avoir pendant quinze jours que du pain sec à goûter, les autres à être en coëffure de nuit pendant un mois, ou bien à être enfermés entre quatre chaises l'espace de deux heures par jour, jusqu'à ce qu'ils eussent demandé pardon publiquement. La Fée Gouvernante approuva la conduite de la Mie Doyenne, & la loua beaucoup de son zèle ; mais, comme il falloit un exemple, sans s'écarter de la loi générale, elle condamna les plus mutins des rebelles à être cent ans marionnettes, & les obligea de servir, dans les différens Royaumes de l'Univers, de gagne pain aux Briochés, &

de spectacle au Peuple. Elle se laissa
d'autant plus aller à cette rigueur,
qu'elle apprit que ses six protégés
avoient eu peu de part à la rébellion:
charmée du changement qui commençoit à se faire en eux, elle les
fit venir devant elle, & s'adressant à
leurs bouts de nez, (car elle n'en
pouvoit voir davantage) elle leur fit
une réprimande plus douce que sévère, & les renvoya en leur promet-
tant son amitié, & des récompenses,
si dans la suite elle avoit lieu d'être
satisfaite.

Quoique cet évènement & son
devoir ne lui permissent pas de s'ab-
senter d'un lieu où sa personne sem-
bloit si nécessaire, elle ne put cepen-

dant réſiſter long-temps à l'intérêt
qu'elle reſſentoit pour Cadichon, &
à l'impatience qu'elle avoit d'en apprendre des nouvelles ; ainſi, dès
qu'elle ſe crut moins utile à ſon petit
Peuple, elle partit promptement dans
le deſſein de ſatisfaire ſa curioſité &
ſa tendreſſe pour le jeune Prince.

Pour n'être point apperçue des
Génies & des Fées qui parcourent
continuellement la moyenne région
de l'air, elle prit ſa petite chaiſe de
poſte qu'elle ferma exactement de tous
les côtés ; ſe munit des uſtenſiles de la
Féerie, & n'oublia pas, ſur-tout, de
l'eau d'inviſibilité ; puis ayant ordonné
à ſes ſix lézards volans d'aller grand
train, elle arriva en quelques minu-

tes affez près de l'Ifle Inacceffible.
Là, elle mit pied à terre, fit difpa-
roître fa voiture, & s'étant frottée de
l'eau dont on vient de parler, elle
franchit fans être vue, les obftacles
qui auroient pu fans cela s'oppofer à
fon paffage.

Gangan, pour interdire aux Génies
& aux Fées l'entrée de fon Ifle,
l'avoit environnée d'une triple en-
ceinte, formée par un torrent rapide
qui rouloit avec fes eaux des rochers
& des troncs d'arbres. Les bords de
cette Ifle étoient défendus par vingt-
quatre Dragons, d'une énorme gran-
deur; & les flammes qu'ils vomiffoient
à la vue des Fées ou des Génies,
s'élevoient jufqu'aux nues, & for-

moient, en se réunissant, un mur de feu impénétrable.

Il y avoit à peine une heure que la Fée des Champs cherchoit à s'instruire, sans être vue, du sort de Cadichon, lorsque le hasard lui en fournit l'occasion la plus favorable ; elle vit venir à elle Gangan, accompagnée d'une Dive ; (car elle n'étoit servie que par des Génies malfaisans :) son visage lui parut enflammé de colere, & elle parloit avec beaucoup d'action : la Fée des Champs, profitant de son invisibilité, résolut d'écouter, & entendit Gangan tenir à-peu-près ce discours à sa compagne.

« Oui, ma chere Barbarec, tu me » vois au désespoir ; je perds pour

» jamais le plus grand Royaume de
» l'Univers ; l'ingrate mere de Petaud
» est morte sans avoir jamais voulu
» se raccommoder avec moi ; ce
» n'est pas tout, elle a encore en-
» gagé ses Sujets par serment à ne
» jamais recevoir de ma main aucun
» Successeur , & à rendre même sa
» Couronne à son fils , ou à l'un de
» ses petits-fils. J'ai tâché de regagner
» les Peuples par mes bienfaits , mais
» j'ai trouvé contre moi une haine
» invétérée ; ils ont refusé mes dons ,
» ils les ont regardés comme autant
» de perfidies & de trahisons , & par
» une délibération unanime & au-
» thentique de suivre les intentions
» de la Reine , ils sont parvenus à

» m'enlever un Trône où j'avois
» compté de faire monter ma niece;
» mais ces Sujets ingrats ne tarde-
» ront pas à éprouver ma juste co-
» lere ; & , pour commencer par ceux
» qui font les principales caufes de ma
» difgrace , prends dans mes écuries
» un de mes plus forts griffons, vôle
» dans l'Ifle Bambine , faifis-toi des
» freres & fœurs de Cadichon, &
» amene-les dans cette Ifle ; je me
» charge d'enlever Petaud & Gillette,
» & lorfque je les aurai tous raffem-
» blés, je changerai ceux-ci en la-
» pins , & leurs enfans en baffets. Si
» un refte de pitié que je reffens en-
» core pour Cadichon vient à m'aban-
» donner , je ne réponds pas qu'il

» n'éprouve auſſi les effets de ma
» vengeance ; allons cependant tout
» préparer pour l'exécution de mes
» deſſeins , & penſons , ma chere
» Barbarec , qu'ayant quitté les Loix
» des Periſes pour ſuivre celles des
» Dives , nous ſommes devenues les
» ennemies des Fées , des hommes ,
» & que nous ne devons ne rien né-
» gliger pour les accabler du poids
» de notre haine ». La Fée des
Champs ne put entendre ce diſcours
ſans frémir ; elle demeura quelque
temps immobile ; puis, rappelant ſa
raiſon , & , ſentant de quelle conſéquence il étoit de ne pas reſter plus
long-temps dans ce ſéjour terrible, elle
prit le parti d'en ſortir , & d'aller au

plutôt implorer la puiſſance de la
Reine des Fées; elle repaſſa de l'autre côté de l'Iſle; mais elle étoit à
peine deſcendue à terre, que le Ciel
s'obſcurcit, la terre trembla, & des
mugiſſemens épouvantables, en s'uniſ-
ſant au tonnerre & aux éclairs, ſem-
bloient annoncer la deſtruction pro-
chaine de l'Univers : quelques momens après le calme revint dans les
airs : mais le jour, s'obſcurciſſant de
plus en plus, fit place à un nouveau ſpec-
tacle auſſi terrible que le précédent. Les
vingt-quatre Dragons qui défendoient
les approches de l'Iſle, pouſſant des
hûrlemens affreux, ſe lancerent l'un
contre l'autre des torrens de flammes,
& formerent un combat de feu qui

finit par les confumer eux-mêmes :
le jour revint, & il ne parut à la
place du torrent & de l'Ifle qu'un
rocher fec & aride ; de fon fommet
s'envôla à l'inftant une Autruche
noire ; elle portoit fur fon dos le
Prince Cadichon & la petite Princeffe, nièce de Gangan. Tous ces
prodiges n'avoient pas autant étonné
la Fée des Champs qu'elle fut tou-
chée de la fituation de ces aimables
enfans ; & , fa tendreffe lui ayant con-
feillé de les fuivre, elle fit fur le
champ reparoître fa voiture, & partit avec tant de diligence, qu'elle
eut en peu de temps réjoint l'Autruche noire. Son premier deffein fut de
lui enlever le Prince & la Princeffe :

mais s'étant apperçue qu'elle prenoit
la route de l'Isle Fortunée, elle se
contenta de la suivre & de l'observer
de près.

En effet, au bout de quelques minutes, l'Autruche s'abattit dans l'Isle,
& tourna ses pas vers la Reine des
Fées. Cette Souveraine, assise à l'entrée de son Palais sur un Trône d'or
enrichi de pierreries, étoit entourée
de ses douze Fées, des vingt-quatre
Gines noires dont on a parlé, &
d'une Cour nombreuse ; dans le moment que l'Autruche s'approcha du
Trône, la Fée des Champs se saisit
du Prince & de la Princesse, les porta
aux pieds de la Reine ; & alors l'Autruche reprit sa premiere forme avec

son caractere ; la confusion, le dép't
& le désespoir se peignirent tour à-
tour sur son visage, & elle étoit dans
la plus cruelle attente de ce qui alloit
lui arriver, lorsque la Reine lui adressa
la parole en ces termes : « La ma-
» lignité de votre esprit & la perver-
» sité de votre cœur ne vous ont pas
» permis de faire un bon usage de
» votre pouvoir ; bien loin de répa-
» rer vos injustices par la puissance
» de grande Féerie que les loix &
» ma bonté vous ont accordée, vous
» en avez au contraire abusé, & cet
» abus réclame enfin ma justice ;
» recevez donc aujourd'hui le châti-
» ment de vos forfaits, en perdant
» pour 200 ans toute puissance de

»] Féerie, & en reprenant la forme
» d'Autruche, sous laquelle vous se-
» rez pendant ce temps-là destinée
» aux services de ces Gines ». A ces
mots, la Reine la toucha de son
Sceptre ; & , toutes les Fées ayant levé
sur elle leurs baguettes en signe d'ap-
plaudissement , prononcerent quelques paroles , pendant lesquelles la
malheureuse Gangan , redevenue Autruche , alla sur le champ se placer
parmi les autres animaux de son
espece.

Cependant la Reine ayant appelé
la Fée Judicieuse , lui confia le soin
du jeune Prince & de la jeune Princesse , pendant qu'ils resteroient à sa
Cour , [& lui recommanda sur-tout

de former leur cœur en cultivant leur
esprit ; puis elle embrassa Cadichon
& Feliciane, (c'est ainsi que se nommoit la Princesse:) & ces aimables
enfans, pénétrés de joie & de reconnoissance , ne quitterent qu'avec peine
les bras de la Reine , pour se rendre
dans ceux de Judicieuse.

Ils profiterent si bien de l'éducation
qu'on leur donna pendant deux ans ,
qu'ils demeurerent chez la Reine des
Fées , qu'ils s'attirerent l'amour &
l'admiration de toute sa Cour. Quand
ils eurent atteint l'âge, l'un de 14 ans
& l'autre de 12 , la Souveraine des
Fées résolut de les unir & de les
rendre, avec les freres & sœurs de
Cadichon, au Roi Petaud & à la Reine

Gillette ; mais elle déclara à la Fée
des Champs que, pour servir d'exemple à Cadichon & à Feliciane, ces
enfans, quoique parfaitement corrigés
de leurs défauts, ne reprendroient
leur premiere forme qu'en présence
des jeunes époux, & lorsqu'ils se-
roient arrivés chez le Roi leur pere ;
puis l'ayant rendu visible, & ayant
déterminé le moment du départ, elle
lui confia la conduite des six enfans
dont elle avoit pris soin, & lui ordonna de leur choisir des époux &
des épouses ; ensuite, elle fit venir
Judicieuse, & la chargea d'accompagner le Prince & la Princesse : ces
aimables enfans répandirent des larmes, en quittant celle à qui ils devoient

leur bonheur , & cette généreuse Reine, en les embraſſant tendrement, leur promit ſon amitié & les vit partir avec regret.

Ils ne tarderent pas à ſe rendre à la Cour de Petaud ; ce Roi y étoit depuis quelques jours dans un embarras extrême. La Reine , ſa mere , après avoir langui pluſieurs années , avoit laiſſé le Trône vacant, & les Députés de ſon Royaume venoient inviter ſon fils d'y monter : ils demandoient une audience , & on ne ſavoit de quelle façon il falloit la leur accorder : Petaud étoit incertain s'il devoit être debout ou aſſis , à pied ou à cheval : pour cet effet, on aſſembla le Conſeil , où chacun dé-

cida à l'ordinaire ; le *Sénéchal* Caboche prétendit que le Roi devoit
être debout , & soutint qu'il avoit
ouï dire que l'Empereur Charlemagne
& les douze Pairs de France étoient
toujours debout , & qu'ils ne s'as-
séyoient que pour manger & pour
se coucher. Le Procureur-Fiscal opina
pour que Sa Majesté fût assise ; il dit
pour ses raisons que les Rois & les
Juges devoient toujours être à leur
aise , & qu'après le lit il n'y avoit
rien de si commode qu'un fauteuil.
Le Receveur, au contraire, fut d'avis
que le Roi parût à cheval, & il allé-
gua que c'étoit la posture la plus
noble pour les Rois , puisque leurs
statues les représentoient toujours
ainsi ;

ainsi ; on soutint son sentiment, on cria, on se querella, & on auroit peut-être été plus loin, si le Roi en élevant la voix plus haut qu'eux tous : « Finirez - vous donc, vous autres ? » leur dit-il ; voilà bien du bruit pour » une chaise de plus ou de moins ! » comme je serai, ils me verront ; & » comme ils me trouveront, ils me » prendront ; voilà tout ce que j'y » sais ; mais pour être leur Roi, grand- » merci, je deviendrois fou avec » tout le tracas de Royauté qu'ils » m'ont dit que j'aurois sur les bras : » vive, vive mon petit Royaume, » puisque j'y suis bien, je m'y tien- » drai ; ainsi, qu'ils s'accommodent ; » cependant, puisqu'ils veulent avoir

» une audience, il faut la leur don-
» ner ; partant, qu'on les fasse venir».
Chacun se retira, en murmurant tout
haut de ce que le Roi n'avoit point
choisi son avis , & en le blâmant de
vouloir en faire toujours à sa tête.

Pendant qu'on étoit allé chercher
les députés , Sa Majesté , croyant penser bien mieux que ceux de son
Conseil , prit ses habits royaux , &
s'assit sur le pied de son lit , dont il
avoit fait relever les rideaux en fes-
tons autour des colonnes torses ; il
tenoit d'une main son Sceptre , &
de l'autre sa toque & ses gants à
frange : la Reine étoit à sa droite sur
une chaise de serge bleue , garnie de
gros clouds dorés , & ses femmes

étoient derrière elle. A la gauche du Roi, l'on voyoit ses grands Officiers, qui, presque tous, rioient sous leur chapeau de la figure singuliere de leur Roi.

Quand tout fut arrangé, on ouvrit la porte, & les députés entrerent, suivis de tout le Peuple du Royaume de Petaud ; ils lui firent trois profondes révérences, auxquelles le Roi & la Reine répondirent par trois autres, & ils alloient commencer leur harangue, lorsqu'on vit arriver une femme d'une figure majestueuse, tenant par la main un jeune homme de 14 à 15 ans, & qui, adressant la parole à Gillette, lui parla ainsi : « Reine , *tout vient à point, qui peut attendre :* vos mal-

» heurs sont finis, & votre destin a
» changé de face ; on a su dérober à
» la méchanceté de Gangan le Prince
» que voici ; cette perfide Fée ne
» peut plus lui nuire, & sa malice
» vient d'être confondue ; reconnois-
» sez donc en lui Cadichon ; & vous,
» députés, rendez hommage au légi-
» time Successeur de vos Etats ».
Alors le Roi, reconnoissant son fils,
le prit dans ses bras & le baisa mille
fois ; puis, sautant au cou de la Fée,
il l'embrassa sans aucun égard pour son
âge, ni pour son caractère ; il en fit
de même à sa femme, à Caboche,
au Procureur-Fiscal, au Receveur &
à tout ce qui se trouva autour de lui;
après quoi, ôtant son manteau royal,

il le mit sur les épaules de Cadichon,
lui donna son Sceptre, l'assit sur le
pied du lit, & se prit à crier de
toutes ses forces, *vive le Roi* : ce
qui fut répété sur le champ par les
Grands, & ensuite par tout le Peuple,
à qui le Roi dit plusieurs fois : criez
donc, vous autres? Cependant la Reine,
pénétrée de joie & de reconnoissance,
étoit tombée aux genoux de la Fée,
qu'elle embrassoit en pleurant ; & la
Fée, après l'avoir relevée, fit signe
qu'elle vouloit parler ; chacun prêta
silence, excepté le Roi, dont la joie
étoit si grande qu'il ne voyoit, pour
ainsi dire, ni n'entendoit rien ; enfin,
se trouvant hors d'haleine, il se tut,
& la Fée continua ainsi : « Ce que

» vous voyez n'est qu'une partie des
» bienfaits de la Fée des Champs ,
» votre amie ; elle y joint encore le
» choix d'une Princesse jeune & aima-
» ble que notre Reine a destinée au
» Prince pour épouse ; si les qualités
« de l'esprit de cette Princesse & les
» grâces de sa figure sont un foible
» garant du bonheur de ces époux ,
» la douceur de son caractère & la
» bonté de son cœur que j'ai pris
» soin de former , peuvent en assurer
» la durée : confirmez donc cette
» union , & méritez ainsi la puissante
» protection de la Fée des Champs,
» & celle de » . . . . . . Le Roi n'en
voulut pas entendre davantage , &
prenant aussi-tôt la main du Prince

& celle de la Princeſſe : « Tope,
» dit-il, je les marie, & leur donne
» tous mes Royaumes & toutes mes
» Fermes ; car, pour mes autres enfans
» je ne m'en embarraſſe plus, &
» cette bonne Madame des Champs,
» notre amie, ne les laiſſera man-
» quer de rien ; ainſi faiſons la noce,
» & réjouiſſons-nous ; vous dînerez
» tous avec moi, quoique je ne ſache
» pas trop ce que je vous donnerai ;
» mais, comme dit ma femme, *tout*
» *vient à point, qui peut attendre :*
» cependant, beau-pere, dit-il à
» Caboche, va-t-en à la cuiſine, fais
» tuer tout ce qui eſt en ma baſſe-
» cour, & ſur-tout grand'chere,
» car je veux qu'il en ſoit parlé ». Le

Sénéchal obéit ; mais en traversant
la salle à manger , il y apperçut une
table de vingt-quatre couverts , servie des meilleurs mets ; il n'alla pas
plus loin , & revint promptement ra-
conter au Roi & à la Reine ce qu'il
venoit de voir ; chacun voulut en
être témoin ; on s'y rendit , non sans
quelque frayeur , & par conséquent
sans cérémonie ; ce spectacle étonna
d'abord , on hésita à goûter des vian-
des , mais enfin on s'y accoutuma , &
le Roi à qui tout cela ne coûtoit rien,
donna l'exemple , mangea de tout
son cœur , & but exactement sa
ronde. On dit qu'il ne s'épargna pas
sur ses vieilles histoires & sur ses vieux
bons mots ; car le bon homme les

répétoit souvent, & toujours dans les
mêmes termes.

Il y avoit près de deux heures
que l'on étoit à table, lorsqu'on entendit des violons dans la salle d'audience ; comme on avoit bien bu &
bien mangé, on quitta volontiers la
table, & le Roi, qui étoit en gaieté,
ne demandant pas mieux que de danser, voulut ouvrir le bal avec la
Reine, & demanda la courante; les
violons obéirent, il la commença,
mais, ne s'en souvenant plus, il ne
l'acheva pas, & dit au jeune Prince
& à la jeune Princesse de danser un
menuet, ce qu'ils firent avec une
grâce admirable; ils en étoient à la
derniere révérence, lorsqu'on vit

entrer dans la chambre six Marionnettes joliment habillées ; savoir, trois
en Chevaliers Romains, & trois en
Dames Romaines ; chacune de ces
six Marionnettes avoit à côté d'elle
une place vuide , dans laquelle on
appercevoit un bout de nez, & tout
cela étoit conduit par une femme à
laquelle on prit peu garde, tant ce
spectacle attira les regards. Chacun
se rangea pour leur faire place, &
sur le champ ils formerent un pas,
dans lequel les six bouts de nez figu-
rerent à merveille. Le ballet fini,
elles se rangerent en cercle, & dans
le même ordre qu'elles avoient observé en entrant ; leur conductrice se
plaça au centre, porta l'extrémité de

sa baguette sur les six bouts de nez,
& fit en même temps paroître à leur
place trois Polichinels & trois Dames
Gigognes. « Bon, bon, dit le Roi;
» tout cela sera pour mes petits en-
» fans, pourvu qu'ils ne me coû-
» tent rien à nourrir & à habiller,
» je les garderai, & m'en rejouirai
» en attendant. Doucement, Sire,
» reprit cette femme, donnez-vous
» patience, *tout vient à point, qui*
» *peut attendre* ». Dans le même instant les douze Marionnettes se re-
mirent à danser, & l'on fut dans le
dernier étonnement de les voir changer à vue d'œil, & reprendre peu-à-
peu un autre visage & un nouvel
habillement. « Miséricorde, s'écria le

» Roi, voilà Toinon, Jacquot &
» Chonchon, ma femme! c'est Toi-
» nette, Jacqueline & Chonchette...
» non, je ne crois pas.... Oh! par
» mon Sceptre, cela est admirable ».
Puis, adressant la parole à leur Conductrice : « Tenez, lui dit – il, je
» parie ma toque & mon manteau
» royal, que vous êtes Madame des
» Champs, notre amie; par ma foi
» vous valez votre pesant d'or, &
» voilà des enfans tous chaussés, tous
» vétus, & grands comme pere &
» mere; mais qui les mariera? Moi,
» repliqua la Fée des Champs, (car
» c'étoit elle-même) & ce sera tout
» à l'heure ». A ces mots, le Roi, ne
se sentant pas de joie, la prit par la

main, lui fit je ne sais combien de complimens à sa façon, & la fit asseoir auprès de Gillette, à qui il crioit : « C'est Madame des Champs, » au moins c'est notre bonne-amie ». Mais la Reine, n'écoutant que ses sentimens, se livra à toute sa reconnoissance envers la Fée, & à toute sa tendresse pour ses enfans. La Fée lui présenta ensuite les trois Princes & les trois Princesses qui lui étoient inconnus, & proposa leurs mariages avec ses six enfans. Le Roi & la Reine y consentirent sur le champ ; tous ceux qui étoient présens applaudirent au choix de la Fée, & les députés proclamèrent Cadichon & Felicianne pour leur Roi & leur Reine.

Les sept mariages furent célébrés d'une manière digne de la sagesse de Judicieuse, & de la noble simplicité de la Fée des Champs. Cadichon donna lui-même à chacun de ses freres & de ses beaux-freres un des grands Gouvernemens de son Royaume en Souveraineté ; & les sept Princes partirent avec leurs épouses, accompagnés des deux Fées, qui ne les quitterent que lorsqu'ils furent arrivés chacun dans leur Capitale. Elles leur y donnerent des nouvelles instructions pour la conduite de leurs familles & de leurs Etats ; & après les avoir comblés des marques de leur bienveuillance & de leur générosité, elles partirent pour se rendre chacune dans leur département.

A l'égard de Petaud & de Gillette, la fortune de leurs enfans ne leur causa ni ambition, ni jalousie, & ne changea rien à leur façon de penser. La majesté & la représentation d'une grande Reine, ne convenoient point à la simplicité de Gillette. Le caractère & le génie de Petaud n'étoient point propres aux soins d'un grand Royaume ; & ils n'auroient pas changé, l'un son Sénéchal, son piquet & son potager ; l'autre, son rouet, sa laiterie, & l'amitié de la Fée des Champs, pour toutes les grandeurs de l'Univers.

Fin de Cadichon.

JEANNETTE,

OU

L'INDISCRÉTION,

CONTE.

JEANNETTE.

IL y avoit une fois deux bonnes gens dont la maison étoit voisine du château d'une Fée bienfaisante. Ils avoient souvent entendu parler de son pouvoir & de ses bontés, mais jamais ils n'avoient imploré son secours ; leur timidité naturelle les en avoit peut-être empêchés, ou bien plutôt, en suivant ce que d'autres m'ont assuré, le contentement où ils étoient d'un état simple dans lequel ils avoient sçu se borner ; c'est un bonheur que l'on n'a pas besoin de demander aux Fées, &

que nous pouvons nous accorder à
nous-mêmes. Ces bonnes-gens n'eurent de leur mariage qu'une fille,
qui, réellement, étoit très-jolie ; mais,
toute jolie qu'elle étoit, ils la trouvoient mille fois plus belle qu'elle
ne l'étoit ; en effet, ils élevèrent de
leur mieux leur petite Jeannette,
(c'est ainsi qu'elle se nommoit :) &
ne s'apperçurent point, soit à cause
de l'aveuglement qui n'est que trop
ordinaire aux pères & aux mères, soit
enfin parce qu'ils n'en savoient pas
d'avantage ; ils ne s'apperçurent pas,
dis-je, d'un grand défaut, c'étoit
celui de toujours parler, & de toujours rapporter ce qu'elle avoit vu &
ce qu'elle avoit entendu. Les bonnes

gens regarderent comme une vivacité ou comme une gentilleſſe les
premières indiſcrétions que Jeannette
commit : ils répétoient devant elle
les petits contes qu'elle leur avoit faits
de ſes compagnes ; ils les applaudiſ-
ſoient , & preſque toujours ils en
rioient : cette complaiſance pater-
nelle autoriſoit Jeannette dans ſes
défauts. J'ai dit , ce me ſemble , que
ces bonnes gens n'avoient jamais rien
demandé à leur voiſine la bonne Fée;
mais bien ſouvent l'on fait pour ſes
enfans ce que l'on ne feroit pas pour
ſoi-même. Ils ſe déterminerent enfin
à ſe préſenter devant la Fée , & parurent devant elle , l'un en tournant
ſon chapeau , l'autre en lui préſen-

tant un petit panier d'œufs frais ;
mais tous deux avec une contenance
très-embarrassée, & la prièrent de
lui accorder une grâce. Dès que
la bonne Fée les apperçut, elle s'approcha d'eux avec autant de bonté
que si elle eût été leur égale. Que
voulez-vous de moi, mes bonnes gens,
leur dit-elle ? Je venons, répondi-
rent-ils, vous prier d'une grâce, c'est
de vouloir bien prendre à vous, &
avoir soin de notre petite fille Jeannette ; c'est, en vérité, une jolie enfant.
Eh ! bien, amenez la moi dans huit
jours, leur dit avec douceur la bonne
Fée. Au bout de huit jours les bonnes
gens revinrent au château de la Fée
tout aussi bien endimanchés qu'il leur

étoit possible, conduisant par la main
Jeannette qu'ils avoient parée tout
de leur mieux : elle avoit des sabots
tout neufs, un bavolet bien blanc,
& un petit juste d'écarlate, chamarré
de rubans bleus : la Fée la trouva bien
jolie, & la retint en effet à son service ; elle fut habillée dès le jour
même, & parée avec la plus grande
magnificence, & l'on ne lui donna
pas d'autre occupation que de jouer
avec sept ou huit petites Princesses,
que des Rois & des Reines avoient
remises entre les mains de la Fée, &
de l'éducation desquelles elle avoit
bien voulu se charger. L'emploi de
Jeannette n'étoit pas difficile;aussi s'en
acquita-t-elle très-bien dès le premier

jour. Mais comme un parleur ne réfléchit point sur les convenances de ce qu'il peut dire, Jeannette, ne pouvant parler du château dont elle ignoroit les usages ; Jeannette tantôt à l'une, tantôt à l'autre de ces petites Princesses, & très-souvent à toutes en général ; Jeannette, dis-je, parla de son père, de sa mère & de son village. La matière étoit très-peu intéressante ; aussi n'amusa-t-elle point toutes celles qu'on lui avoit, cependant, expressément commandé de divertir ; au contraire même, elles dirent tout bas : voilà vraiment de belles histoires que nous conte là Jeannette ! il faut espérer qu'il lui viendra quelque rhume ; il faut qu'elle ait une

bonne

bonne poitrine ; & cent autres propos par lesquels on la tournoit en
ridicule. Le lendemain de son arrivée, elle fit à toutes les petites Princesses des confidences, dans lesquelles
elle leur dit tout ce qu'elle put imaginer pour leur plaire & pour s'insi-
nuer dans leur esprit ; elle confia à
l'une que l'autre avoit dit qu'elle
n'étoit point jolie ; à celle - ci que
celle-là l'accusoit d'avoir pissé au lit,
& cent mille autres choses de cette
espèce très - désagréables à entendre
dire de soi ; elle fit si bien, en un mot,
que toutes ces jolies Princesses , qui,
jusqu'à son arrivée , avoient vécu dans
une fort grande union , furent toutes ,
en un moment , brouillées ensemble ,

G

fans vouloir fe raccommoder, tant elles étoient piquées. La Fée fut inſtruite de cette diviſion, & découvrit très-aiſément quelle en étoit la ſource ; elle gronda Jeannette, & la menaça de la renvoyer dans ſon Village. Cette réprimande fit ſon effet pendant quelque jours, au bout deſquels elle obtint la permiſſion d'aller voir ſon père & ſa mère pour leur montrer ſes beaux habits. La Fée lui recommanda un grand ſecret ſur tout ce qui ſe paſſoit chez elle ; Jeannette le promit : mais l'envie de parler, & de conter ce qu'elle avoit vu étant le véritable motif de ſon voyage, elle raconta chez elle tout ce qu'elle ſavoit, ou bien plutôt ce qu'elle croyoit savoir ; elle parla tout de travers de la Fée, & bien souvent sans employer la vérité avec exactitude ; mais comme ce ne seroit pas la peine de mentir, si l'on ne mentoit un peu à son avantage, elle dit que la Fée l'avoit fait Princesse, & qu'elle iroit incessamment dans son beau Royaume ; elle fit cent contes plus ridicules & plus déplacés les uns que les autres ; ces récits firent presque tourner la tête au pere & à la mere de Jeannette ; ils ne pouvoient comprendre qu'ils eussent été assez heureux & assez adroits pour avoir fait une Princesse : car, se disoient-ils, la Fée est bien puissante : mais, si nous n'avions pas fait notre fille, jamais elle n'auroit pu la faire Princesse. Ce n'étoit pas seulement à son pere & à sa mere que Jeannette avoit fait ces belles histoires, c'étoit aussi à tous ceux de sa connoissance qu'elle avoit trouvés dans le Village, & les beaux habits qu'elle avoit autorisoient tous ces propos. Dès le lendemain tous les Paysans du Village, mourant d'envie de voir leurs filles Princesses, vinrent tous, chacun de leur côté, pour demander cette petite grâce à la Fée : si elle eût été accordée, jamais il n'y auroit eu une aussi grande promotion de Princesses ; car ils vinrent tous au château, sans nulle exception, demander cette bagatelle. La Fée obligea Jeannette d'aller leur porter sa réponse , qui , comme on le peut croire, étoit un fort honnête refus : mais elle fit le message, en éprouvant le dernier désespoir ; car cette prétendue Princesse parut en sabots & dans tout l'équipage avec lequel ses parens l'avoient amenée au château. Jeannette paroissant dans un habillement si différent de celui qu'on lui avoit vu , & si peu convenable à la dignité qu'elle s'étoit si libéralement donnée , se donnant un démenti à elle même , répondit aisément à la demande de tous les Paysans, qui, pour se dédommager de l'inutilité de leur voyage , firent beaucoup de plaisanteries, & se moquerent , autant qu'ils le purent, de la Princesse Jeannette ;

& tous les habitans du château, Princesses & autres, en firent autant.
Une aussi bonne correction auroit dû
rendre Jeannette moins babillarde &
plus discrette, d'autant qu'elle y fut
infiniment sensible ; cependant malgré ses larmes & les avis que la Fée
lui donna sur ses défauts, avec autant
de douceur que de raison, elle fit de
nouvelles confidences à toutes les
Princesses, & leur dit que c'étoit une
telle, qui, par jalousie de la voir plus
jolie, avoit indisposé la Fée contr'elle,
& qui l'avoit engagée à la faire paroître comme elle avoit fait devant les
Paysans ; elle fit cette belle histoire
à toutes les Princesses en particulier,
sans y apporter d'autres précautions

que celle de changer de nom, suivant
celle à laquelle elle parloit; car les
grands parleurs & les menteurs sont
sujets à faire bien peu de réflexions;
mais le mensonge ne lui réussit pas
plus dans le château que celui qu'elle
avoit fait au Village; car toutes les
Princesses s'étant fait, à leur tour,
des confidences réciproques, la tournerent en ridicule, en disant, c'est
moi qui suis jalouse de Jeannette.
Non, ce n'est pas vous; c'est moi,
disoit une autre. Enfin toutes, en lui
faisant les cornes, s'écrioient, en dan-
sant en rond autour d'elle : c'est nous
toutes qui sommes jalouses des sabots
de Jeannette. La Fée, dans le fond
de son cœur, ne fut pas fâchée de

cette réprimande publique, pour deux
raisons ; la premiere , parce que rien
ne corrige des défauts comme les
exemples , & qu'ainsi Jeannette ap-
prenoit mieux à toutes les petites
Princesses combien il falloit éviter la
bavarderie & les redites qui peuvent
faire de la peine , & faire donner le
fouet aux autres , que tout ce qu'elle
auroit pu leur dire elle - même a ce
sujet. De plus , elle étoit bien-aise de
voir si elle ne pouvoit corriger cet
enfant d'un défaut aussi incommode ;
elle le desiroit d'autant plus qu'elle
la trouvoit charmante sur tous les
autres articles. Jeannette, étant brouil-
lée avec toutes les Princesses qui ne
vouloient plus lui parler , fut donc

contrainte de ne plus s'entretenir
qu'avec les Mies & les Gouvernan-
tes ; chose qu'elle avoit déja commencé à faire depuis long - temps ;
car, pour se rendre nécessaire auprès
d'elles, elle leur rapportoit tout ce
que les autres avoient fait & dit : ce
procédé n'est point pardonnable, aussi
ne fût-il point pardonné ; il mit le
comble à la haine qu'on portoit à
Jeannette, & la Fée qui, comme je
l'ai dit, vouloit bien la corriger, mais
qui ne vouloit pas faire de la peine
aux petites Princesses, parce qu'elle
étoit bonne, fut obligée de la faire
sortir du château & de l'enfermer à
son pavillon, qu'elle avoit nommé
la solitude ; c'étoit là qu'elle se reti-

roit pour méditer sur les mystères de la Féerie; c'étoit encore là qu'elle aiguisoit sa baguette, & qu'elle se retiroit du grand monde, pour rêver toute à son aise, & se délasser de ses grandes occupations; & ce fut là qu'elle conduisit Jeannette pour lui faire oublier un défaut que l'on ne peut mettre en pratique que dans la société. Ce pavillon étoit au milieu d'une plaine qui ne produisoit que des bruyeres & qui s'étendoit aussi loin que la vue le pouvoit permettre; l'horison de cette plaine n'étoit terminée par aucune montagne, & la Fée n'y venant jamais que par les airs, aucun chemin ne conduisoit à cette retraite dont les appartemens étoient

meublés des plus agréables toiles pein-
tes que l'on ait jamais vues ; un jardin
planté délicieusement entouroit ce
pavillon ; & la plus superbe voliere,
remplie des oiseaux les plus rares &
de tous les pays du monde, faisoit
l'agrément & les délices de ce joli
jardin. Ce fut dans cette solitude que
la Fée enferma la petite Jeannette,
en lui donnant tout ce qui pouvoit
lui être nécessaire. Jeannette eut un
peu de peine à la solitude, mais elle
ne put souffrir sans pleurer le silence
auquel elle étoit condamnée ; elle eut
recours aux lamentations, ensuite aux
chansons ; ces secours étoient d'autant plus consolans, que l'on ne peut
les employer & garder en même temps

le silence ; mais cette consolation étoit
légère : car , enfin , elle étoit privée
de la satisfaction d'être indiscrette :
Jeannette étoit curieuse , c'est un défaut nécessairement attaché à ceux
que l'on vient de rapporter , & quand
on aime à parler ,il faut bien être atten-
tif pour trouver de quoi s'entretenir ,
Jeannette se donna tant de peines &
pris si bien ses mesures , que pendant
l'absence de la Fée , elle entra dans
son cabinet ; elle examina avec un
grand soin tous les instrumens de
Féerie , mais ce qui la frappa le plus ,
& avec raison , ce furent les régle-
mens des Fées ; elle y lut combien il
leur étoit recommandé d'avoir soin
de leur baguette , dont elles ne de-

voient jamais fe féparer, & de prendre garde, fur toutes chofes, de dor-
mir devant perfonne au monde; leur
pouvoir étant abfolument attaché à
cette attention, & plus encore à
cette marque effentielle de la Fée;
car il étoit dit pofitivement dans le
Livre, que ceux qui fe feroient em-
parés de la baguette feroient non-feu-
lement tout ce qu'ils voudroient, mais
encore que la Fée elle-même devien-
droit leur efclave. Jeannette, toute
occupée de cette découverte, & ne
pouvant en faire ufage, parce que la
Fée ne dormoit jamais dans le pavillon de la folitude; &, n'ayant
perfonne à qui pouvoir confier cet
important fecret, éprouva la plus

grande peine qu'un indiscret puisse
ressentir, c'est celle de savoir quelque
chose d'important, & de n'avoir personne à qui le pouvoir confier. Dans
ce cruel état, après avoir long-temps
médité, voici l'expédient auquel elle
se détermina, pour se satisfaire. J'ai
dit, ce me semble, que dans le jardin
qui environnoit le pavillon de la Fée
il y avoit une volière admirable, &
qu'elle étoit remplie de tous les oiseaux
connus & inconnus; il y avoit par
conséquent des perroquets; ce fut sur
un de ces oiseaux que Jeannette jeta
les yeux pour en faire son confident;
elle le prit en amitié, & l'instruisit
d'autant mieux à parler, qu'il falloit
parler pour le lui montrer : comme il

avoit appris cent mille choſes inutiles, elle lui fit dire en très-peu de
temps cette eſpece de rimé :

Si tu prends la baguette, quand la Fée
dormira,

Tu n'as qu'à commander, le ciel t'obéira.

Lorſque le perroquet fut bien inſ-
truit, Jeannette conjura la Fée de lui
permettre de l'envoyer à une des petites Princeſſes de ſon château ; la
Fée regarda cette marque d'attention
comme une preuve de ſon bon naturel ; elle y conſentit donc ; &, mettant l'oiſeau dans ſa voiture, elle le
remit à cette Princeſſe à qui Jeannette
le deſtinoit ; mais quel fut l'étonnement de la Fée, quand, au milieu de
toutes les petites Princeſſes, après

avoir tenu tous les propos du perroquet que l'on connoît , après avoir
mille fois répété : *Jeannette , bon jour;*
mon petit ami : & mille autres choses
de cette force , elle entendit qu'il
disoit avec un ton de conseil :

Si tu prends la baguette , quand la fée
dormira ,
Tu n'as qu'à commander, le ciel t'obéira.

Elle frémit du risque qu'elle avoit
couru ; & , sur le champ faisant atteler
la voiture, elle ordonna à ses griffons
d'aller chercher Jeannette ; elle fut
obéie, &, dans moins d'un demi-quart
d'heure , malgré le prodigieux éloi-
gnement , Jeannette fut amenée au
milieu du château. Pour lors elle lui
reprocha son indiscrétion , & qui plus

est, son ingratitude ; & sans lui donner le temps d'employer les mauvaises excuses qu'elle pouvoit alléguer, d'un coup de sa baguette elle la métamorphosa en pie, & donna, par ce moyen, un terrible exemple à toutes les petites filles pour les empêcher de trop parler & de redire ce qu'elles ont vu, ou ce qu'elles ont entendu. Pour la punir davantage, elle ne voulut point lui laisser (comme l'on dit) la clef des champs ; elle la mit dans une grande cage d'osier, sur laquelle étoit écrit, *Palais de la Princesse Jeannette*, afin que l'on ne pût la méconnoître dans tous les pays, & que le mensonge qu'elle avoit fait fût une source éternelle de reproches & de plaisanteries.

Dans cet équipage, elle la renvoya à ses parens, en leur mandant qu'il ne lui avoit pas été possible de rien faire de bon de leur fille, mais qu'elle leur donnoit avis de prendre garde à ce qu'ils diroient devant elle, parce que tout le Village en seroit d'abord instruit.

Pour les consoler un peu, elle leur dit de faire attention qu'ils avoient gagné du moins son entretien & sa dot, & qu'un peu de fromage suffiroit dorénavant pour sa nourriture : toutes les espérances de ces bonnes-gens s'évanouirent en voyant la cage, & Jeannette, dont ils avoient tant espéré, devenue une margot insupportable pour eux.

C'est ainsi que les méchans enfans,
qui ne se corrigent point, font souvent, en faisant leur propre malheur,
celui de leurs parens.

Tout indiscret est curieux ;
Prenons garde avec qui nous sommes.
On croit qu'il faut parler pour vivre avec
les hommes ;
Savoir se taire vaut bien mieux.

Fin de Jeannette.

OUVRAGES
NOUVEAUX,
Qui se trouvent chez le même Libraire,
1775.

MEMOIRES pour servir à l'Histoire du Maréchal de Catinat, 1 volume *in-*12. *broché.*
2 liv. 10 s.

Vie de Maurice, Comte de Saxe. 5 l.
Le même *in-*4°. 2 vol. & 1 vol. de plans, *broc.*
45 l.
Zely, ou la difficulté d'être heureux, *broc.* 8°. *fig.*
2 l. 8 s.

Londres, 4 vol. avec un plan de la Ville de Londres, *rélié.* 12 l.
Voyage d'Italie & de Hollande, 2 vol. 5. l.
Les Rêves d'un Homme de Bien, Ouvrage tiré de M. l'Abbé de S.-Pierre, 1 vol. *in-*12. 3 l.
La Fausse Magie, Comédie en un acte, mêlée d'Ariettes, par M. Marmontel. 1 l. 4 s.
Les Confidences d'une jolie Femme, 4 Parties *brochées.* 6 l.
Dictionnaire d'Anecdotes Dramatiques, 3 vol. *in-*8, *réliés.* 15 l.
Observations sur l'Art du Comédien, & sur d'autres objets concernant cette profession en général, avec quelques Extraits de différens Auteurs, & des remarques analogues au même sujet, par M. *Dhannetaire,* ancien Directeur des Spectacles de la Cour de Bruxelles ; nouvelle Edition, considérablement augmentée, *in-*8. *broché.* 3. l. 12 s.

CATALOGUE
GÉNÉRAL DES THÉATRES.

Théâtre complet de M. de Voltaire, 7 vol.
    in-12.   21 liv.

———Le même en 8 vol. *figures*.   24 l.

———Le même *in*-8, 8 vol.   30 liv.

———de M. *Saurin*, un vol. *in*-8.   7. l. 4. f.

———de M. Piron, 3 vol. *in*-12, belles figur.
    9 liv.

———de Marivaux, Théâtre François & Ital.
    in-12. 7. vol.   21 l.

———de M. Pannard, en 4 vol. *in*-12. 12 l.

———& Œuvres de Fagan, 4 vol. *in*-12. 12 l.

——— de Philippe Poisson, 2 vol. *in*-12. 5 l.

———de Diderot, deux vol. *in*-12.   5 liv.

———de Boindin, deux vol. *in*-12.   5 liv.

———de M. Palissot, 3 vol. *in*-12. 7 l. 10 f.

———de V***, *in*-12.   3 l.

———de M. de la *Place*, *in*-12. sous presse. 3 l.

———de Madame de Graffigny, *in*-12. 3 l.

———de la Noue, 1 vol. *in*-12.   3 l.

———de Duché, ou Tragédies saintes, 1 vol.
    in-12.   3 l.

———de l'Affichard, 1 volum. *in*-12. 2 l. 10 f.

———d'un Inconnu, 1. vol. *in*-12. 2 l. 10 f.

———de la Motte, 1 vol. *in*-12.   3 l.

———de Delaunay, 1 volume *in*-12. 3 l.

———de Guyot de Merville, *in*-12, 3 volum.
    7 l. 10 f.

——— de Colardeau, 1 vol.   3 l.

——————de Rochon de Chabannes, *in*-12. *sous*
    presse.   3 l.
——————de Marmontel, Théâtre François, *in*-12
    sous presse.   3 l.
——————de Scarron, 3 vol. *in*-12.   9 l.
——————de le Franc, 4 vol.   8 l.
——————de Moissy, 1 vol. *in*-12.   3 l.
——————des Boulevards, ou les Parades, 3 vol.
    in-12.   7 l. 10 f.
——————d'Apostolo-Zéno, traduit de l'Ital. 2 vol.
    in-12.   5 l.
—————— Bourgeois, ou Recueil de Pièces Bour-
    geoises, *in*-12.   3 l.
—————— de la Grange, *in*-8.   3 l.
——————de Romagnési, 2 vol. *in*-8.   8 l.
——————d'Avisse, 1 vol. *in*-8.   3 l.
——————de Boissi, *in*-8, 9. vol. nouvelle édition,
                              36 l.
——————de Pesselier, 1 vol. *in*-8.   5 l.
——————de Campagne, Recueil des Parades, *in*-8.
                          5 liv.
——————de M. Favart, avec figures & Musique,
    10 vol.   50 l.
——————de Vadé, avec les airs notés, 4 volumes
    in-8.   20 l.
——————d'Anseaume, 3 vol. *in*-8. avec les airs
    notés,   15 l.
——————de Poinsinet, 2 vol. *in*-8. Musique. 10 l.
Nouveau Théâtre François & Italien, 8 volumes
    in-8.   40 l.
Ancien Théâtre de la Foire, 10 vol. *in*-12, 30 l.
Nouveau Théâtre de la Foire, 4 vol. *in*-8. 20 l.
Supplément aux Parodies du Théâtre Italien,
    3 vol. *in*-8.   15 l.

(4)

Œuvres de P. & de T. Corneille, 22. vol. *in*-12.
44 l.

————Les mêmes, 12 vol. grand *in*-12. 36 l.

Les Chef-d'Œuvres de P. & de Th. Corneille,
3 vol. grand *in*-12. 9 l.

Chef-d'Œuvres Dramatiques des plus célébres
Auteurs, pour servir de suite à ceux de Corneille, *sous presse*.

———— de Racine, 3 vol. *in*-12. 6 l.

———— Les mêmes, *in*-4. 3 vol. 60 l.

————De Crébillon, 3 vol. *in*-12. 6 l.

————De Campistron, 3 vol. *in*-12. 7 l. 10 s.

————De Moliere, 8 vol. *in*-12. 16 l.

———— Les mêmes, *in*-4. 6 vol. 120 l.

———— 6 vol. *in*-8. avec *figures*. 60 l.

————De Regnard, 4 vol. *in*-12. 9 l.

————De Dancourt, 12 vol. *in*-12. 9 l.

————De la Grange Chancel, 5 volum. *in*-12.
10 l.

————De Destouches, 10 vol. *in*-12. 20 l.

————De la Chauffée, 5 vol. *in*-12. 10 l.

———— De Baron, 3 vol. *in*-12. 6 l.

————De M. de Saint-foix, 4 vol. *in*-12. 10 l.

————De Chempmeflé, 2 vol. *in*-12. 5 l.

————De Pradon, 2 vol. *in*-12. 5 l.

———— De la Fosse, 2 vol. *in*-12. 5 l.

————De la Fond, 1 vol. *in*-12. 2 l. 10 s.

————De Poisson, pere, 2 vol. *sous presse*. 5 l.

————De la Thuilerie, 1 vol. *in*-12. 2 l. 10 s.

————De Gresset, 2 vol. *in*-12. 5 l.

————De Boursaut, 3 vol. *in*-12, *sous presse*.
9 l.

————De le Grand, 4 vol. *in*-12. 12 l.

————D'Hauteroche, 3 vol. *in*-12. 9 l.

www.ingramcontent.com/pod-product-compliance
Lightning Source LLC
LaVergne TN
LVHW021708060726
842527LV00003B/1052

BIBLIOTHÈQUE MÉDICALE

FONDÉE PAR MM.

J.-M. CHARCOT   et   G.-M. DEBOVE

DIRIGÉE PAR M.

G.-M. DEBOVE

Membre de l'Académie de médecine,
Professeur à la Faculté de médecine de Paris,
Médecin de l'hôpital Andral.

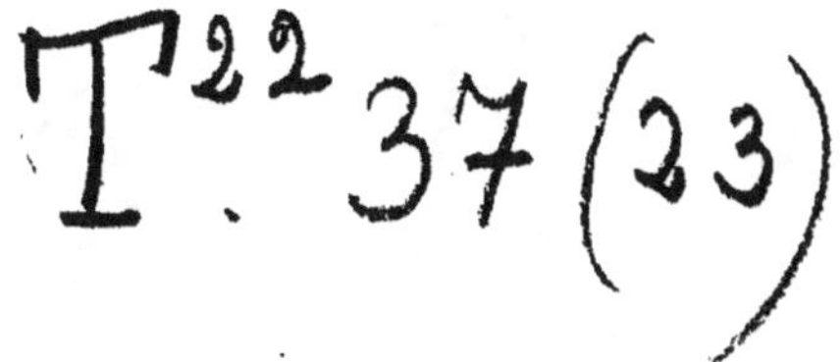

BIBLIOTHÈQUE MÉDICALE CHARCOT-DEBOVE

Reliure amateur tête dorée, le vol.   3 fr. 50

VOLUMES PARUS DANS LA COLLECTION

V. Hanot. La Cirrhose hypertrophique avec ictère chronique.
G.-M. Debove et Courtois-Suffit. Traitement des pleurésies purulentes.
J. Comby. Le Rachitisme.
Ch. Talamon. Appendicite et Pérityphlite.
G.-M. Debove et Rémond (de Metz). Lavage de l'estomac.
J. Seglas. Des troubles du langage chez les aliénés.
A. Sallard. Les Amygdalites aiguës.
L. Dreyfus-Brissac et I. Bruhl. Phtisie aiguë.
P. Sollier. Les Troubles de la mémoire.
De Sinety. De la Stérilité chez la femme et de son traitement.
G.-L. Debove et J. Renault. Ulcère de l'estomac.
G. Daremberg. Traitement de la Phtisie pulmonaire. 2 vol.
Ch. Luzet. La Chlorose.
E. Mosny. Broncho-Pneumonie.
A. Mathieu. Neurasthénie.
N. Gamaleïa. Les Poisons bactériens.
H. Bourges. La Diphtérie.
Paul Blocq. Les Troubles de la marche dans les maladies nerveuses.
P. Yvon. Notions de pharmacie nécessaires au médecin. 2 vol.
L. Galliard. Le Pneumothorax.
E. Trouessart. La Thérapeutique antiseptique.
Juhel-Rénoy. Traitement de la fièvre typhoïde.
J. Gasser. Les causes de la fièvre typhoïde.
G. Patein. Les Purgatifs.
A. Auvard et E. Caubet. Anesthésie chirurgicale et obstétricale.
L. Catrin. Le Paludisme chronique.
Labadie-Lagrave. Pathogénie et traitement des néphrites et du mal de Bright.
E. Ozenne. Les Hémorroïdes.
Pierre Janet. État mental des hystériques. — Les stigmates mentaux.
H. Luc. Les Névropathies laryngées.
R. du Castel. Tuberculoses cutanées.
J. Comby. Les Oreillons.
Chambard. Les Morphinomanes.
J. Arnould. La Désinfection publique.
Achalme. Érysipèle.
P. Boulloche. Les Angines à fausses membranes.
E. Lecorché. Traitement du diabète sucré.
Barbier. La Rougeole.
M. Boulay. Pneumonie lobaire aiguë. 2 vol.
A. Sallard. Hypertrophie des amygdales.
Richardière. La Coqueluche.
G. André. Hypertrophie du cœur.
E. Barié. Bruits de souffle et bruits de galop.
L. Galliard. Le Choléra.

Polin et Labit. Hygiène alimentaire.
Boiffin. Tumeurs fibreuses de l'utérus.
E. Rondot. Le Régime lacté.
Ménard. Coxalgie tuberculeuse.
F. Verchère. La Blennorrhagie chez la femme. 2 vo .
P. Legueu. Chirurgie du rein et de l'uretère.
P. de Molénes. Traitement des affections de la peau. 2 vol.
Ch. Monod et **J. Jayle.** Cancer du sein.
P. Mauclaire. Ostéomyélites de la croissance.
Blache. Clinique et thérapeutique infantiles. 2 vol.
A. Reverdin (de Genève). Antisepsie et Asepsie chirurgicales.
Louis Beurnier. Les Varices.
G. André. L'Insuffisance mitrale.
Guermonprez (de Lille) et **Bécue** (de Cassel). Actinomycose.
P. Bonnier. Vertige.
De Grandmaison. La Variole.
A. Courtade. Anatomie, physiologie et séméiologie de l'oreille.
J. Duplaix. Des Anévrysmes.
Ferrand. Le Langage, la Parole et les Aphasies.
Paul Rodet et **C. Paul.** Traitement du lymphatisme.
H. Gillet. Rythmes des bruits du cœur (physiologie et pathologie).
Lecorché. Traitement de la goutte.
J. Arnould. La Stérilisation alimentaire.
Legrain. Microscopie clinique.
A. Martha. Des Endocardites aiguës.
J. Comby. Empyème pulsatile.
L. Poisson. Adénopathies tuberculeuses.
E. Périer. Hygiène alimentaire des enfants.
Laveran et **R. Blanchard.** Des Hématozoaires chez l'homme et les animaux.
  2 volumes.
Pierre Achalme. Immunité dans les maladies infectieuses.
Magnan et **Legrain.** Les Dégénérés.
M. Bureau. Les Aortites.
J.-M. Charcot et **A. Pitres.** Les Centres moteurs corticaux chez l'homme.

POUR PARAITRE PROCHAINEMENT

G. Martin. Myopie. Hypéropie. Astigmatisme.
Mauclaire et **de Bovis.** Des Angiomes.
J. Garel. Rhinoscopie.
A. Robin. Ruptures du cœur.
E. Valude. Les Ophtalmies du nouveau-né.
Denucé. Le Mal de Pott.
Legry. Les Cirrhoses alcooliques du foie.
Du Castel. Chancres génitaux et extra-génitaux.

LES

CENTRES MOTEURS CORTICAUX

CHEZ L'HOMME

PAR

J.-M. CHARCOT et A. PITRES

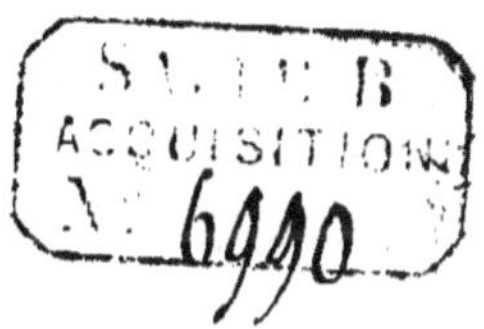

AVEC 57 FIGURES INTERCALÉES DANS LE TEXTE, DONT 51 EN COULEURS

PARIS

RUEFF ET Cᵉ, ÉDITEURS

106, BOULEVARD SAINT-GERMAIN, 106

1895

LES
CENTRES MOTEURS CORTICAUX
CHEZ L'HOMME

AVANT-PROPOS

Dans le courant de l'année 1892, M. le professeur Charcot avait bien voulu m'offrir de faire, en collaboration avec lui, un travail d'ensemble sur la doctrine des localisations cérébrales. Il désirait que nous établissions, en quelque sorte, le bilan des faits sur lesquels repose aujourd'hui l'histoire des localisations motrices, sensitives et psycho-sensorielles, et que, par une analyse rigoureuse des documents anatomo-cliniques dont dispose la science, nous missions en lumière, à côté des conclusions solidement établies, les nombreux détails dont la démonstration exige encore des recherches.

La première partie de ce travail (celle relative à l'étude des centres moteurs corticaux) était à peu près terminée quand la mort a brutalement enlevé le savant dont la légitime notoriété jetait un si grand éclat sur la science française. Respectueux exécuteur des volontés de Celui qui en a conçu le plan, inspiré la méthode et approuvé les conclusions, je la livre aujourd'hui à l'impression. Mais je considère comme un devoir de déclarer que mon illustre Maître n'en a pas corrigé le texte définitif et que, par conséquent, je suis seul responsable des erreurs, des omissions et des imperfections de toutes sortes qui pourraient s'y rencontrer.

A. Pitres.

INTRODUCTION

La pathologie cérébrale a largement profité des progrès réalisés, depuis 1870, dans le domaine de la physiologie des centres nerveux.

Avant cette époque, un désaccord profond existait entre les physiologistes et les cliniciens. Les premiers soutenaient, avec Flourens, Magendie, Longet, etc., que le cerveau, organe des facultés intellectuelles et perceptives, était fonctionnellement homogène dans toute sa masse et qu'il ne jouait aucun rôle dans la production des mouvements. S'appuyant sur des expériences très démonstratives en apparence, mais pratiquées sur des vertébrés inférieurs, ils affirmaient catégoriquement que les lésions destructives du cerveau humain pouvaient bien provoquer des pertes de l'intelligence et de la perceptivité, mais qu'elles étaient incapables de donner lieu à des troubles de la motilité. Les médecins ne trouvaient pas, dans les faits pathologiques, la confirmation de ces lois formelles. A chaque instant, ils rencontraient des cas de lésions limitées du cerveau, qui avaient déterminé des paralysies ou des convulsions. Ces lésions siégeaient le plus souvent dans les parties centrales des hémisphères cérébraux, au voisinage des corps opto-striés, de telle sorte qu'on pouvait, dans une certaine mesure, expliquer leur symptomatologie par l'extension des altérations aux faisceaux de l'expansion pédonculaire (couronne rayonnante de Reil, capsule interne); mais elles étaient quelquefois placées à la périphérie des hémisphères, sur la substance grise des circonvolutions, et, dans ces cas. il était impossible d'interpréter le mécanisme de leur action sur la motilité, sans abandonner les théories physiologiques courantes.

Assurément, si toutes les lésions de l'écorce cérébrale s'étaient invariablement accompagnées de phénomènes moteurs, la lumière se serait faite rapidement. On aurait compris que les résultats d'expériences pratiquées sur des pigeons ou des grenouilles ne pouvaient être appliqués sans contrôle à l'homme, et qu'il fallait demander à la seule clinique humaine les secrets de la physiologie pathologique du cerveau humain. Mais, à côté des cas d'hémiplégie permanente tenant à des lésions corticales du cerveau, on en observait d'autres où des destructions étendues des circonvolutions n'avaient déterminé aucun symptôme du côté des mouvements.

Au milieu de ces faits contradictoires, les cliniciens restaient hésitants et découragés. Les uns déclaraient que les réactions pathologiques du cerveau n'avaient aucune fixité et qu'une même lésion pouvait indifféremment donner lieu aux symptômes les plus graves ou rester absolument latente; les autres cachaient leur ignorance sous le voile d'explications plus ou moins ingénieuses.

A la vérité, quelques tentatives avaient été faites pour combattre la théorie de l'homogénéité fonctionnelle du cerveau. Gall avait essayé, à la fin du siècle dernier, de diviser la masse cérébrale en un certain nombre de compartiments séparés, indépendants les uns des autres, et jouissant chacun de fonctions distinctes. Mais les exagérations de son système, l'incertitude de ses méthodes, avaient compromis ce qu'il y avait de réellement bon dans son œuvre et jeté le discrédit sur le principe même des localisations cérébrales.

Bouillaud ne suivit pas les mêmes errements. Il s'attacha, avec une persistance qu'aucune opposition ne put lasser, à démontrer que la faculté du langage articulé siégeait dans les lobes antérieurs du cerveau.

En précisant davantage et en prouvant, par des faits rigoureusement observés, les rapports de l'aphasie avec les lésions destructives du pied de la troisième circonvolution frontale gauche, Broca réalisa un progrès considérable (1862).

Vers la même époque, Hughlings Jackson reconnut que certaines lésions superficielles des circonvolutions pouvaient donner lieu à une forme spéciale de convulsions épileptiformes (épilepsie partielle) dont l'étude clinique avait été faite antérieurement en France, avec une remarquable sagacité, par Bravais.

Malgré l'intérêt de ces travaux, la plupart des cliniciens et des physiologistes refusaient d'admettre le principe des localisations corticales, et Vulpian traduisait fidèlement les incertitudes des médecins les plus autorisés lorsqu'il écrivait en 1866 : « Je crois que la doctrine des localisations n'a pas encore rencontré dans les faits d'abolition du langage articulé l'appui qu'elle avait espéré un moment y trouver. Il est possible, à la rigueur, que des lésions situées sur le trajet de certains faisceaux des fibres cérébrales influent plus sur telle fonction que sur telle autre, mais cela n'est pas démontré et, quant à la substance grise corticale, il n'y a rien qui légitime une hypothèse du même genre[1]. »

La question en était là, lorsque parut, en 1870, le mémoire célèbre de Fritsch et Hitzig, suivi, bientôt après, des recherches expérimentales de Ferrier, Nothnagel, Schiff, Putnam, Braun, Goltz, Munk, Eckhardt, Carville et Duret, Albertoni et Michieli, Franck et Pitres, Luciani et Tamburini, Bubnoff et Heidenhain, de Varigny, etc., etc.

La conclusion générale qui se dégage de l'ensemble de ces recherches, c'est qu'il existe dans les circonvolutions situées autour du sillon de Rolando chez le singe, autour du sillon crucial chez le chien, une zone limitée dont l'excitation électrique détermine des mouvements localisés et dont la destruction provoque des paralysies partielles dans les muscles du côté opposé du corps, tandis qu'en portant les électrodes ou en pratiquant les mutilations à quelques millimètres plus loin, sur les circonvolutions voisines, on n'obtient aucune réaction motrice.

Aussitôt que ces faits expérimentaux furent bien établis, on songea à en faire l'application à la

---

1. VULPIAN. *Leçon sur la physiologie générale et comparée du système nerveux*. Paris 1866.

pathologie humaine. Les recherches histologiques de Betz, vérifiées un peu plus tard par Mierze-jewski, leur donnèrent une sorte de confirmation anatomique indirecte, en montrant que c'est au voisinage du sillon de Rolando, et particulièrement, dans le lobule paracental, que se trouvent les plus grandes cellules des circonvolutions (cellules géantes), celles qui, par leurs caractères morpholo-giques, se rapprochent le plus des cellules motrices des cornes antérieures de la moelle épinière. Mais cela ne fournissait que des présomptions plus ou moins vraisemblables ; la certitude ne pouvait ressortir que de la comparaison, dans un grand nombre de cas, des symptômes observés pendant la vie des malades porteurs de lésions cérébrales, avec les altérations rencontrées à leur autopsie.

On commença alors à recueillir les obser-vations cliniques de nature à établir l'équi-valence des régions fonctionnelles du cerveau des animaux et de celui de l'homme. Hitzig entra le premier dans cette voie[1]. Bernhardt[2],

1. Hitzig. *Ueber einen interessanten Abcess der Hirnrinde*; Archiv. f. Psych. und Nervenkr, Bd. III, Heft 2, 1872, et *Ueber œqui-valente Regionen am Gehirn des Hundes, des Affen und des Menschen* Untersuchungen über das Gehirn. Berlin, 1874, p. 126.

2. Bernhardt. *Klinische Beitrage zur Lehre von den Oberflächen Affectionen des Hirns brim Menschen.* Arch. f. Psych. und Nervenkr. t. IV, 1874.

Lépine[1], etc., s'y engagèrent après lui. C'est à ce moment que nous entreprîmes nos premières recherches sur les *paralysies et les convulsions d'origine corticale*. Dégagés de toute idée préconçue, négligeant à dessein les données fournies par l'expérimentation sur les animaux, nous nous proposâmes de demander à la méthode anatomo-clinique la réponse à cette question : *Les lésions des circonvolutions cérébrales peuvent-elles produire chez l'homme des troubles du mouvement, et si oui, existe-t-il un rapport constant entre le siège des lésions corticales et la distribution des phénomènes paralytiques ou convulsifs qui en sont la conséquence?*

Ainsi limité, le problème devait être, semble-t-il, très facile à résoudre, par l'analyse des nombreuses observations contenues dans les ouvrages relatifs à la pathologie cérébrale. Mais quand nous voulûmes puiser dans cette abondante casuistique, nous ne tardâmes pas à nous apercevoir que sa richesse n'était qu'apparente. Presque tous les documents recueillis avant la période actuelle sont, en effet, impropres à l'étude des localisations cérébrales, parce que presque tous pèchent par

---

1. Lépine. *De la localisation dans les maladies cérébrales.* Th. agrég. Paris, 1875.

le manque de précision dans la description topographique des lésions.

Les observations anciennes faisant défaut, nous nous appliquâmes à en recueillir de nouvelles, et, quand nous en eûmes réuni un groupe assez important, nous cherchâmes à tirer de leur comparaison les conclusions qui nous parurent pouvoir en être déduites. Ce fut là l'objet d'un premier mémoire publié en 1877[1]. Il était basé sur l'analyse de quarante-deux observations anciennes ou récentes, mais toutes assez précises pour qu'il nous parût légitime d'affirmer d'ores et déjà que les lésions de certaines régions déterminées de l'écorce du cerveau de l'homme (zone latente) ne donnent jamais lieu à des troubles du mouvement, tandis qu'au contraire les altérations d'une autre région corticale (zone motrice) sont toujours accompagnées de phénomènes paralytiques ou convulsifs du côté opposé du corps. Nous pûmes même démontrer, dans le territoire de cette zone motrice, l'existence d'un petit nombre de divisions secondaires, de centres distincts, dont la destruction déterminait des paralysies partielles,

----

1. CHARCOT et PITRES. *Contribution à l'étude des localisations dans l'écorce des hémisphères cérébraux. Observations relatives aux paralysies et aux convulsions d'origine corticale.* Revue mensuelle de médecine et de chirurgie, t. I, 1877.

limitées à un membre ou à un groupe musculaire isolé.

Plusieurs de ces conclusions reposaient sur un nombre restreint de faits. Aussi, bien que nous eussions pris garde de ne rien avancer qui ne fût justifié par l'étude des observations dont nous disposions, nous attendions cependant, avec une curiosité un peu anxieuse, les faits nouveaux qui devaient confirmer ou infirmer nos opinions. Ils arrivèrent avec une abondance inespérée, et le dossier des localisations corticales grossit si rapidement, que, dès 1878, nous pûmes soumettre à un contrôle sévère les conclusions de notre travail de l'année précédente[1]. Analysant alors cinquante-six observations nouvelles, publiées en France ou à l'étranger et entourées pour la plupart des garanties de précision qu'on est en droit d'exiger dans les études modernes de pathologie cérébrale, nous eûmes la satisfaction de constater que presque toutes confirmaient les rapports de coïncidence que nous avions signalés.

A partir de ce moment, la doctrine des localisations motrices fit des progrès rapides dans l'opinion publique. Les ouvrages ou les mémoires de

1. CHARCOT et PITRES. *Nouvelle contribution à l'étude des localisations motrices dans l'écorce des hémisphères du cerveau.* Revue mensuelle de médecine et de chirurgie, 1878-1879, t. II et III.

Grasset [1], Maragliano [2], Ferrier [3], de Boyer [4], Nothnagel [5], Exner [6], Wernicke [7], etc., en vulgarisèrent les principes et leur gagnèrent un grand nombre de partisans. Néanmoins, les preuves accumulées depuis quelques années n'avaient pas ébranlé toutes les résistances. Aussi jugeâmes-nous utile de parachever la démonstration des affirmations formulées dans nos travaux antérieurs. Pour cela, nous réunimes tous les cas de lésions corticales pures qui étaient parvenus à notre connaissance de la fin de 1878 au commencement de 1883 [8]. Il y en avait deux cents environ. La plupart confirmaient les données de physiologie pathologique que nous avions établies. Les autres, en très petit nombre, paraissaient contradictoires ; mais, en les analysant avec soin, il était

1. Grasset. *Des localisations dans les maladies cérébrales*, in-8°. Montpellier, 1878.

2. Maragliano. *Le localizzazioni motrici nella corteccia cerebrale*, etc. Riv. sper. di Freniatria, 1878.

3. David Ferrier. *De la localisation des maladies cérébrales*, trad. franç. par de Varigny, Paris, 1880.

4. Clozel de Boyer. *Études cliniques sur les lésions corticales des hémisphères cérébraux*. Th. doct. Paris, 1879.

5. Nothnagel. *Topische Diagnostik der Gehirnkrankheiten*. Berlin, 1879.

6. Sigmund Exner. *Untersuchungen über die Localisation der Funktionen der Grosshirnrinde der Menschen*. Wien, 1881.

7. Wernicke. *Lehrbuch der Gehirnkrankheiten*, t. II, 1882.

8. Charcot et Pitres. *Étude critique et clinique de la doctrine des localisations motrices dans l'écorce des hémisphères cérébraux*. Revue de médecine, 1883.

facile de reconnaître qu'elles ne répondaient pas à tous les desiderata de la méthode anatomo-clinique et qu'elles n'avaient, par conséquent, aucune valeur démonstrative. La doctrine des localisations motrices dans l'écorce des hémisphères cérébraux reposait dès lors sur des bases solides.

Entre temps, nous avions appliqué à l'étude des localisations dans la région capsulaire[1] et le centre ovale[2] la même méthode qui nous avait servi à déterminer les fonctions motrices dans les circonvolutions du cerveau humain. Sur ces points, nos recherches confirmant et complétant celles de Ludwig Turck, Flechsig, Bouchard, Brissaud, etc., etc., ont démontré que les faisceaux moteurs intra-cérébraux, après avoir pris naissance dans les circonvolutions de la région Rolandique, traversent le centre ovale et la partie moyenne de la capsule interne, en conservant dans tout leur trajet leur individualité anatomique et leur indépendance fonctionnelle.

Entre temps, également, une pléiade de cliniciens laborieux, profitant des recherches physio-

---

1. CHARCOT. *Leçons sur les localisations dans les maladies du cerveau.* Paris, 1876.

2. PITRES. *Recherches sur les lésions du centre ovale des hémisphères cérébraux étudiées au point de vue des localisations cérébrales.* Th. doct. Paris, 1877.

logiques de Ferrier et de Munk, arrivait à déterminer la localisation dans l'écorce des lobes sphéno-occipitaux d'un certain nombre de régions circonscrites servant à la perception des sensations auditives et visuelles; pendant que d'autres, étudiant avec soin les diverses formes de l'aphasie, découvraient la cécité et la surdité verbales et démontraient les rapports de ces syndromes avec les lésions du pli courbe et des circonvolutions temporales du côté gauche.

Ainsi s'est constituée, dans un laps de temps relativement court, la doctrine moderne des localisations cérébrales. Nous n'envisagerons dans le présent volume que les faits relatifs à l'étude des *centres moteurs corticaux*. Nous ferons cependant précéder cette étude d'un exposé général des principes et des causes d'erreurs de la méthode anatomo-clinique, dont les applications ne sont pas bornées à l'analyse des fonctions motrices, mais s'étendent à celle de toutes les fonctions spécialisées du cerveau de l'homme.

CHAPITRE I

DE LA MÉTHODE ANATOMO-CLINIQUE

Deux méthodes différentes ont été appliquées à l'étude des localisations cérébrales : la méthode expérimentale et la méthode anatomo-clinique. Chacune d'elles peut revendiquer à son actif des découvertes précieuses ; chacune compte des partisans enthousiastes, voire même exclusifs. En réalité, elles ont, l'une et l'autre, des avantages et des inconvénients. Elles ont surtout, par la force même des choses, des domaines distincts dans lesquels leur action est nécessairement circonscrite.

La méthode expérimentale règne en légitime souveraine dans les laboratoires de physiologie. Ses avantages sont incontestables. Elle permet de vérifier à tout instant, par des vivisections, aussi nombreuses et aussi variées que cela est nécessaire, les faits déjà acquis, et de contrôler, aussitôt qu'elles surgissent, les hypothèses susceptibles de conduire à des découvertes nouvelles. Elle constitue donc un admirable instrument de recherches, dont les initiés savent multiplier les

ressources avec une habileté et une ingéniosité con-
sommées. Mais elle a aussi des inconvénients. Les
expériences faites sur le cerveau nécessitent des mutilations préliminaires ou concomitantes dont les effets
compliquent, dans une certaine mesure, la symptomatologie des réactions encéphaliques. De plus, tout évé-
nement psycho-physiologique, tout phénomène d'activité cérébrale a un côté subjectif sur lequel les
animaux sont incapables de renseigner les expérimen-
tateurs. Enfin et surtout, les résultats des recherches
de laboratoire pratiquées sur le lapin, le chien ou le
singe, ne peuvent s'appliquer à l'homme que par un rai-
sonnement d'induction dont la légitimité est presque
toujours contestable, car les centres nerveux des vertébrés, même des vertébrés supérieurs, ne sont pas
identiquement pareils à ceux de l'homme, et là où il
n'y a pas identité de structure, il n'y a vraisemblablement pas identité de fonctions. Pour étudier utilement
par la méthode expérimentale les fonctions d'un organe
aussi complexe et aussi différencié que le cerveau de
l'homme, c'est sur l'homme qu'il faudrait expéri-
menter. Mais, pour des raisons que tout le monde
comprend, cela n'est pas possible. De loin en loin,
quelques chirurgiens, profitant de cas pathologiques
exceptionnels ou de larges trépanations faites dans un
but thérapeutique, ont bien pu constater les effets de
certaines excitations des circonvolutions cérébrales de
l'homme. Bartolow, Sciamanna, Mills, Kean, Lloyd et

Daver, Nancrède, Dana, etc., ont provoqué des mouvements simples ou des convulsions épileptiformes par
l'électrisation de la région rolandique. Auburtin avait
pu auparavant arrêter brusquement la parole par la
compression des lobes frontaux d'un malade dont la
paroi antérieure du crâne avait été enlevée par un
traumatisme. Mais ces expériences, forcément timides
et incomplètes, n'ont apporté aucune donnée nouvelle
à l'étude des localisations cérébrales, et, comme il est
très vraisemblable qu'on n'en pourra jamais faire de
plus détaillées, il y a lieu de chercher d'autres moyens
d'étudier sur l'homme les fonctions du cerveau
humain.

La méthode anatomo-clinique répond, aussi complètement que possible, à ce desideratum.

D'une façon générale, on désigne sous ce vocable
l'ensemble des procédés à l'aide desquels les médecins
de tous les temps se sont efforcés de découvrir les fonctions normales des organes de l'homme, par l'étude des
réactions morbides provoquées dans ces organes en
conséquence des altérations anatomiques dont ils
peuvent être le siège. C'est cette méthode que visait
Hippocrate quand il disait que « nos connaissances
les plus précises sur la physiologie nous viennent de
la médecine ». C'est elle que préconisait Morgagni
quand il formulait l'axiome suivant : « *Nulla est alia
pro certo noscendi via, quam plurimas et morbo-
rum et dissectionum historias, tum aliorum, tum*

proprias, collectas habere et inter se comparare ».

Appliquée à l'étude des localisations cérébrales, la méthode anatomo-clinique a pour but la détermination des fonctions des différentes parties du cerveau et pour moyen la comparaison des symptômes observés durant la vie des malades, avec les lésions encéphaliques constatées à leur autopsie. Ses avantages sautent aux yeux. D'abord, elle n'utilise pour l'étude des fonctions cérébrales de l'homme que le cerveau humain. Ensuite, elle élimine l'intervention des complications opératoires qui troublent nécessairement les résultats de toutes les vivisections. Un malade, hémiplégique depuis dix ans, meurt d'une affection quelconque ; à son autopsie, on trouve, en outre des lésions qui ont causé sa mort, une plaque jaune ancienne sur la surface d'une circonvolution cérébrale. Quelle expérience de laboratoire démontrerait, avec plus de chances de certitude, le rapport de cause à effet entre le symptôme hémiplégique et sa lésion provocatrice? Et si, dix fois, vingt fois, cent fois, les mêmes symptômes coïncident avec des lésions siégeant dans le même point du cerveau ; si, par surcroît, les lésions occupant d'autres points de l'encéphale ne coexistent jamais avec le symptôme en question, n'est-il pas légitime de penser que la lésion localisée commande le symptôme spécialisé, et de conclure que le point correspondant du cerveau est le siège d'une fonction différenciée?

A côté de ces avantages, la méthode anatomo-cli-

nique présente d'assez graves inconvénients. Elle
exige la mise en œuvre d'une masse énorme de maté-
riaux lentement et patiemment accumulés ; elle oblige
à attendre, souvent fort longtemps, les cas simples.
typiques, qui seuls ont une valeur démonstrative
sérieuse ; enfin, elle pourrait entrainer à des conclusions erronées si on ne suivait pas dans ses applications, les règles que nous allons formuler.

1° La première consiste à n'utiliser que les observations présentant des garanties sérieuses d'exactitude.
On peut la formuler ainsi :

Rejeter sans hésitation, comme étant, par principe.
impropres à l'étude des localisations cérébrales
toutes les observations, anciennes ou récentes, dans
lesquelles les symptômes n'ont pas été régulièrement
notés durant la vie des malades, et les lésions minu-
tieusement décrites après leur mort.

Dans la pratique, cette règle conduit, il ne faut pas se
le dissimuler, à faire repousser presque la totalité des
documents accumulés par les médecins et les anatomo-
pathologistes antérieurement à l'époque actuelle. Les re-
cueils de faits, si précieux à d'autres points de vue, de
Bonnet, Morgagni, Andral, Bouillaud, Lallemand, Gin-
trac, etc., n'ont, pour la solution des questions qui nous
occupent, aucune valeur. Quelques exemples feront comprendre l'absolue nécessité de cette exclusion en masse :
Cruveilhier rapporte dans son *Anatomie patholo-*

gique un cas d'hémiplégie gauche permanente dans lequel il trouva, à l'autopsie, un foyer de ramollissement ancien siégeant sur les *circonvolutions postérieures* de l'hémisphère droit du cerveau. Or, nous verrons plus loin que les circonvolutions postérieures sont indépendantes de l'appareil moteur intra-cérébral et que leurs lésions destructives ne provoquent pas de paralysies du mouvement. Est-ce à dire que les doctrines modernes soient en défaut ? Ou bien Cruveilhier, si rigoureusement précis d'ordinaire dans ses descriptions anatomo-pathologiques, aurait-il commis une erreur de topographie ? Eh bien ! nous pouvons affirmer que c'est la seconde hypothèse qui est exacte. La description de Cruveilhier est accompagnée d'une planche dessinée d'après nature[1], et sur cette planche nous constatons que, loin de siéger sur les circonvolutions postérieures, la lésion est placée au niveau du *lobule pariétal inférieur* et qu'elle a même détruit une partie de la *circonvolution pariétale ascendante* ; qu'elle atteint par conséquent la zone motrice et que l'observation, loin de contredire les doctrines modernes, rentre au contraire dans le groupe des faits confirmatifs de ces doctrines[2].

---

1. Cruveilhier. *Anat. path. du corps humain*, pl. 3, fig. 1 et 2.

2. De pareilles erreurs de topographie se sont produites plus récemment. M. Dussaussay présentait à la Société anatomique de Paris dans la séance du 22 décembre 1876 la moitié d'un hémisphère cérébral dans lequel se trouvait un abcès. D'après lui, l'abcès siégeait dans le lobe postérieur. Le fait était par conséquent en opposition avec la doctrine, alors toute nouvelle, des localisations motrices. Mais en examinant la

D'autres fois, la description est incomplète. Une grosse lésion a attiré l'attention pendant qu'une ou plusieurs lésions plus petites restaient inaperçues. Auburtin relate, dans un intéressant mémoire publié par la *Gazette hebdomadaire de médecine et de chirurgie*, qu'un malade aphasique étant venu à succomber dans le service de Trousseau, on trouva seulement à son autopsie une lésion corticale siégeant sur l'hémisphère droit. Broca, dont ce fait semblait devoir ruiner les opinions, fut invité à examiner le cerveau. Il constata qu'il existait en effet une grosse lésion du lobe pariétal droit, mais il ne borna pas là ses recherches et un examen plus complet lui permit de reconnaître, en outre, une altération profonde et assez étendue de la troisième circonvolution frontale gauche.

Pour éviter de semblables erreurs, nous ne saurions trop vivement engager les observateurs à pratiquer les autopsies qui sont de nature à présenter quelque intérêt au point de vue des localisations cérébrales, avec des soins méticuleux, à dessiner aussitôt les lésions ou, tout au moins, à en marquer la topographie sur les schémas qui se trouvent aujourd'hui entre les mains de tout le monde.

Voici comment nous les engageons à procéder :

Le cerveau étant enlevé et sa surface extérieure bien

pièce avec plus d'attention, M. Gombault montra que la cavité pathologique s'étendait jusqu'au sillon de Rolando. *Bull. Soc. anat.*, 1876, p. 753 et 777.

examinée, les hémisphères seront séparés de la protubérance par un trait de couteau sectionnant le bord des pédoncules. Une section longitudinale du corps calleux séparera ensuite l'un de l'autre les deux hémisphères, et les méninges seront détachées sous un filet d'eau.

Après la décortication, les circonvolutions seront passées en revue une à une. S'il y a quelques lésions corticales, elles seront aussitôt dessinées ou reportées sur un schéma.

On s'assurera, ensuite, de l'état des parois ventriculaires et des ganglions centraux. S'il existe des taches ou des dépressions profondes dans la substance grise du noyau caudé ou de la couche optique, il y aura avantage à pratiquer la coupe de Flechsig, pour noter exactement les rapports de ces altérations avec la capsule interne, et à en marquer la forme et l'extension sur des schémas *ad hoc*. Si, au contraire, les masses centrales paraissaient saines, il serait préférable de pratiquer une série régulière de coupes parallèles au sillon de Rolando, en examinant au fur et à mesure les surfaces de section de chacune d'elles et en reportant sur des schémas la topographie de leurs lésions. On n'oubliera pas, en terminant, d'examiner attentivement la protubérance, le bulbe, la partie supérieure de la moelle et le cervelet.

Enfin, si la coloration ou la consistance de certaines parties du cerveau laissait le moindre doute sur leur intégrité, on soumettrait sur-le-champ quelques fragments de ces parties à l'examen microscopique.

2° Toutes les observations bien recueillies ne sont pas également favorables à l'étude des localisations cérébrales. Les cas simples, dans lesquels une lésion ancienne, bien limitée, a donné lieu à un ou plusieurs symptômes permanents, sont de beaucoup les meilleurs. Les cas dans lesquels des altérations multiples ou diffuses ont provoqué une symptomatologie complexe sont bien plus difficiles à interpréter, et partant, beaucoup moins démonstratifs. Les cas de tumeurs cérébrales ne valent guère mieux. La plupart des tumeurs ne se substituent pas molécule à molécule aux tissus dans lesquels elles se développent. Elles s'accroissent plus vite qu'elles détruisent, et, pour se loger, elles refoulent les parties voisines. Si celles-ci sont libres de se déplacer, elles fuient devant la compression; mais, si elles sont enfermées dans une cavité à parois rigides comme la boîte crânienne, elles sont nécessairement comprimées. Les effets de la compression se surajoutent alors à ceux de la destruction des tissus et compliquent à tel point les réactions fonctionnelles que toute tumeur cérébrale, quelque bien limitée qu'elle paraisse à l'autopsie, équivaut presque sûrement, en réalité, à une lésion diffuse.

De là cette seconde règle de la méthode anatomo-clinique :

Rejeter comme étant impropres à l'étude des loca-

lisations cérébrales tous les cas de lésions multiples ou diffuses, de méningites, d'encéphalites, d'hémor- rhagies méningées, de tumeurs, etc., dans les- quels des phénomènes d'irritation de voisinage ou de compression à distance, s'associant aux effets de la destruction limitée des centres nerveux, ont provoqué des réactions, complexes, dont le point de départ ne peut pas être uniquement cherché dans la lésion révélée par l'examen nécroscopique.

Nous ne voulons pas dire qu'il n'y ait aucun profit à retirer de ces observations. Il faut, au contraire, les recueillir et les analyser avec tout le soin possible, car elles présentent souvent un grand intérêt pour le praticien; nous prétendons seulement qu'on s'expose- rait à commettre de sérieuses erreurs si on cherchait à établir, en se fondant sur elles, la topographie fonc- tionnelle du cerveau. L'étude de la géographie céré- brale doit être faite, d'abord, avec les cas les plus sim- ples; quand elle sera plus avancée, on pourra, sans inon- vénients, appliquer les découvertes sûrement acquises à l'interprétation des cas complexes. Mais ce n'est pas en se servant tout d'abord des cas complexes, qu'on arri- vera à déterminer les lois qui régissent les réactions fonctionnelles des diverses parties de l'encéphale.

3° Nous venons d'indiquer les éliminations qu'il est nécessaire de faire dans le choix des observations applicables à l'étude des localisations cérébrales. Il nous reste à formuler maintenant les règles à suivre dans l'utilisation de ces observations.

Si le cerveau est formé par la juxtaposition de plusieurs appareils fonctionnellement distincts, la destruction isolée de chacun de ces appareils doit abolir isolément la fonction correspondante, en laissant les autres intactes. Si, par exemple, il existe un appareil moteur intra-cérébral, ses lésions destructives doivent nécessairement donner lieu à des paralysies motrices; mais, par contre, les lésions destructives des autres appareils intra-cérébraux ne doivent pas provoquer de troubles de la motilité.

Si donc, pour fixer les idées par un exemple concret, nous trouvons, à l'autopsie de tous les malades atteints de monoplégie crurale, une lésion du lobule paracentral du côté opposé; si, inversement, à l'autopsie de tous les malades qui n'ont pas présenté de monoplégie crurale, nous ne trouvons pas de lésion du lobule paracentral, alors, — mais alors seulement, — nous serons en droit de conclure que le lobule paracentral renferme un centre d'activité nécessaire à l'exécution des mouvements volontaires dans le membre inférieur du côté opposé. Et cette conclusion sera d'autant plus solidement établie qu'elle reposera sur la comparaison d'un plus grand nombre d'observations confirmatives.

En d'autres termes, toute localisation fonctionnelle doit être établie sur une double série de faits :

A. La *série des faits positifs*, démontrant la coexistence constante d'un symptôme déterminé avec les lésions d'un territoire cérébral également déterminé.

B. La *série des faits négatifs* prouvant l'absence constante de ce même symptôme avec les lésions de toutes les autres parties du cerveau.

Il est de toute évidence que ces deux ordres de faits doivent toujours se contrôler réciproquement, les uns comportant la preuve de l'exactitude des rapports révélés par les autres.

Ces conditions sont exprimées dans la règle suivante :

N'admettre une localisation fonctionnelle que lorsque la démonstration en est établie sur un groupe cohérent de faits de la série positive, indirectement contrôlés par un autre groupe cohérent de faits de la série négative.

4° Quelques précautions qu'on prenne pour ne rien avancer qui ne soit surabondamment démontré, il faut s'attendre à se heurter à des observations contradictoires. Cela est fatal. Non seulement parce qu'il y aura toujours des personnes légères ou inattentives qui commettront des inadvertances dans la description des symptômes ou dans celle de la distribution topographique des lésions, mais parce qu'il y a dans l'étude de la pathologie cérébrale un certain nombre de causes d'erreur à peu près inévitables.

La plus dangereuse provient de l'intervention très fréquente et toujours possible de l'hystérie ou des troubles purement fonctionnels de nature névrosique dans la production des symptômes dont on cherche la localisation. Supposons qu'un malade, atteint d'une paralysie dont la nature hystérique a été méconnue, vienne à succomber. Si son autopsie ne révèle aucune altération des centres nerveux, l'absence absolue de lésions sera, par elle-même, une raison suffisante pour rectifier le diagnostic posé du vivant du malade. Mais, si on rencontre une lésion quelconque siégeant en dehors de la zone motrice, on sera tout naturellement porté à considérer cette lésion comme la cause de la paralysie. Et voilà une observation contradictoire à classer dans le dossier des localisations !

Autre cause d'erreur : Certaines circonstances individuelles peuvent modifier les aptitudes fonctionnelles des hémisphères cérébraux. Les lésions qui causent l'aphasie motrice siègent habituellement dans le point indiqué par Broca, c'est-à-dire dans le pied de la troisième circonvolution frontale *gauche* ; mais quelques sujets ont une sorte de transposition des organes cérébraux et deviennent aphasiques par le fait des lésions destructives du pied de la troisième circonvolution frontale *droite*. Est-ce à dire que la localisation de Broca soit erronée ? Pas du tout. Cela prouve tout simplement que, de même que certains sujets sont gauchers des membres alors que la plupart des hommes sont droitiers, ainsi, certaines personnes parlent avec leur hémisphère droit tandis que les autres, plus nombreux, parlent avec leur hémisphère gauche.

Des suppléances d'une autre espèce pourraient également, dans quelques cas, rendre très difficile l'interprétation exacte du rapport des lésions aux symptômes. Exemple : La cécité verbale est ordinairement liée à des lésions de la région du pli courbe de l'hémisphère gauche. Mais les malades atteints de cécité verbale arrivent parfois à remplacer les images visuelles qui leur manquent, par le sens musculaire qu'ils ont conservé. Mis en présence d'un mot écrit, dont ils ne comprennent pas la signification, ils le regardent attentivement, en reproduisent les traits par de petits mouvements de la main, comme s'ils l'écrivaient dans l'espace, et les sensations provoquées par ces mouvements leur rappellent la signification du mot écrit qu'ils seraient incapables de lire avec le secours des yeux seuls. Qu'un malade de ce genre, ayant fait un exercice suffisant, soit soumis à l'examen d'un observateur non prévenu, celui-ci méconnaîtra très probablement le trouble visuel ; et si, à l'autopsie du malade, il trouve une lésion destructive grossière de la région du pli courbe gauche, il croira être en présence d'un cas contradictoire à la notion, aujourd'hui bien établie, d'après laquelle la région du pli courbe gauche est le siège des images visuelles des mots.

On pourrait, de même, méconnaître la surdité verbale

si on se trouvait en face d'un de ces malades qui, ne comprenant pas, à l'audition, les paroles prononcées devant eux, arrivent cependant à en saisir la signification après les avoir répétées à haute voix ; tout comme il serait facile de ne pas diagnostiquer la surdi-mutité en entretenant une conversation avec un de ces sourds-muets qui répondent sans hésitation aux questions qu'ils n'ont pas entendues, mais qu'ils ont lues sur les lèvres de leur interlocuteur.

La conclusion de tout ceci, c'est qu'il ne faut pas s'attendre à trouver, dans les documents relatifs à l'étude des localisations cérébrales, la rigoureuse et constante uniformité qui ne se rencontre que dans la solution des problèmes mathématiques. « Rien n'est absolu, c'est le seul précepte absolu », a dit Auguste Comte. C'est aussi ce qui justifie cette quatrième et dernière règle de l'application de la méthode anatomo-clinique :

Quand une localisation a été établie par la constatation d'un grand nombre de faits concordants, il ne faut pas douter de sa réalité s'il se présente, de loin en loin, quelques cas contradictoires ; il faut seulement chercher les raisons qui peuvent expliquer la genèse de ces cas exceptionnels.

Telles sont les règles qui doivent, ce nous semble, diriger les cliniciens désireux de se livrer à l'étude des localisations cérébrales. En les suivant rigoureusement, on doit arriver à une détermination topographique des fonctions du cerveau de l'homme, plus précise et plus certaine que celle qui pourrait ressortir des inductions tirées de l'expérimentation sur les animaux.

La physiologie a longtemps eu la prétention de régenter la clinique. Elle n'y a aucun droit. Ses méthodes ne sont pas plus que les nôtres, à l'abri des causes d'erreur. Ses recherches pratiquées sur la grenouille, le lapin ou le singe, ne comportent que des conclusions applicables à la grenouille, au lapin ou au singe. L'homme échappe à ses expériences ; il est hors de sa portée. Et s'il vient à se produire, comme cela est arrivé maintes fois, un désaccord flagrant entre les affirmations des physiologistes et les observations des cliniciens, ces derniers doivent accorder toute leur confiance aux faits dûment constatés dont ils sont les témoins, sans se soucier de savoir si ces faits sont en harmonie ou en contradiction avec les doctrines dérivées de l'expérimentation. « Les études pathologiques bien dirigées, disions-nous en 1883, ont une valeur scientifique tout aussi grande que les études expérimentales. Elles n'ont pas besoin d'être tenues en tutelle. Elles doivent seules intervenir dans la solution de certains problèmes et, particulièrement dans le cas qui nous occupe, elles peuvent seules fournir des données précises pour la détermination de la topographie du cerveau de l'homme. » Le temps n'a pas modifié nos opinions sur ce point, il les a plutôt affermies. Nous

croyons toujours que la clinique doit rester autonome.
La physiologie peut lui être utile pour suggérer des
hypothèses à vérifier, des voies de recherches à explo-
rer. Il serait même injuste de ne pas proclamer qu'elle
lui a rendu souvent de très réels services. Mais elle ne
lui est pas indispensable. Hippocrate n'a pas eu besoin
de sacrifier des animaux pour découvrir que le cerveau
est l'organe de la pensée, ni Broca pour fixer le siège
des lésions qui déterminent l'aphasie.

Les cliniciens n'ont, d'ailleurs, jamais eu à se louer
d'avoir aliéné leur indépendance scientifique. Il fut un
temps où l'hypothèse d'un principe immatériel, supérieur et extérieur à l'organisme, présidant aux fonctions
intellectuelles et sensitives, était donnée par les méta-
physiciens comme un *postulatum* indiscutable. Les
médecins subirent le joug de la philosophie scolastique ;
ils s'attachèrent à rechercher le siège de l'âme et
dépensèrent, en pure perte, des efforts considérables à
la poursuite d'inaccessibles chimères. Plus récemment,
ils ont reçu, tout façonné de la main des physiologistes,
le dogme de l'homogénéité fonctionnelle du cerveau,
et, pour ne pas se mettre en opposition avec une opinion fondée sur des expériences de laboratoire, ils
sont restés hésitants et perplexes devant une foule de
faits pathologiques faciles à constater, n'osant pas tirer
de leurs observations les conséquences logiques qu'elles
comportaient. Il faut que ces fautes du passé servent à
l'enseignement de l'avenir. Restons désormais maîtres

dans notre domaine. Défrichons notre sol avec nos outils. Évitons, par-dessus tout, d'accepter inconsidérément des généralisations hâtives ou de subordonner l'observation à des théories. Ne cherchons pas à dominer les autres, mais ne nous laissons asservir par personne. Observons, sans parti pris, sans idée préconçue, les innombrables cas pathologiques qui passent tous les jours sous nos yeux. La mine est inépuisable, et, si nous savons l'exploiter avec méthode, nous serons amplement rémunérés de nos peines.

CHAPITRE II

DES LÉSIONS CORTICALES SIÉGEANT EN DEHORS DE LA ZONE MOTRICE ET NE S'ACCOMPAGNANT PAS DE PARALYSIES MOTRICES

Les lésions destructives des circonvolutions cérébrales s'accompagnent, parfois, de paralysies permanentes du côté opposé du corps; mais, d'autres fois, des lésions tout aussi profondes et tout aussi étendues ne déterminent aucun trouble appréciable des fonctions motrices. Pourquoi cette différence? Les médecins du commencement de notre siècle l'expliquaient en disant que lorsque des altérations encéphaliques se développaient lentement, il s'établissait peu à peu des suppléances fonctionnelles, en vertu desquelles les parties restées intactes de la substance grise remplaçaient, au fur et à mesure de leur disparition, celles qui étaient détruites. Lallemand, Magendie, Durand-Fardel, etc.. ont tour à tour accepté cette hypothèse qui cadrait d'ailleurs assez bien avec le dogme de l'homogénéité fonctionnelle du cerveau.

Alors même que les connaissances que nous possédons aujourd'hui sur la physiologie des circonvolutions ne rendraient pas une telle explication inutile, de nombreuses observations en démontreraient le mal fondé. Nous voulons parler des cas, très communs, de traumatisme du crâne, avec attrition brutale du cerveau et issue à l'extérieur de fragments de substance cérébrale, dans lesquels on ne constate aucun phénomène paralytique ni convulsif. Les annales de la science renferment un nombre considérable de cas de ce genre. L'un des plus célèbres est celui de ce carrier américain dont le crâne est conservé dans le musée anatomique de Boston[1]. Il était occupé à extraire des pierres quand la mine faisant subitement explosion, une forte barre de fer, projetée par la poudre, pénétra au-dessous de l'angle gauche de sa mâchoire et sortit à l'extrémité supérieure du front, après avoir traversé de part en part le lobe antérieur gauche du cerveau. Il guérit assez rapidement de cet horrible traumatisme et survécut douze ans après l'accident, sans avoir jamais présenté la moindre trace d'hémiplégie.

La doctrine moderne des localisations cérébrales rend facilement compte des cas de ce genre. D'après elle, ce qui fait qu'une lésion du cerveau provoque ou ne provoque pas de trouble de la motilité, c'est uniquement

1. N° 949 du catalogue publié en 1870 par M. Y. B. S. Jackson. L'observation de ce malade a été publiée par le Dr Bigelow (*Amer. Journ. for med. science* 1850), complétée par le Dr Harlow (*Massachusetts medical Society*, 3 juin 1868, Boston 1869) et reproduite avec plusieurs figures dans le livre de Ferrier *De la localisation des maladies cérébrales*, traduit par de Varigny, Paris 1879, p. 43 et suiv.

son siège. Qu'elle soit grande ou petite, récente ou ancienne, peu importe. Si l'altération est située en dehors de l'appareil moteur intra-cérébral, elle ne se traduit cliniquement par aucune perturbation motrice; si, au contraire, elle atteint l'appareil moteur intra-cérébral, elle s'accompagne toujours de phénomènes paralytiques ou convulsifs. La diversité de la symptomatologie n'est pas une bizarrerie inexplicable, elle est la conséquence nécessaire de la diversité fonctionnelle de la masse encéphalique. Telle est la donnée conductrice. Il faut maintenant en démontrer l'exactitude en déterminant par la méthode anatomo-clinique quelles sont les régions du cerveau dont la destruction n'est suivie d'aucun trouble de la motricité et quelles sont celles dont les altérations déterminent des symptômes moteurs.

D'après nos observations, les parties de l'écorce du cerveau de l'homme qui paraissent indépendantes des fonctions motrices sont celles qui recouvrent *la partie antérieure des lobes frontaux jusqu'au voisinage immédiat de la scissure préfrontale, les lobules pariétaux supérieurs et inférieurs, les lobes occipitaux, les lobes sphénoïdaux et l'insula de Reil.*

Toutes les parties que nous venons d'énumérer peuvent être détruites par les lésions les plus diverses sans qu'il en résulte aucun trouble moteur: jamais l'hémiplégie permanente n'est la conséquence directe de leur destruction.

Les faits suivants, que nous choisissons au milieu de beaucoup d'autres semblables et dont nous nous contentons de donner des résumés très abrégés, démontrent l'exactitude de ces propositions.

A. EXEMPLES DE LÉSIONS DESTRUCTIVES DES LOBES PRÉFRONTAUX, SANS PARALYSIES MOTRICES.

Obs. 1. — Atrophie des deux lobes antérieurs du cerveau, sans paralysie (fig. 1 et 2).

Homme, 73 ans, admis à l'hospice des Petits-Ménages en 1870 ; mort de bronchite en 1876. Démence progressive. Aucun trouble de la motilité. Le malade marchait très bien. Sa force musculaire était très développée. Sensibilité générale conservée.

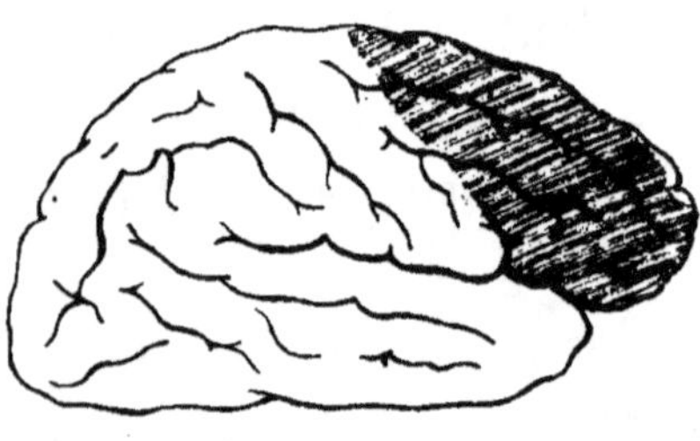

Fig. 1.

Fig. 2.

Autopsie. — Atrophie des deux lobes antérieurs du cerveau. Les première, deuxième et troisième circonvolutions frontales sont petites, plissées, recouvertes par une membrane friable, adhérente par sa face externe à la pie-mère et reposant par sa face interne, tomenteuse, sur les circonvolutions atrophiées (Baraduc, *Bull. Soc. Anat.*, mars 1876).

Obs. 2. — Plaque jaune sur les deuxième et troisième circonvolutions frontales gauches, sans paralysie (fig. 3).

Homme, mort dans un service de chirurgie, sans avoir présenté, durant son séjour à l'hôpital, aucun trouble moteur ou sensitif de nature à faire soupçonner l'existence d'une lésion quelconque des centres nerveux.

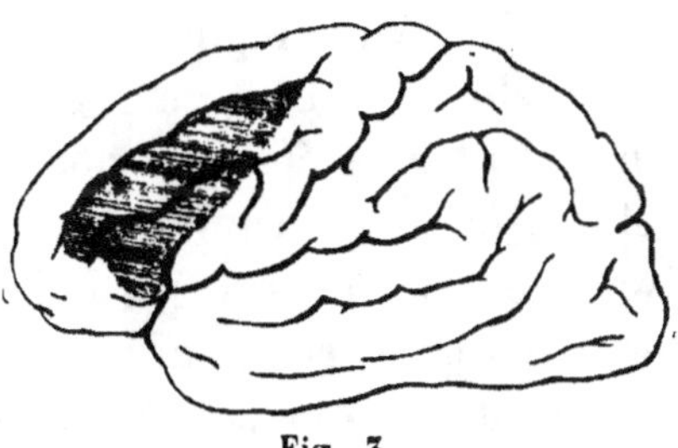

Fig. 3.

Autopsie. — Large plaque jaune, occupant les deux tiers postérieurs de la deuxième circonvolution frontale et la partie moyenne de la troisième. Le pied de cette dernière est épargné (Courtin, cité par Charcot et Pitres, 3e *Mémoire*, obs. 1).

Obs. 3. — Contusion de la première circonvolution frontale droite, sans troubles de la motilité.

Homme, mort d'infection purulente à la suite d'une fracture comminutive du frontal. La mort survint cinq jours après l'accident, sans que le malade ait présenté de paralysie ni de convulsions.

Autopsie. — Fracture du crâne ; déchirure des méninges ; épanchement limité de sang et attrition de la substance cérébrale au niveau de la partie supérieure de la première circonvolution frontale droite (Mahot, *Soc. de Biol.*, 19 février 1876).

Obs. 4. — **Perte de substance du lobe frontal gauche, sans paralysie ni convulsions.**

Un jeune soldat, incorporé depuis trois ans, entre à l'hôpital pour une fièvre typhoïde au cours de laquelle il succombe. Douze ans auparavant, il était tombé au fond d'un puits, se brisant le front et perdant, dit-on, une partie de sa cervelle. Entré au régiment, il avait pu faire son service. Son intelligence était peu développée. Il était gaucher. Jamais d'attaques épileptiformes.

Autopsie. — Fracture consolidée du frontal gauche. Au niveau de cette fracture, perte de substance de 9 centimètres cubes environ, portant sur la région moyenne de la première circonvolution frontale. Atrophie du tiers moyen de la deuxième frontale (Poncet, *Soc. de Biol.*, avril 1880).

Obs. 5. — **Fracture du crâne. Attrition du lobe frontal droit, sans paralysie.**

Homme, renversé par une voiture et projeté sur le bord du trottoir ; fracture du crâne au niveau de la bosse pariétale gauche. Transporté à l'hôpital, on constate qu'il remue facilement ses membres supérieurs et inférieurs ; il a même pu faire quelques pas seuls. Pas de déviation de la face ni de la langue. Parole incompréhensible. Mort dans la nuit qui suivit l'accident.

Autopsie. — Nappe hémorrhagique enveloppant le cerveau et provenant d'une déchirure du sinus latéral. Le lobe frontal du côté droit est réduit en une bouillie rougeâtre déchiquetée, comprenant tout le sommet du lobe. Le tiers postérieur des circonvolutions frontales, la frontale et la pariétale ascendantes sont sains. Deux autres foyers de contusion existent, l'un sur le lobe occipital gauche, l'autre sur le lobe gauche du cervelet (Auché, *Soc. d'Anat. et de Physiol. de Bordeaux*, séance du 23 février 1886, t. VII, p. 66).

Obs. 6. — Plaie des lobes frontaux par une balle de revolver. Absence de paralysie.

Homme, 19 ans, se tire deux coups de revolver à la tempe droite le 18 novembre. Une seule balle a pénétré dans le crâne. Symptômes de commotion cérébrale, suivis d'agitation et de fièvre. Aucun trouble de la motilité ni de la sensibilité, soit du côté des membres, soit du côté de la face. Mort le 21.

Autopsie. — La balle a traversé la première frontale droite et tout le lobe frontal gauche, puis elle a ricoché sur l'os, a contourné la troisième circonvolution frontale et est allée se loger dans la substance blanche sous-jacente à la deuxième. La substance cérébrale, autour du trajet du projectile, est rouge, ramollie, enflammée (Dagron, *Bull. Soc. Anat.*, novembre 1888, p. 917).

Obs. 7. — Balle ayant séjourné quatre ans dans le lobe frontal droit. Absence de paralysie.

Homme, 27 ans, blessé à la tête d'un coup de feu. Après quelques accidents immédiats d'encéphalite, il guérit et passa quatre ans sans présenter aucun trouble psychique ou moteur.

Autopsie. — Le lobe frontal droit est atrophié, d'un tiers plus petit que le gauche. A son centre, au milieu de la substance blanche, on trouve une balle entourée d'une enveloppe kystique et trois esquilles osseuses (Gibson, cité par Allen Starr, *Amer. Journ. of Med. Sc.*, April 1874, p. 371).

Obs. 8. — **Balle ayant séjourné onze mois dans le crâne. Absence de paralysie.**

Homme, 32 ans, se blesse d'un coup de feu à la partie antérieure du crâne, le 9 mars 1872. Six semaines après, il quitte l'hôpital, ne présentant aucun symptôme cérébral. En janvier 1873, il commence à souffrir de céphalée frontale et de fièvre. Érysipèle intercurrent. Mort le 13 février.

Autopsie. — Gros abcès renfermant six onces de pus, situé à la face inférieure du lobe frontal gauche. Dans son intérieur, on trouve la balle et plusieurs fragments osseux (E. Youry, cité par Allen Starr, *Amer. Journ. of Med. Sc.*, April 1874, p. 371).

Obs. 9. — **Balle ayant séjourné trois mois dans le crâne. Abcès du lobe frontal. Absence de symptômes moteurs.**

Homme, 39 ans, blessé, le 12 décembre 1862, par une balle qui détruisit l'œil droit et pénétra dans le cerveau. Trois semaines après, le malade était debout et en parfaite santé. En février 1863, il eut un frisson, puis du délire et du coma. Mort le 15.

Autopsie. — La balle fut trouvée sur le plancher de l'orbite. Au-dessus d'elle, à la base du lobe frontal, au niveau des circonvolutions orbitaires, existait un abcès contenant deux drachmes de pus (Gross, cité par Allen Starr, *Amer. Journ. of Med. Sc.*, April 1884, p. 371).

Obs. 10. — Lésion ancienne du lobe préfrontal gauche, sans paralysie (fig. 4).

Un homme se tire un coup de pistolet pour se suicider. La balle pénètre dans le front et ne peut être extraite. Le malade guérit si complètement qu'il peut reprendre ses affaires, se marier et devenir père de plusieurs enfants. Activité cérébrale et motilité normales. Mort 29 ans après la tentative de suicide.

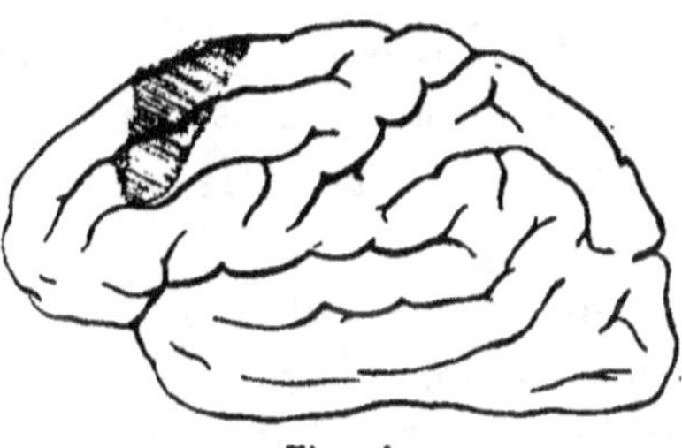

Fig. 4.

Autopsie. — La balle est trouvée logée dans le frontal dont elle a déprimé la table interne, déchirant *in situ* les méninges et détruisant une partie des deuxième et troisième circonvolutions frontales gauches (Brunton, *The Lancet*, 1881, t. I, p. 253).

Obs. 11. — Carie du frontal. Ulcération atteignant le lobe antérieur droit, sans paralysie.

Enfant de 7 ans; ulcération, par carie, du frontal droit. Au fond de l'ulcération, on aperçoit la dure-mère et les circonvolutions cérébrales sous-jacentes baignées de pus. Le petit malade ne présentait aucun trouble appréciable de la motilité ni de la sensibilité. Mort de pneumonie caséeuse.

Autopsie. — Ramollissement de la partie antérieure du lobe frontal droit, ayant détruit, sur une étendue de 15 millimètres, l'écorce des première et deuxième circonvolutions frontales et atteignant un peu celle de la troisième. Cervelet mou et congestionné (Petrina, *Ueber Sensibilitäts-störungen*, etc., Prague, 1881, Obs. 7, p. 18).

Obs. 12. — Cancer du frontal propagé au cerveau
Absence de paralysie.

Femme, 74 ans, atteinte d'un cancroïde qui avait détruit tout l'os frontal droit, l'os malaire, la racine du nez, la moitié du temporal. L'œil droit avait absolument disparu. Mort sans avoir présenté d'autres troubles nerveux que, dans les derniers jours, des douleurs très fortes vers l'occipital droit.

Autopsie. — Destruction d'une grande partie des trois circonvolutions frontales droites, sauf le pied de la troisième. Destruction partielle des deux premières circonvolutions frontales du côté gauche (Chevalier, *Bull. de la Soc. d'Anat. et de Physiol. de Bordeaux*. Séance du 6 octobre 1885. T. VI, p. 198).

Obs. 13. — Cancer encéphaloïde du front propagé
au lobe frontal droit. Absence de paralysie.

Femme, 62 ans, atteinte d'un cancer encéphaloïde ulcéré de la peau du front. L'extirpation du néoplasme est bientôt suivie de récidive. La malade meurt après un coma prolongé sans avoir présenté de symptômes paralytiques.

Autopsie. — L'ulcération a perforé le frontal droit dans une étendue de 5 centimètres environ. La dure-mère est ulcérée dans une étendue égale. Au-dessous, la tumeur a pénétré dans le lobe droit du cerveau, et détruit la substance cérébrale jusque vers la partie moyenne des circonvolutions frontales (Auché, *Bull. de la Soc. d'Anat. et de Physiol. de Bordeaux*, 2 mars 1886. T. VII, p. 70).

Obs. 14. — Ramollissement de la face antéro-interne des deux hémisphères, sans paralysie (fig. 5).

Homme, 25 ans, atteint de tuberculose pulmonaire et de mal de Pott. Pas de troubles de la sensibilité, ni de la motilité.

Autopsie. — Ramollissement, par oblitération des artères cérébrales antérieures, de la face interne des deux lobes frontaux jusqu'au voisinage

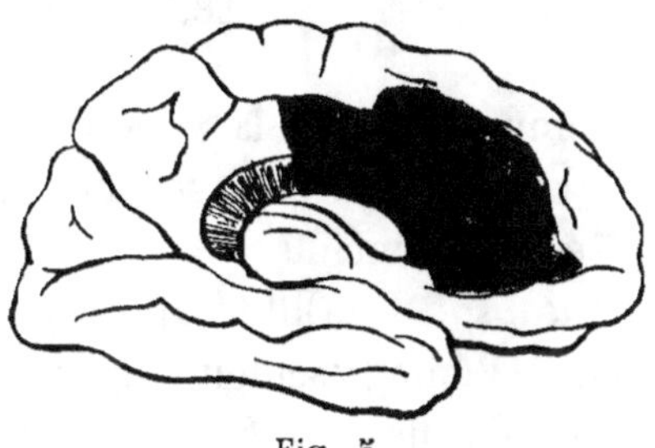

Fig. 5.

immédiat du lobule paracentral (Picot, *Gaz. hebd. de la Soc. méd. de Bordeaux*, 1881. p. 541).

B. EXEMPLES DE LÉSIONS DESTRUCTIVES DES LOBES TEMPORO-SPHÉNOIDAUX, SANS PARALYSIES MOTRICES.

Obs. 15. — Ramollissement latent du lobe temporal droit (fig. 6).

Femme, 81 ans, atteinte de squirrhe atrophique du sein et de démence sénile. Pas de paralysie de la face ni des membres.

Autopsie. — Oblitération de l'artère cérébrale postérieure ; ramollissement celluleux, jaunâtre, évidemment très ancien, siégeant sur les deuxième et troisième circonvolutions temporales droites, dont il ne reste

Fig. 6.

que l'extrémité la plus antérieure. Pas de dégénération secondaire (Charcot et Pitres, Ier *Mémoire*. Obs. 11).

Obs. 16. — Ramollissement latent du lobe temporal droit.

Femme, morte à la Salpêtrière d'une affection chirurgicale et ayant joui, jusqu'à son dernier jour, de la pleine liberté de ses mouvements.

Autopsie. — Oblitération de l'artère cérébrale postérieure droite. Ramollissement ancien des deuxième et troisième circonvolutions temporales correspondantes (Sabourin, cité Charcot et Pitres, Ier *Mémoire*, p. 12).

Obs. 17. — Ramollissement cortical des deux lobes temporaux, sans paralysie (fig. 7).

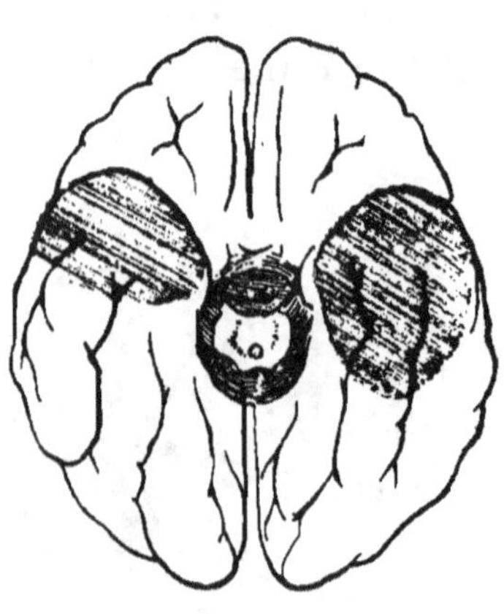

Idiot, mort dans le service de M. Voisin, sans avoir présenté de paralysie motrice.

Autopsie. — Méningite chronique et ramollissement cortical des deux lobes temporaux, qui sont presque complètement désorganisés. La lésion est plus étendue à gauche qu'à droite (Voisin, cité par de Boyer,

Fig. 7.

Th. de doct., Paris 1879. Obs. 15, p. 51).

Obs. 18. — **Contusion du lobe temporal.
Pas de paralysie.**

Homme. Fracture du crâne le 8 mai 1876. Pas de paralysie motrice. Mort le 11.

Autopsie. — Contusion au troisième degré commençant à un centimètre en arrière du sommet du lobe temporal et occupant les circonvolutions externes et moyennes de ce lobe, dans une étendue de 5 centimètres d'avant en arrière (Herpin, *Bull. de la Soc. Anat.*, mai 1876).

Obs. 19. — **Lésion très étendue du lobe temporal, sans troubles du mouvement.**

Homme, 20 ans, se tire un coup de revolver dans l'oreille droite, le 3 juin à huit heures du matin. A dix heures, on le porte à l'hôpital. Il se plaint de douleurs très violentes dans la tête. Aucune paralysie ni faciale, ni autre : tous les membres sont parfaitement libres. Aucun trouble de la sensibilité cutanée; l'ouïe est abolie du côté droit. Mort le 5 juin.

Autopsie. — Fracture comminutive du rocher. La balle est appliquée contre la face antérieure de cet os, sous la dure-mère. Celle-ci est déchirée, et, à ce niveau, il y a un épanchement de sang dans la fosse sphénoïdale. La partie inférieure du lobe temporal est dans un état d'attrition complète; les circonvolutions en sont réduites en bouillie (Variot, *Soc. de Biol.*, juin 1879).

Obs. 20. — **Plaie du lobe temporal droit, sans paralysie** (fig. 8).

Un soldat de 22 ans reçoit, le 2 mai 1882, deux coups de *quillon* de baïonnette sur la partie latérale droite du crâne. Fracture avec enfoncement de la région temporale correspondante. Perte de connaissance pendant trois heures, puis céphalalgie assez modérée. Mort d'érysipèle le 15 sans qu'on ait jamais noté le moindre trouble de la motilité ou de la sensibilité.

Autopsie. — A la partie inférieure et antérieure du lobe sphénoïdal droit existe une plaie profonde, qui a détruit près de la moitié antérieure de ce lobe (Morache, *Soc. d'Anat. et de ¦Physiol. de Bordeaux*, 16 mai 1882).

Fig 8.

Obs. 21. — Corps étranger logé dans le lobe temporal gauche. Absence de paralysie.

Homme, 20 ans, atteint au côté gauche de la tête par un fragment de fer de 1 pouce de long sur 3/4 de pouce de diamètre, provenant de l'éclatement d'un canon. Une tentative faite pour extraire le corps étranger ne fut pas suivie de succès. Le malade guérit, reprit son travail et pendant quatre mois et demi il ne présenta aucun autre symptôme qu'une certaine surdité. Après une bamboche, il fut pris tout à coup d'un violent mal de tête et mourut en trois heures.

Autopsie. — On trouva le corps étranger entouré d'une membrane pyogénique, dans la partie antéro-inférieure du lobe temporal gauche, au voisinage de la scissure de Sylvius (G. Brun, cité par Allen Starr, *Am. Journ. of the med. Sc.*, April 1884, p. 383).

Obs. 22. — Encéphalite suppurée du lobe temporal gauche. Absence de paralysie.

Femme, 36 ans, otite interne purulente ancienne. Entrée

à l'hôpital dans un état de somnolence et d'hébétude qui ne permet pas d'obtenir d'elle des renseignements sur le début de sa maladie. Aucune paralysie de la motilité. Elle a pu se mettre au lit toute seule. Elle porte les mains à sa tête, etc. Sensibilité conservée. Céphalée intense.

Autopsie. — Carie du rocher; méningite purulente de la base. La surface du lobe sphénoïdal gauche est de couleur verdâtre. Au centre de ce lobe, existe un abcès volumineux rempli d'un pus extrêmement fétide qui s'est ouvert une issue dans le ventricule latéral sur un trajet fistuleux (Verdalle-Prioleau, *Journ. de Méd. de Bordeaux*, 2 juillet 1882, p. 539).

Obs. 23. — **Encéphalite suppurée du lobe temporo-sphénoïdal droit, sans paralysie.**

Homme, 25 ans, atteint d'otite moyenne chronique qui devint le point de départ d'accidents cérébraux mortels : céphalée, vomissements, fièvre, constipation, ralentissement du pouls. Pendant la maladie qui dura quatorze semaines, on ne constata aucun trouble de la sensibilité ni de la motilité.

Autopsie. — Abcès situé au-dessus de la portion pétreuse de l'os temporal droit. La substance cérébrale voisine était le siège d'un ramollissement blanc qui s'étendait presque jusqu'à l'extrémité postérieure de l'hémisphère (E. H. Clarke, cité par Allen Starr, *Amer. Journ. of Med. Sc.*, April 1884, p. 582).

Obs. 24. — **Tumeur glio-sarcomateuse du lobe temporo-sphénoïdal gauche. Absence de symptômes moteurs.**

Femme, 80 ans, atteinte de démence paisible. Motilité conservée intacte jusqu'à la mort.

Autopsie. — Tumeur, du volume d'une petite pomme, adhérente à la dure-mère et s'enfonçant dans le lobe témporo-sphénoïdal gauche où elle s'est creusé une loge dont les parois sont formées par de la substance cérébrale ramollie. Au-dessus de cette cavité existent deux petits foyers hémorrhagiques gros comme des noisettes (Ringrose Atkins, *Brit. Med. Journ.*, p. 640, Obs. 1).

C. EXEMPLES DE LÉSIONS DESTRUCTIVES DES LOBES OCCIPITAUX, SANS PARALYSIES MOTRICES.

Obs. 25. — **Ramollissement latent des lobes occipitaux** (fig. 9).

Femme, 83 ans, démente, morte à la Salpêtrière sans avoir présenté de paralysie.

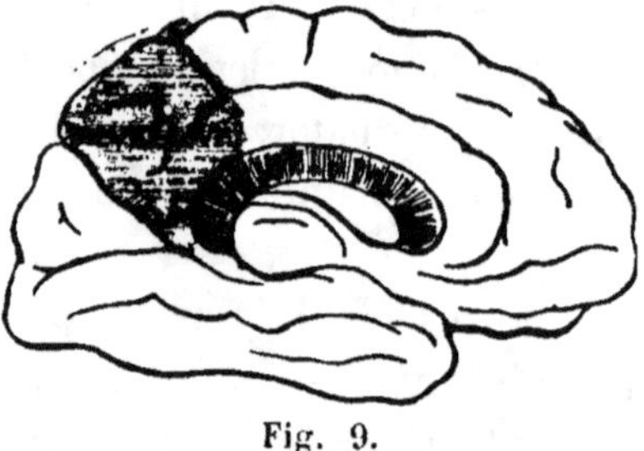

Fig. 9.

Autopsie. — Plaque jaune ancienne sur la convexité du lobe postérieur droit. Une autre plaque jaune a détruit le lobule **carré** gauche (Charcot et Pitres, 1ᵉʳ *Mémoire*, Obs. 3).

Obs. 26. — **Ramollissement latent du lobe occipital.**

Femme n'ayant présenté de son vivant aucune paralysie.

Autopsie. — Large plaque jaune occupant la place du lobule cunéiforme et des deux tiers postérieurs du lobule carré (Sabourin, cité par Charcot et Pitres, 1ᵉʳ *Mémoire*, p. 13).

Obs. 27. — Ramollissement latent du lobule lingual.

Homme mort dans le service de M. Bouchard, à Bicêtre, en décembre 1877. Pas de paralysie ni de troubles de la sensibilité.

Autopsie. — Plaque jaune ancienne sur le lobule lingual du côté droit (de Boyer, *Th. doct.*, 1879, Obs, 21, p. 52).

Obs. 28. — Ramollissement latent du lobe occipital droit (fig. 10).

Homme, 82 ans, mort d'ostéomalacie sénile, sans paralysie ni troubles cérébraux.

Autopsie. — Large plaque jaune occupant la face interne de l'hémisphère droit, et comprenant la moitié postérieure de l'avant-coin (lobule carré), tout le coin et les circonvolutions occipitales externes. L'altération s'étend sur la face externe de l'hémisphère où elle détruit les circonvo-

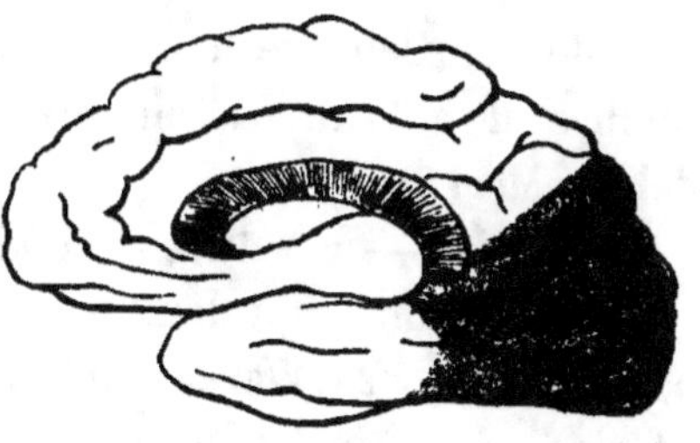

Fig. 10

lutions situées en arrière de la scissure antéro-pariétale (de Boyer, *Th. doct.*, 1878, Obs. 31, p. 58).

Obs. 29. — Méningo-encéphalite du lobe occipital droit, sans paralysie.

Homme, 53 ans, entré à l'hôpital pour une faiblesse générale et des troubles de la vision survenus à la suite d'une chute dans un escalier, qui a eu lieu six mois auparavant. Il n'existe aucun

trouble de la motilité. La sensibilité cutanée est normale.
Mort de pneumonie.

Autopsie. — Fissure du crâne à droite de la suture
lambdoïde. Méninges injectées. Pie-mère adhérente au lobe
occipital droit dont les circonvolutions, ramollies par places,
sont recouvertes par une nappe néo-membraneuse de couleur brunâtre (Petrina, *Sensibilitäts störungen bei Hirn-
rinden läsionen*, Prague, 1881, Obs. 23, p. 21).

Obs. 30. — **Méningo-encéphalite suppurée du lobe occipital gauche, sans paralysie.**

Homme, 35 ans, frappé par une balle dans la région
occipitale le 13 août. Il ne perdit pas connaissance, et quelques heures après il était capable de marcher. Pendant les
jours suivants il put vaquer à ses affaires, ne se plaignant
que de lourdeur de tête et de troubles de la vue. Le 7 septembre il eut un frisson suivi de céphalée occipitale et de
délire. Mort le 14.

Autopsie. — Fracture de l'occipital ; méningite consécutive. Abcès contenant deux onces de pus enveloppant le lobe
occipital gauche (Waren, cité par Allen Starr, *Amer. Journ.
of Med. Sc.*, April 1884, p. 386).

Obs. 31. — **Balle logée dans le lobe occipital gauche, sans paralysie**

Enfant de 7 ans, blessé par un coup de feu à la partie
postérieure de la tête. Il mourut six mois après d'une fièvre
scarlatine, sans avoir jamais présenté de symptômes cérébraux.

Autopsie. — La balle avait traversé le lobe postérieur
droit, au voisinage de sa jonction avec le lobe moyen et
pénétré dans le lobe postérieur gauche dans lequel elle fut

trouvée logée dans la substance cérébrale (Hutchinson, cité par Allen Starr, *Amer. Journ. of Med Sc.*, April 1884. p. 385).

D. EXEMPLES DE LÉSIONS DESTRUCTIVES DES LOBES PARIÉTAUX SANS PARALYSIES MOTRICES.

Obs. 32. — **Ramollissement latent du lobule du pli courbe gauche.**

Femme, 75 ans, morte de broncho-pneumonie. Elle était à l'hôpital depuis quatre ans et n'avait jamais présenté la moindre paralysie.

Autopsie. — Foyer superficiel de ramollissement triangulaire, longeant la portion verticale de la scissure parallèle gauche et détruisant le pli courbe (Estorc, *Montpellier médical*, février 1881, Obs. 4, p. 138).

Obs. 33. — **Ramollissement latent du lobe pariétal inférieur droit.**

Homme, 81 ans, démence sénile, sans troubles de la motilité ni de la sensibilité. Mort de pneumonie.

Autopsie. — Ramollissement cortical de la région du pli courbe droit. Un foyer linéaire ocreux se trouve de chaque côté à la face externe du noyau lenticulaire (Blaise, *Gaz. hebd. des Sc. méd. de Montpellier*, 1882, p. 436).

Obs. 34. — **Ramollissement du lobule du pli courbe et de la première circonvolution temporale, sans paralysie.**

Femme, 70 ans, gâteuse, radoteuse, morte de pneumonie sans avoir jamais présenté le moindre signe de paralysie.

Autopsie. — Sur l'hémisphère gauche, deux foyers de ramollissement. Le premier siège sur le lobule du pli courbe ; le second, plus étendu, est situé à l'extrémité postérieure de la première circonvolution temporale, dans l'angle qui sépare les branches ascendante et horizontale de la scissure parallèlle (Estorc, *Montpellier médical*, octobre 1881, Obs. 8, p. 322).

OBS. 35. — Ramollissement du lobule pariétal inférieur et des circonvolutions sphénoïdales voisines, sans paralysie (fig. 11).

Homme, 59 ans, mort de gangrène spontanée sans avoir jamais présenté de paralysie.

Autopsie. — Ramollissement cortical ancien, à fond jaunâtre, anfractueux, occupant tout le lobule pariétal inférieur depuis son pied jusqu'à l'origine des circonvolutions occipitales et s'étendant au tiers postérieur des première et deuxième circonvolutions sphénoïda-

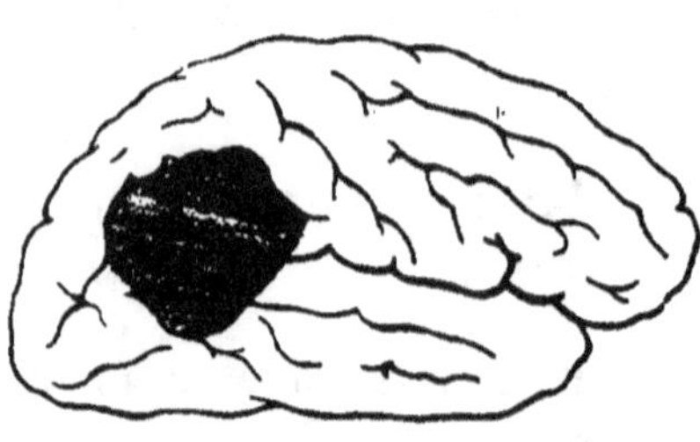

Fig. 11.

les. Pas traces de dégénération secondaire, même à l'examen microscopique de la moelle (A. Pitres, *Progrès médical*, 1880, p. 643).

OBS. 36. — Abcès du lobe pariétal droit, sans paralysie.

Enfant de 12 ans, tombe sur un clou qui pénètre dans le pariétal gauche à une profondeur de un pouce et demi.

L'enfant revient à pied chez lui et pendant trois semaines présente des symptômes d'encéphalite. Puis il guérit et durant trois mois il jouit d'une santé parfaite. Il est alors atteint de céphalée violente et meurt en trois jours.

Autopsie. —Ramollissement crémeux et presque diffluent de la région pariétale de l'hémisphère droit, dans laquelle on trouve un abcès contenant quatre onces de pus (Downs, cité par Allen Starr, *Amer. Journ. of Medic. Science,* April 1884, p. 390).

E. EXEMPLES DE LÉSIONS DESTRUCTIVES DES LOBULES DE L'INSULA, SANS PARALYSIES MOTRICES [1].

Obs. 37. — Ramollissement latent de la moitié postérieure de l'insula de Reil, du lobule pariétal inférieur, du pli courbe et des deux premières circonvolutions temporales du côté droit. Absence de paralysie (fig. 12).

Femme, 76 ans, entrée à l'infirmerie de la Salpêtrière pour une pneumonie, le 5 mai 1876. Avant cette maladie elle se levait tous les jours, et marchait seule sans aucune difficulté. Pendant son séjour dans la salle, on a constaté qu'elle n'avait pas de paralysie fa-

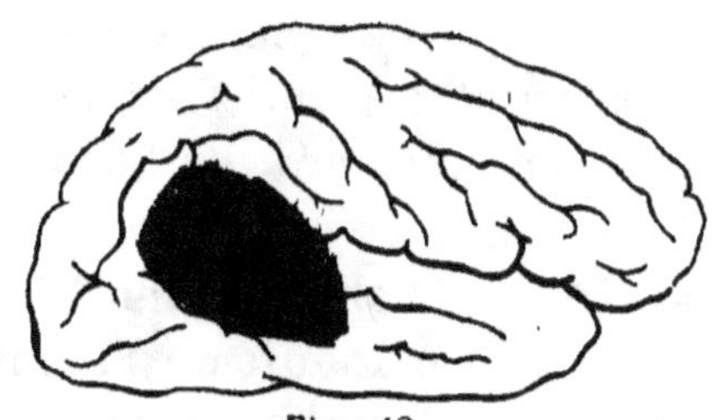

Fig. 12.

ciale et qu'elle serrait également fort des deux mains. Morte le 6.

[1] Les lésions isolées et purement corticales du lobule de l'insule sont tellement rares que nous n'en connaissons pas un seul exemple précis. C'est pourquoi les observations suivantes se rapportent à des cas dans lesquels les lésions atteignaient à la fois le lobule de l'insule et d'autres parties de la zone latente des circonvolutions.

Autopsie. — Large foyer de ramollissement celluleux ancien, ayant détruit la moitié postérieure des circonvolutions en éventail de l'insula de Reil, les deux tiers postérieurs du lobule pariétal inférieur (y compris le pli courbe) et la moitié postérieure des deux premières circonvolutions temporales du côté droit. Pas traces de dégénération secondaire (Charcot et Pitres, 1er *Mémoire*, Obs. 1).

Obs. 38. — **Ramollissement du lobule de l'insula et de la troisième circonvolution frontale gauche. — Aphasie sans paralysie.**

Homme, 35 ans, éprouve dans le cours d'une tuberculose pulmonaire chronique une céphalalgie frontale opiniâtre et, quelques jours après, devient aphasique. Tous les mouvements des membres et de la face sont conservés. Mort une semaine après.

Autopsie. — Congestion méningée intense. Granulations tuberculeuses disséminées le long des vaisseaux. Masse caséeuse adhérente aux méninges et à la substance grise corticale, ayant détruit presque complètement le quart postérieur de la troisième circonvolution frontale gauche. Ramollissement superficiel de la substance grise de l'insula (Bernheim, *Rev. méd. de l'Est*, 1878).

Obs. 39. — **Aphasie sans hémiplégie. — Ramollissement du lobule de l'insula et d'une grande partie du lobe sphéno-occipital gauche.**

Femme, 68 ans, frappée d'apoplexie avec perte de connaissance le 15 septembre 1884. Revenue à elle, elle est incapable de parler. Pas de traces de paralysie motrice. Hémianesthésie du côté gauche. Mort le 10 février 1885.

Autopsie. — Ramollissement jaunâtre, ancien, du lobule

de l'insula, des lobules pariétaux des deux premières ciconvolutions temporales dans leurs trois quarts postérieurs et des trois circonvolutions occipitales externes (Perret, *Lyon médical*, 1886).

Nous pourrions allonger démesurément cette liste de faits négatifs. Cela nous paraît inutile. Les exemples que nous venons de rapporter suffisent pour démontrer qu'une grande partie des circonvolutions cérébrales peut être détruite par des ramollissements, rongée par des néoplasmes, irritée par des corps étrangers, broyée par des traumatismes, sans qu'il en résulte aucun phénomène paralytique ou convulsif. Nous verrons bientôt qu'il en est tout autrement quand les lésions portent s ur d'autres parties des circonvolutions. Mais fixons auparavant les limites de la zone latente. Elle

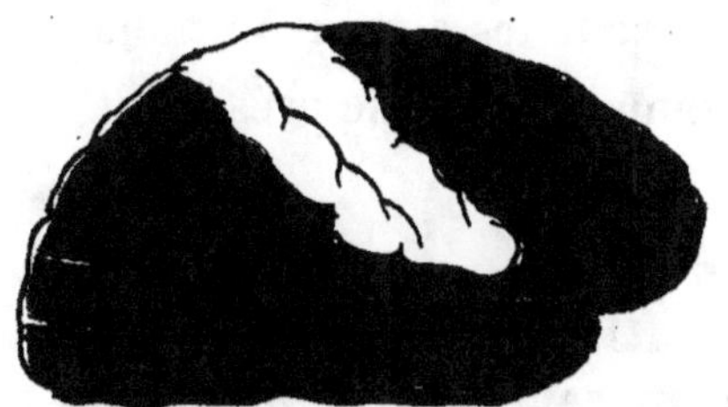

Fig. 13.

Fig. 14.

occupe, ainsi que cela est indiqué sur les figures 13 et 14, une aire très étendue. Elle comprend en avant, tout le lobe préfrontal, c'est-à--dire les trois premières circonvolutions frontales jusqu'à leurs pieds ; en arrière, elle s'étend depuis les pieds des lobules pariétaux supéricurs et inférieurs jusqu'à la pointe du lobe occipital : en bas, elle occupe tout le lobe temporo-sphénoïdal, y compris le lobube de l'insula. Les seules parties de l'écorce cérébrale qui ne soient pas comprises dans la zone latente sont donc les deux circonvolutions qui bordent le sillon de Rolando, c'est-à-dire la frontale et la pariétale ascendantes et les deux replis qui les relient l'une à l'autre, c'est-à-dire le lobule paracentral et l'opercule rolandique.

Pour si étendue que soit une lésion cérébrale, tant qu'elle respecte les circonvolutions de la région Rolandique et les faisceaux blancs qui les relient aux parties centrales des hémisphères, elle ne donne pas lieu à des troubles du mouvement. Dans le cas suivant, où une encéphalite, développée probablement pendant la vie intra-utérine, avait détruit la presque totalité de la zone latente des deux côtés, en épargnant les circonvolutions rolandiques, le sujet, complètement idiot, ne présentait aucun trouble de la motilité.

Obs. 40. — Idiotie symptomatique de lésions anciennes et très étendues du cerveau. — Absence de paralysie.

Enfant, 5 ans, idiot et gâteux, mais ayant pu marcher et courir seul depuis l'âge de 4 ans. Il saisit tout ce qui se trouve à sa portée, le jette et le brise. Il peut porter les aliments à sa bouche, se gratter la tête. Il s'égratigne même souvent le visage et les oreilles. Il cherche à griffer dès qu'on le touche.

Autopsie. — Pseudo-kystes, restes de foyers d'encéphalite, développés probablement pendant la vie intra-utérine, et ayant détruit, de chaque côté, la plus grande partie des deuxième et troisième circonvolutions frontales, une portion du lobule pariétal inférieur, le lobule de l'insula et la totalité du lobe sphéno-occipital. Au milieu de cette désorganisation presque générale du cerveau, les circonvolutions frontale et pariétale ascendantes sont normales ainsi que le lobule paracentral. La protubérance et le bulbe n'offrent rien de particulier à l'œil nu (Bourneville et Bricon, *Bull. Soc. Anat.*, 2 avril 1886, p. 206).

Dans son ouvrage sur la localisation des fonctions cérébrales chez l'homme, M. Exner soutient que la zone dite latente des circonvolutions n'est pas égale sur les deux hémisphères. A son avis, celle du côté droit est plus étendue que celle du côté gauche. Les faits anatomo-cliniques ne nous paraissent pas justifier cette opinion. Au point de vue des fonctions motrices, les deux hémisphères, doivent ce nous semble, être considérées comme symétriques.

Avant de terminer ce qui a trait à l'étude de la zone latente des circonvolutions cérébrales, il importe de signaler que les lésions destructives même très étendues de cette zone ne donnent jamais lieu à des dégénérations secondaires descendantes du faisceau pyramidal. Les observations 15, 35, 37 et 40, où la moelle a été spécialement examinée, sont très démonstratives sur ce point.

CHAPITRE III

DES HÉMIPLÉGIES TOTALES
PROVOQUÉES PAR DES LÉSIONS TRÈS ÉTENDUES
DE LA ZONE MOTRICE CORTICALE

L'étude des faits négatifs nous a conduits à restreindre, par exclusion, l'aire de la zone motrice corticale du cerveau de l'homme, aux seules circonvolutions de la région rolandique. Celle des faits positifs va nous apprendre que les lésions de cette région se traduisent toujours par des symptômes moteurs dont la physiologie expérimentale permet de comprendre la production et les différentes combinaisons.

On sait que, chez les animaux supérieurs, la zone motrice corticale n'est pas un organe simple. Elle est formée par la juxtaposition de plusieurs centres distincts ou jouissant tout au moins, les uns vis-à-vis des autres, d'une indépendance assez complète pour que leur action puisse être sollicitée isolément par des excitations électriques suffisamment limitées et que leur destruction détermine des paralysies des groupes musculaires commandés par eux, sans porter atteinte à la motilité des muscles voisins.

Les choses paraissent se passer de même chez l'homme. Toute lésion destructive de la zone motrice produit, du côté opposé du corps, des paralysies dont la distribution et l'extension varient avec le siège et l'étendue des lésions provocatrices.

A ce point de vue, il convient de diviser les faits cliniques en trois groupes, comprenant : 1° les cas d'hémiplégies totales; 2° les cas de monoplégies associées; 3° les cas de monoplégies pures, et d'étudier successivement la topographie des lésions qui correspondent à chacune de ces formes de paralysies.

Occupons-nous tout d'abord des hémiplégies totales.

Lorsqu'une lésion corticale détruit, en totalité ou dans une grande étendue, la région rolandique des circonvolutions, elle se traduit cliniquement par une *hémiplégie totale et complète* du côté opposé du corps, c'est-à-dire par une hémiplégie frappant à la fois le membre supérieur, le membre inférieur et les muscles de la face qui sont habituellement atteints dans l'hémiplégie vulgaire.

Si la lésion se produit soudainement, comme par exemple dans les cas d'embolie des branches corticales de la sylvienne, le début de l'hémiplégie est brusque et la paralysie occupe, dès le premier jour, tout le côté opposé du corps. Si elle se constitue progressivement la paralysie s'établit, elle aussi, peu à peu, la face, le membre supérieur, le membre inférieur devenant successivement inertes à mesure que leurs centres respectifs sont détruits.

Quel qu'ait été son mode de début, l'hémiplégie corticale est habituellement *flaccide* pendant les premiers jours ou les premières semaines de son existence; quelquefois cependant on observe de la *contracture primitive* des muscles paralysés. Plus tard, elle s'accompagne d'*exagération des réflexes rotuliens* et de *contracture tardive permanente* liée au développement d'une dégénération secondaire systématique du faisceau pyramidal.

Plusieurs auteurs, se fondant sur des analogies tirées de la physiologie expérimentale, ont cru pouvoir soutenir que les paralysies d'origine corticale avaient pour caractère essentiel d'être incomplètes, fugaces, variables dans leur intensité et susceptibles d'une guérison rapide. Les faits pathologiques ne confirment pas ces opinions. La destruction de la région rolandique, chez l'homme, est toujours suivie d'une *hémiplégie permanente* du côté opposé du corps.

Les hémiplégies d'origine corticale sont parfois précédées ou accompagnées de contracture primitive, de convulsions épileptiformes à type Bravais-Jacksonien, de troubles de la sensibilité cutanée ou musculaire ou d'affaiblissement des facultés intellectuelles. Mais ces symptômes ne sont pas nécessairement associés aux phénomènes paralytiques. Leur présence est accidentelle. La paralysie *motrice* est la seule manifestation clinique constante des lésions destructives des circonvolutions rolandiques.

Les exemples suivants permettront de saisir les rapports des lésions aux symptômes dans les cas d'hémiplégies totales causées par des destructions massives de l'écorce cérébrale. On y trouvera des observations d'hémiplégies récentes, avec ou sans contracture primitive, à début subit ou progressif. On y trouvera également des exemples d'hémiplégies anciennes accompagnées de contracture tardive permanente des membres paralysés.

Disons, une fois pour toutes, que, sauf indications contraires, la capsule interne et les noyaux centraux étaient absolument sains dans toutes les observations que nous résumerons désormais, aussi bien dans ce chapitre que dans les suivants :

Obs. 41. — Hémiplégie gauche flaccide. Ramollissement du domaine cortical de la sylvienne droite (fig. 15).

Femme, 77 ans, frappée le 7 mars d'un étourdissement suivi d'hémiplégie gauche totale (face et membres) et complète. Les membres paralysés ont perdu leur tonicité. Les paupières sont fermées, à gauche un peu moins qu'à droite. Quand on les soulève, on con-

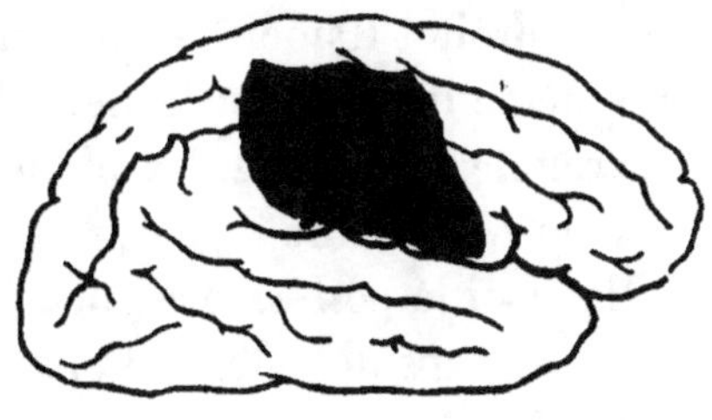

Fig. 15.

state que l'œil droit est dirigé en avant et l'œil gauche vers la droite. Papilles inégales, D > G. Sensibilité au pincement conservée. Mort le 11.

Autopsie. — Oblitération des deuxième et troisième branches corticales de la sylvienne droite. Ramollissement des deux tiers inférieurs des circonvolutions ascendantes et des parties contiguës, notamment du pied de la deuxième frontale et du lobule pariétal inférieur (Charcot et Pitres, 1er *Mémoire*. Obs. 6).

OBS. 42. — **Hémiplégie gauche. Ramollissement cortical étendu en arrière du sillon de Rolando (fig. 16).**

Femme, 70 ans, frappée d'hémiplégie gauche, sans perte de connaissance, le 26 mai. L'hémiplégie porte sur la face

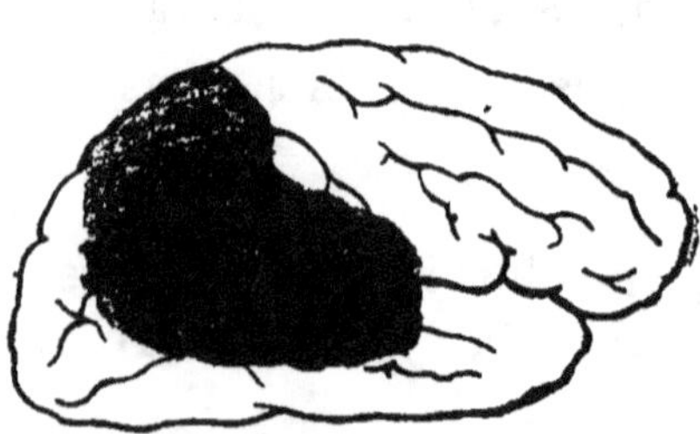

Fig. 16.

et les membres. Ceux-ci sont flasques et inertes. Sensibilité conservée. Déviation conjuguée de la tête et des yeux vers la droite. Mort le 27.

Autopsie. — Oblitération des deux branches postérieures de l'artère sylvienne droite. Ramollissement mou, blanchâtre, occupant le cinquième inférieur et le tiers supérieur de la circonvolution pariétale ascendante, les lobules pariétaux en totalité, les deux tiers postérieurs de la première circonvolution temporale, la moitié postérieure du lobule de l'insula. Noyaux centraux et capsule interne sains (Charcot et Pitres, 1er *Mémoire*. Obs. 7).

Obs. 43. — Hémiplégie gauche complète. Ramollissement de la moitié inférieure des circonvolutions ascendantes et du lobule de l'insula.

Femme, 19 ans, atteinte de phtisie pulmonaire. Un matin, elle se réveille avec une hémiplégie gauche complète. Paralysie faciale gauche ; pointe de la langue déviée vers la droite ; paupière supérieure gauche légèrement abaissée ; un peu de strabisme interne de l'œil gauche avec rétrécissement pupillaire très prononcé. Légère contracture des membres paralysés. Mort sept jours après le début de l'hémiplégie.

Autopsie. — Oblitération de l'artère sylvienne droite à 5 centimètres de son origine, au delà, par conséquent, de la naissance des branches centrales. Vaste ramollissement cortical occupant tout le lobule de l'insula et la moitié inférieure des circonvolutions frontale et pariétale ascendantes (Desnos, *Soc. Anat.*, 17 juin 1880).

Obs. 44. — Hémiplégie gauche. Ramollissement cortical de l'hémisphère droit.

Femme, 82 ans, hémiplégie gauche, surtout accentuée à la face et au membre supérieur. Le membre inférieur gauche, quoique beaucoup plus faible que le droit, est encore capable de mouvements assez étendus. Les membres paralysés ont une certaine rigidité. Affaiblissement très marqué de la sensibilité générale et du sens musculaire dans tout le côté gauche du corps. Mort, sept jours après le début de l'hémiplégie.

Autopsie. — Vaste ramollissement de l'hémisphère droit occupant toute la circonvolution pariétale ascendante, les deux lobules pariétaux et tout le lobe sphéno-occipital, sauf la circonvolution de l'hippocampe (Ballet, *Th. doct.*, 1881, p. 188).

Obs. 45. — Hémiplégie droite. Ramollissement du lobe fronto-pariétal gauche.

Femme, 84 ans, frappée d'apoplexie le 19 septembre. Hémiplégie droite totale (face et membres) avec flaccidité des muscles paralysés. Hyperesthésie du côté droit. Mort le 27.

Autopsie. — Ramollissement cortical de l'hémisphère gauche, occupant les trois quarts inférieurs de la frontale ascendante, toute la troisième frontale, une partie des pieds des première et deuxième frontales, et les deux digitations antérieures du lobule de l'insula (Ballet, *Th. doct.*, Paris, 1881, p. 172).

Obs. 46. — Hémiplégie droite. Ramollissement des trois quarts inférieurs de la pariétale ascendante gauche (fig. 17).

Homme, 65 ans, hémiplégie droite totale (face et membres) relativement plus marquée au membre supérieur qu'au membre inférieur. Sensibilité intacte; intelligence conservée. Mort, quatorze jours après le début.

Autopsie. — Ramollissement rouge, récent, exactement limité aux trois quarts inférieurs de la circonvolution pariétale ascendante gauche. Sur l'hémisphère droit, on trouve un ramollissement, récent aussi, du lobule carré, n'atteignant

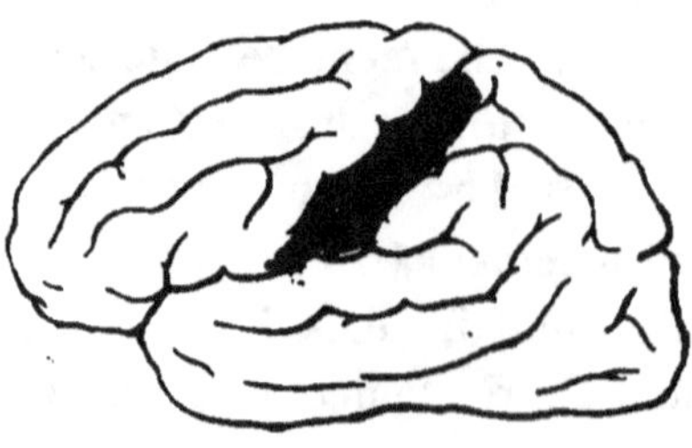

Fig. 17.

pas le lobule paracentral, qui ne s'était révélé pendant la vie par aucun symptôme (Picot, *Gaz. hebd. des sciences méd. de Bordeaux*, 15 janvier 1885, p. 103).

Obs. 47. — **Hémiplégie droite. Ramollissement très étendu de la région rolandique gauche.**

Femme, 61 ans, frappée d'hémiplégie droite totale (face et membres), avec aphasie.

Autopsie. — Vaste ramollissement occupant la frontale ascendante dans toute sa longueur, la partie antérieure de la pariétale ascendante, la première sphénoïdale et la partie postérieure des deuxième et troisième frontales du côté gauche (Dreyfus, *Bull. Soc. Anat.*, octobre 1876).

Obs. 48. — **Hémiplégie droite totale. Ramollissement très étendu de la zone motrice gauche.**

Femme, 68 ans, frappée subitement d'une hémiplégie droite totale (membres, face et langue). Dilatation de la pupille gauche. Rougeur très marquée de la moitié gauche de la face.

Autopsie. — Oblitération de la division moyenne de l'artère sylvienne gauche (artère pariétale antérieure de Duret). Ramollissement diffluent de la pariétale ascendante à sa partie inférieure. Le ramollissement s'étend profondément dans le centre ovale, sans atteindre la région capsulaire (Ringrose Atkins, *Brit. med. Journ.*, mai 1878).

Obs. 49. — **Hémiplégie droite totale, à début progressif. Méningite tuberculeuse avec lésions corticales de la zone motrice gauche.**

Homme, 30 ans, hémiplégie progressive débutant par le bras droit et gagnant peu à peu la moitié droite de la face et le membre inférieur droit. De temps en temps, la jambe droite, seule ou en même temps que la main du même côté, est le siège de secousses ou de tremblements convulsifs.

Autopsie. — Méningite tuberculeuse avec adhérences des méninges et ramollissement cortical au niveau des circonvolutions ascendantes et du lobule paracentral du côté gauche (Ch. K. Mills, *Brain*, 1880, p. 554).

Obs. 50. — Hémiplégie gauche. Abcès de la pariétale ascendante droite.

Homme, 34 ans, sujet à des maux de tête, est pris brusquement d'une faiblesse de la jambe gauche. Perte de connaissance. Quand il revient à lui, il est paralysé de tout le côté droit. L'hémiplégie est flasque. Elle est complète aux membres, peu marquée à la face. Sensibilité conservée. Mort dix jours après l'ictus initial.

Autopsie. — Tuméfaction de la moitié supérieure de la pariétale ascendante dans laquelle se trouve un abcès du volume d'un œuf de poule rempli de pus vert, bien lié. La substance grise corticale est très altérée au niveau de la poche purulente. Le lobule paracentral est respecté. Il n'y a de détruit que la moitié supérieure de la pariétale ascendante et une partie du lobule pariétal supérieur (Bouisson, *Soc. Anat.*, avril 1889, p. 337).

Obs. 51. — Hémiplégie droite à début progressif. Tumeur de la région rolandique.

Homme, 57 ans, hémiplégie droite à début lent et progressif. Le malade s'aperçut tout d'abord qu'il ne pouvait plus remuer aussi facilement que d'habitude les doigts de la main droite. Quelques jours après, il remarqua que la jambe du même côté ne pouvait plus le soutenir. Plus tard les symptômes paralytiques s'accentuèrent, puis le malade commença à bredouiller, finalement il devint hémiplégique total et perdit complètement l'usage de la parole.

Autopsie. — Dans l'hémisphère gauche, au-dessous de la circonvolution frontale ascendante et coiffée pour ainsi dire par cette circonvolution déplissée et ramollie, existe une tumeur, du volume d'une grosse orange, qui refoule en arrière la circonvolution pariétale ascendante et en avant les circonvolutions frontales antéro-postérieures, particulièrement la circonvolution de Broca (Duvernoy, *Bull. Soc. Anat.* 1879, p. 245).

Obs. 52. — **Hémiplégie droite à début progressif Ramollissement cortical de la région rolandique gauche** (fig. 18).

Femme, 61 ans, concierge, d'une bonne santé habituelle. Le 8 février 1862 elle s'aperçut tout à coup qu'elle ne pouvait plus lever le bras pour tirer le cordon. Le lendemain elle était paralysée de tout le côté droit mais parlait encore naturellement. La parole n'est devenue embarrassée que dans le cours de la semaine suivante. En juillet hémiplégie totale et complète, aphasie. Contracture secondaire très marquée des membres paralysés. Trépidation épileptoïde du pied droit. Sensibilité émoussée du côté droit. Mort le 16 janvier 1863.

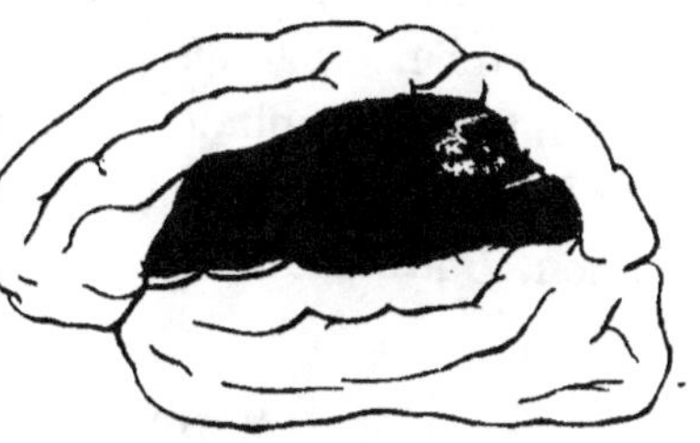

Fig. 18.

Autopsie. — Grande plaque de ramollissement jaune,

celluleux, superficiel, qui atteint le pied de la troisième circonvolution frontale, les circonvolutions frontale et pariétale
ascendantes dans toute leur étendue, les deux digitations
postérieures de l'insula de Reil et le lobule pariétal inférieur. Corps opto-strié sain. Dégénération secondaire du
faisceau pyramidal (Charcot et Pitres, 1ᵉʳ *Mémoire.*
Obs. 9).

Obs. 53. — **Hémiplégie droite avec contracture
secondaire. Ramollissement des régions motrices
de l'écorce.**

Homme, 68 ans, frappé d'hémiplégie droite et d'aphasie en
septembre 1878 ; mort en avril 1879. Paralysie complète
avec contracture en demi-flexion des membres supérieurs
droits ; raideur moins marquée du membre inférieur ; contracture des muscles du côté droit de la face. Aphasie.

Autopsie. — Ramollissement cortical occupant les deux
tiers inférieurs des circonvolutions frontale et pariétale ascendantes, le pied de la troisième et toute la deuxième frontale
du côté gauche. Quelques petits foyers se trouvent dans les
circonvolutions occipitales. Asymétrie de la protubérance
dont la moitié gauche est atrophiée. Moelle non examinée
(Talamon, *Bull. Soc. Anat.*, 1879, p. 548).

Obs. 54. — **Hémiplégie droite ancienne. Contracture
secondaire. Large plaque jaune des circonvolutions rolandiques du côté gauche (fig. 19).**

Femme, 74 ans, atteinte d'hémiplégie droite complète
datant de six ans. Contracture permanente des membres
paralysés. Sensibilité conservée. Mort d'une affection inter-
currente.

Autopsie. — Large plaque jaune ayant détruit la circonvolution pariétale ascendante dans toute son étendue, les trois digitations postérieures de l'insula de Reil, la partie antérieure des lobules pariétaux supérieur et inférieur. La circonvolution frontale ascendante est amincic; la troisième frontale saine. Atrophie descendante du faisceau

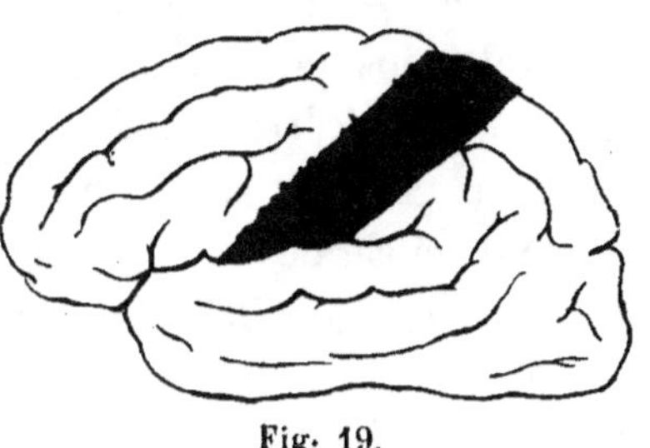

Fig. 19.

pyramidal (Charcot et Pitres, 1er *Mémoire*. Obs. 10).

Obs. 55. — Hémiplégie gauche ancienne. Contracture secondaire. Ramollissement de la zone motrice du côté droit.

Homme, 75 ans, hémiplégique gauche depuis cinq ans Contracture secondaire des membres paralysés, surtout du membre supérieur droit.

Autopsie. — Foyer de ramollissement, occupant les deux tiers inférieurs de la frontale ascendante droite et s'étendant, dans le centre ovale, au-dessous de la pariétale ascendante, jusqu'à la partie antérieure du lobule pariétal. Un autre foyer se trouve sur la moitié postérieure de la première sphénoïdale et la partie antérieure du pli courbe. Dégénérescence descendante du faisceau pyramidal (Blaise, *Gaz. hebd. Sc. méd. de Montpellier*, 1882, n° 40. Obs. 8, p. 472).

Obs. 56. — Ramollissement cortical ancien. Hémiplégie avec contracture.

Femme, 71 ans, hémiplégie gauche depuis huit ans; contracture des membres paralysés; démence sénile; sensibilité intacte.

Autopsie. — Ramollissement ancien et peu profond des circonvolutions qui entourent le sommet de la scissure de Sylvius du côté droit, atteignant surtout la pariétale ascendante. Du côté gauche ramollissement de la tête du corps strié. Asymétrie de la protubérance dont la moitié droite est atrophiée (Phocas, *Bull. Soc. Anat.*, 19 mai 1882).

Obs. 57. — **Hémiplégie droite datant de vingt ans. Contracture secondaire. Destruction étendue de la zone motrice gauche. Dégénération descendante du faisceau pyramidal.**

Homme, 72 ans, atteint depuis vingt ans d'hémiplégie droite totale et complète avec aphasie et anesthésie très marquée au contact et à la douleur, de tout le côté paralysé. Exagération des réflexes. Contracture permanente et atrophie des membres de ce côté.

Autopsie. — Les deux circonvolutions centrales du côté gauche sont entièrement détruites par un ancien foyer hémorrhagique à tractus celluleux, dont les mailles, d'apparence conjonctive, sont remplies de sérosité. La lésion s'enfonce à une profondeur de trois quarts de pouce. Elle atteint le lobule de l'insula mais épargne les ganglions centraux. Dégénération descendante du faisceau pyramidal (Allen Starr, *Amer. Jour. of med. Sc.*, April 1884. Obs. 75).

Obs. 58. — **Hémiplégie droite ancienne avec aphasie. Ramollissement cortical de la troisième circonvolution frontale et d'une grande partie des circonvolutions ascendantes du côté gauche (fig. 20, 21 et 22).**

Femme, 73 ans, hémiplégique droite avec aphasie depuis

plusieurs années. Contracture secondaire prédominant dans le membre supérieur droit ; les doigts sont si fortement fléchis dans la paume de la main qu'il est impossible de les redresser. La contracture est à peine appréciable dans le membre inférieur : la marche est assez facile.

Autopsie. — Large plaque de ramollissement jaune occupant le pied et la face supérieure de la troisième circonvo-

Fig. 20.

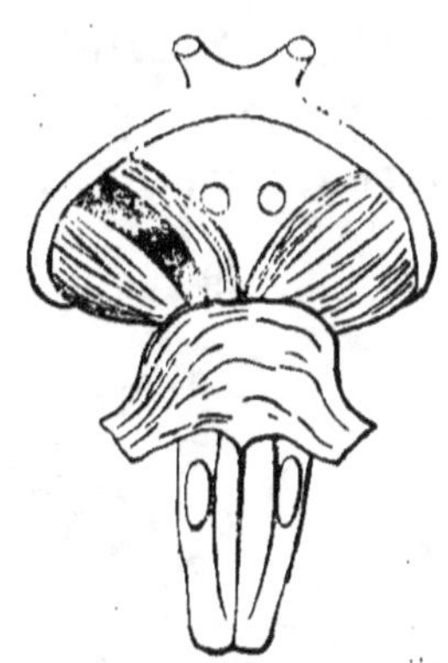

Fig. 21.

lution frontale, la moitié inférieure de la circonvolution frontale ascendante et le tiers moyen de la circonvolution pariétale ascendante. Sur les coupes méthodiques on voit que le ramollissement s'étend assez profondément dans le centre ovale, sans atteindre cependant la capsule interne ni les corps opto-striés. Il a détruit le faisceau pédiculo-frontal inférieur et les faisceaux frontaux et pariétaux moyens et inférieurs. Les faisceaux frontal supérieur et pariétal supérieur paraissent intacts.

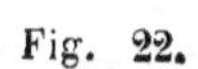

Fig. 22.

Le pédoncule cérébral gauche présente, à sa partie moyenne, une bande grise et déprimée de dégénération secondaire. La pyramide antérieure gauche est sensiblement plus grêle que la droite, mais on n'y remarque aucune modification de couleur ni de consistance. L'examen de la moelle après durcissement révèle l'existence d'une bande de sclérose secondaire du cordon latéral droit, très appréciable dans les coupes faites au niveau de la région cervicale et de la partie supérieure de la région dorsale (A. Pitres, *Progrès médical*, 1880, p. 643).

Obs. 59. — Hémiplégie droite ancienne. Ramollissement de la pariétale ascendante. Dégénération secondaire (fig. 23 et 24).

Femme, 79 ans, hémiplégique droite sans aphasie, depuis

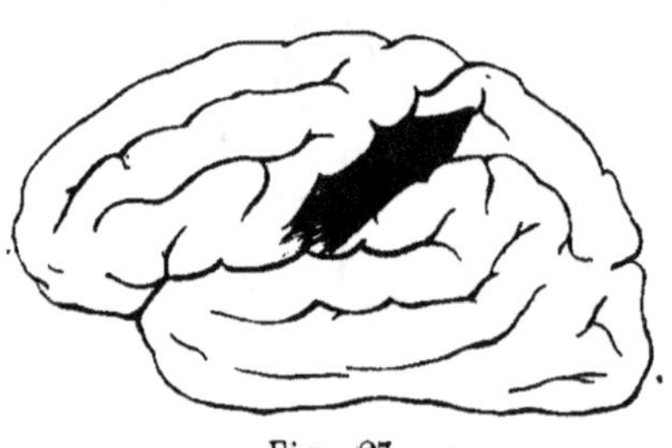

Fig. 23.

plus de deux ans. Contracture secondaire très marquée dans les membres supérieur et inférieur du côté droit. Paralysie faciale droite légère. Sensibilité conservée dans les membres paralysés.

Autopsie. — Ramollissement cortical ayant détruit les deux tiers inférieurs de la circonvolution pariétale ascendante du côté gauche. Protubérance asymétrique plus petite à gauche qu'à droite. Pyramide antérieure gauche moins bombée que sa congénère et présentant une teinte grisâtre. Sur des coupes microscopiques du bulbe,

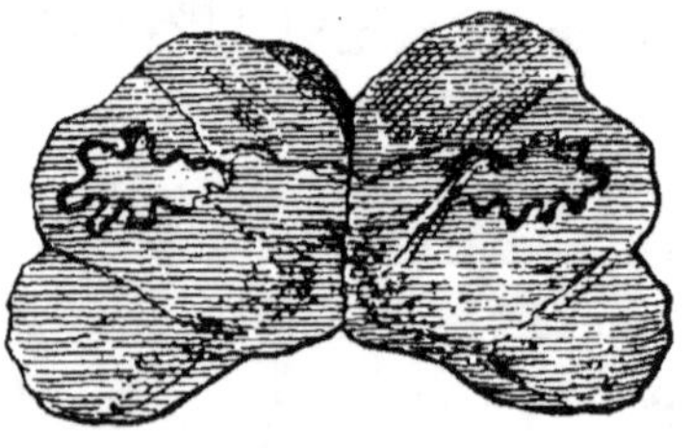

Fig. 24.

pratiquées après durcissement, on constate une tache losangique de sclérose très nettement limitée siégeant à la partie antéro-interne de la pyramide antérieure du côté gauche (Charcot et Pitres, 1er *Mémoire*. Obs. 17).

Il ressort clairement de l'étude des faits qui viennent d'être exposés, que les lésions destructives totales ou très étendues de la région rolandique de l'écorce cérébrale donnent lieu à des hémiplégies totales, complètes et indéfiniment persistantes du côté opposé du corps. Et comme nous savons déjà que les lésions destructives des autres parties de l'écorce ne déterminent aucun trouble des mouvements, nous sommes autorisé à conclure que tout l'appareil cortical qui préside à la motilité d'une moitié du corps se trouve contenu dans les circonvolutions rolandiques de l'hémisphère cérébral du côté opposé.

Une particularité fort importante qu'il convient de mettre en relief, c'est l'existence constante d'une dégénération secondaire du faisceau pyramidal correspondant dans tous les cas de lésions anciennes de la zone motrice.

D'après les recherches de Flechsig, Kölliker, Brissaud, etc., le faisceau pyramidal naît dans la substance grise des circonvolutions rolandiques. Il traverse le centre ovale, se condense à mesure qu'il se rapproche de la région capsulaire, traverse la capsule interne au voisinage du genou de cet organe, se prolonge dans le pied du pédoncule cérébral, pénètre dans la protubérance au-dessous des fibres transversales du pont de

Varole et va former la pyramide antérieure du bulbe. Après avoir subi, au niveau de l'entre-croisement de Mistichelli, une décussation à peu près complète, il poursuit son cours dans les cordons antéro-latéraux de la moelle et va se terminer dans les cellules des cornes antérieures du myélaxe. Les dégénérations descendantes suivent exactement son trajet, et il n'y a pas d'exagération à soutenir que son indépendance anatomique et fonctionnelle est plus solidement établie sur l'étude de ses altérations systématiques que sur les recherches des embryologistes et des histologistes. Il y a, en effet, un rapport constant entre le siège des lésions corticales et l'existence ou l'absence de dégénération descendante dans le système des filets d'association cortico-médullaire dont l'ensemble forme le faisceau pyramidal. Les lois qui expriment ce rapport ont été jadis formulées par nous dans les termes suivants :

1º Les lésions destructives, même très étendues, de l'écorce cérébrale, ne produisent jamais de dégénération secondaire du faisceau pyramidal quand elles siègent exclusivement dans les régions non motrices des circonvolutions ;

2º Les lésions destructives, même très circonscrites, des circonvolutions rolandiques sont toujours suivies, au bout d'un certain temps, de la dégénération secondaire des fibres du faisceau pyramidal sous-jacent.

Si ces lois sont vraies (et rien jusqu'à présent n'au•

torise à douter de leur exactitude), il en résulte nécessairement qu'il existe dans le cerveau un appareil spécialisé particulièrement affecté à la fonction motrice, et que cet appareil, dont le centre trophique se trouve dans les circonvolutions rolandiques, est anatomiquement indépendant des autres points des circonvolutions cérébrales.

Nous n'avons parlé jusqu'à présent que des lésions *destructives* de la zone motrice, parce que ce sont les seules dont on puisse apprécier exactement le siège et l'étendue. Mais il va de soi que la véritable cause de la paralysie c'est la suppression de la fonction corticale et non pas l'altération grossière de la structure des circonvolutions rolandiques. Or, si la destruction matérielle d'un organe entraîne nécessairement avec elle la perte de ses fonctions, la réciproque n'est pas également vraie, car la fonction peut être suspendue ou définitivement abolie sans que l'organe soit le siège d'altérations physiques ou chimiques appréciables. On ne trouvera donc pas surprenant que certains troubles fonctionnels de la zone motrice puissent donner lieu à des paralysies corticales, bien que l'écorce ait conservé (en apparence tout au moins) sa structure normale. Cela s'observe notamment, avec une parfaite netteté, dans les cas d'oblitération récente de l'artère sylvienne. Aussitôt que le vaisseau est devenu imperméable, les circonvolutions dont il assurait l'irrigation sanguine perdent leurs propriétés fonctionnelles et la paralysie s'établit. Ce n'est que plus tard que le tissu nerveux ischémié subit les altérations nutritives aboutissant au ramollissement nécrobiotique. Dès lors, si le malade meurt dans les trois ou quatre premiers jours qui suivent l'apparition de la paralysie, on peut ne trouver à l'autopsie aucune modification appréciable du volume ou de la consistance des circonvolutions. Bien plus, si la circulation se rétablit assez tôt, le ramollissement menaçant peut être évité et la paralysie se dissipe à mesure que les circonvolutions momentanément exsangues récupèrent les conditions de leur fonctionnement normal.

Les observations suivantes démontrent l'exactitude de ces propositions.

Obs. 60. — Obliatération embolique des branches corticales de l'artère sylvienne gauche. Hémiplégie droite et aphasie, sans ramollissement appréciable des circonvolutions.

Homme, 36 ans, atteint de tuberculose pulmonaire et de fistule à l'anus. Le 3 septembre 1879, en se promenant après déjeuner, il tombe tout à coup, sans pousser un cri. Porté dans son lit, on constate qu'il est aphasique et qu'il a une hémiplégie droite totale (face et membres). Le 6 ces symptômes persistent et on note de plus une légère contracture des muscles fléchisseurs du coude droit et un commencement d'eschare à la région fessière droite. Mort le 7.

Autopsie. — Obliatération, par des caillots d'apparence fibrineuse, des branches corticales de l'artère sylvienne gauche. Pas de ramollissement apparent des circonvolutions auxquelles se rendent les artères oblitérées. Quelques plaques rouges de la dimension d'une pièce de 20 centimes sur la face convexe des lobes frontal et pariétal. Intégrité parfaite des masses centrales (Beaumanoir, *Bull. Soc. Anat.*, 5 nov. 1880 et *Progrès médical*, 1881, p. 366).

Obs. 61. — Paralysie transitoire du bras gauche. Rétablissement de la fonction au bout de deux jours. Oblitération d'une branche corticale de l'artère sylvienne, sans ramollissement apparent des circonvolutions correspondantes.

Homme, tuberculeux, frappé le 10 décembre, sans perte de connaissance, d'une paralysie flaccide complète du bras gauche. Pas de paralysie faciale ni de paralysie des membres inférieurs. Le 12 décembre, le malade peut faire quelques mouvements de l'avant-bras et du bras; les mouvements de la main et des doigts sont impossibles. Le 14 les mouvements sont revenus dans la main. Mort le 17.

Autopsie. — L'écorce cérébrale est saine; pas de ramollissement superficiel. La branche de la sylvienne qui se rend au sillon de Rolando et se divise à ce niveau en deux rameaux pour les circonvolutions pré et post-rolandiques est oblitérée par un caillot blanc qui occupe le tronc de la branche et ses deux bifurcations (A. Poulin, *Bull. Soc. Anat.*, 1878, p. 577).

Dans les réflexions qui suivent cette intéressante observation, M. Poulin apprécie très justement, ce nous semble, la pathogénie de la paralysie et le mécanisme de sa disparition. Il explique la paralysie par la cessation brusque de la circulation dans le territoire

cortical correspondant à l'artère oblitérée et attribue
sa disparition au rétablissement de la circulation par
les anastomoses avec les territoires vasculaires voisins,
avant que la mortification ait eu le temps de se produire. Il ajoute même : « S'il n'y a pas eu de paralysie
du membre inférieur chez notre sujet, c'est que vraisemblablement la pariétale ascendante recevait quelques
vaisseaux d'une autre branche artérielle », ce qui est,
en effet, fort probable, car si toute la zone motrice
corticale avait été uniformément ischémiée, le malade
aurait eu une hémiplégie totale, tandis qu'il n'a eu
qu'une monoplégie du membre supérieur gauche.

Ces faits exceptionnels n'infirment pas les règles
générales qui se dégagent de la comparaison des observations réunies dans ce chapitre et qui peuvent être
résumées dans les termes suivants :

1° Toute lésion destructive totale ou très étendue
de la zone motrice corticale donne lieu à une hémiplégie totale et complète du côté opposé du corps;

2° Cette hémiplégie, ordinairement flaccide au début,
s'accompagne plus tard de contracture permanente, par
suite de la dégénération secondaire du faisceau pyramidal sous-jacent à la lésion.

CHAPITRE IV

DES MONOPLÉGIES ASSOCIÉES
PROVOQUÉES PAR DES LÉSIONS DESTRUCTIVES LIMITÉES
DE LA ZONE MOTRICE CORTICALE

Lorsque les lésions destructives de la zone motrice corticale sont peu étendues et quelles occupent certaines régions déterminées de l'écorce, elles donnent lieu à des hémiplégies partielles ou *monoplégies associées* du côté opposé du corps.

Il existe deux formes cliniques de monoplégies associées. Dans la première, appelée *monoplégie brachio-crurale*, les deux membres d'un côté sont paralysés, la face conservant sa motilité normale ; dans la seconde, dite *monoplégie brachio-faciale*, la paralysie porte sur une moitié de la face et sur le membre supérieur du même côté, le membre inférieur conservant l'intégralité de ses mouvements.

On n'observe jamais de monoplégies associées de la face et du membre inférieur, ce qui tient, ainsi que nous le verrons plus loin, à la position respective des centres moteurs dans l'écorce de la région rolandique.

Les caractères cliniques de la paralysie dans les

monoplégies associées diffèrent peu de ceux que nous avons indiqués à propos de l'hémiplégie totale. Le début est brusque ou progressif. Les muscles paralysés sont habituellement flaccides pendant les premiers jours ; on a cependant noté, dans quelques cas, de la contracture primitive, et, souvent, des convulsions localisées. Une fois constituée, la paralysie est complète ou incomplète. Il n'est pas rare qu'elle soit inégalement accentuée dans les différents groupes musculaires sur lesquels elle porte. Dans la monoplégie brachio-crurale, par exemple, elle peut être complète au membre supérieur et incomplète au membre inférieur ou *vice versa*. De même dans la monoplégie brachio-faciale, la face peut être plus fortement paralysée que le bras, ou le bras plus que la face. Tout cela dépend du degré d'extension des lésions provocatives sur les différentes parties de la zone motrice sur laquelle elles siègent.

Comme les hémiplégies d'origine corticale, les monoplégies associées s'accompagnent, après un certain temps, de contracture tardive, permanente. résultant de la dégénération secondaire du faisceau pyramidal sous-jacent. Cette dégénération a été directement constatée dans les observations 68, 94, 95, 96 et 97.

§ 1. — DES MONOPLÉGIES BRACHIO-FACIALES

Les monoplégies associées du bras et de la face sont habituellement provoquées par des lésions destructives limitées, siégeant sur une partie de l'écorce comprise dans les deux tiers inférieurs de la région rolandique. Les observations suivantes démontrent l'exactitude de cette règle de physiologie pathologique.

Obs. 62. — Monoplégie brachio-faciale droite. — Hémorrhagie corticale ayant détruit la moitié inférieure de la frontale ascendante (fig. 25).

Femme, 67 ans, frappée, six mois auparavant, d'une hémiplégie gauche légère. Le 2 août, nouvel ictus apoplectique sans perte de connaissance, suivi de paralysie faciale inférieure droite très accusée. La langue est tirée difficilement hors de la bouche et sa pointe est déviée vers la droite. Affaiblissement très marqué des muscles de l'avant-bras et de la main

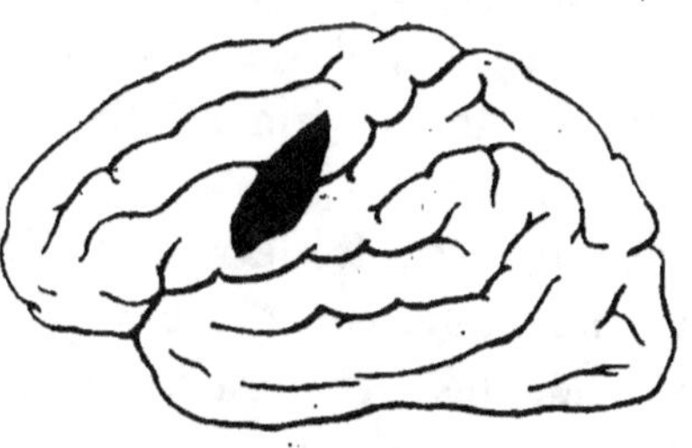

Fig. 25.

du côté droit. Motilité des membres inférieurs conservée. Sensibilité au pincement intacte sur tout le corps. Mort le 9 août.

Autopsie. — Dans l'hémisphère droit, on trouve des lésions anciennes : un ramollissement superficiel du pli courbe et trois petits foyers de ramollissement lacunaires de la couche optique, confinant à la capsule interne. Dans l'hémisphère gauche, foyer hémorrhagique récent ayant détruit l'extrémité inférieure de la circonvolution frontale ascendante et les pieds des deuxième et troisième frontales (Charcot et Pitres, *2e Mémoire*. Obs. 43).

Obs. 63. — ,Monoplégie brachio-faciale gauche. — Ramollissement du tiers inférieur des circonvolutions rolandiques du côté droit.

Homme, 67 ans, frappé d'apoplexie en décembre 1880. Perte de connaissance ; coma pendant douze heures. A la suite, paralysie, avec anesthésie, de la moitié gauche de la face et du membre supérieur gauche. Le membre inférieur présente seulement un très léger affaiblissement ; le malade se tient moins solidement sur la jambe gauche seule que sur la droite. Pupilles égales. Ptosis de la paupière supérieure gauche. Mort le 7 mars 1881.

Autopsie. — Foyer de ramollissement nécrobiotique siégeant entre les lèvres du sillon de Rolando et intéressant le tiers inférieur des circonvolutions frontale et pariétale ascendantes. La lésion est purement corticale (Petrina, *Ueber Sensibilitäts-storungen, etc.* Prague, 1881. Obs. II, p. 5).

Obs. 64. — **Monoplégies associées du membre supérieur gauche et de la face. Ramollissement du tiers inférieur de la région rolandique.**

Homme, 55 ans. Paralysie faciale récente du membre supérieur gauche et du facial inférieur gauche. Déviation conjuguée des yeux et rotation de la tête vers la droite. Pas de paralysie des membres inférieurs. Mort deux jours après, avec les mêmes symptômes.

Autopsie. — Ramollissement rouge siégeant sur l'hémisphère droit et occupant l'extrémité postérieure des deuxième et troisième frontales, le tiers inférieur des deux circonvolutions ascendantes, tout le lobule du pli courbe et le tiers antérieur du pli courbe lui-même (Wannebroucq et Kelsch, *Progrès médical*, 1881, p. 121).

Obs. 65. — Monoplégie brachio-faciale droite succédant à une hémiplégie totale. Ramollissement de la partie inférieure de la pariétale ascendante.

Femme, 74 ans, asystolique, est frappée le 4 décembre d'hémiplégie droite totale avec aphasie. Les jours suivants la motilité revient dans le membre inférieur droit, l'aphasie s'améliore, mais la paralysie persiste dans le membre supérieur droit et la moitié droite de la face. Mort le 11.

Autopsie. — Ramollissement rouge récent, large comme une pièce de deux francs, siégeant sur le pied du lobule pariétal inférieur gauche et entouré d'une zone de ramollissement blanc qui atteint en avant l'extrémité inférieure de la pariétale ascendante, en arrière le lobule du pli courbe (Sabourin, *Bulletin Soc. Anat.*, 1877, p. 45).

Obs. 66. — Monoplégie brachio-faciale gauche. Ramollissement du tiers moyen de la frontale ascendante droite (fig. 26).

Homme, 41 ans, entré à l'hôpital comme tuberculeux. Le 6 janvier, il se réveille atteint de paralysie isolée du membre supérieur gauche. Pas d'anesthésie. Le lendemain, paralysie incomplète et légère de la moitié gauche de la face. Mort le 9.

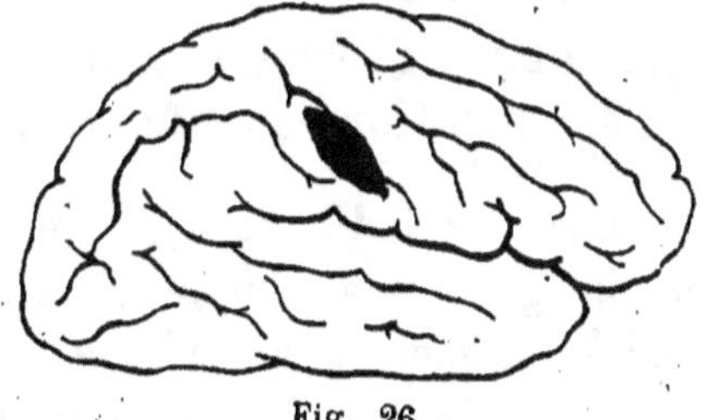

Fig. 26.

Autopsie. — Au niveau du tiers moyen de la frontale ascendante, existe une zone de teinte rosée, molle au toucher, tranchant bien nettement, par sa couleur et sa consistance, sur les parties voisines restées saines. En arrière, cette zone s'étend un peu sur la pariétale ascendante (Gauché, *Soc. de Biol.*, 17 mai 1879).

Obs. 67. — Monoplégie brachio-faciale droite. Abcès du tiers moyen de la frontale ascendante gauche.

Homme, 33 ans, atteint de dilatation des bronches et de rétrécissement aortique. A partir du 1er avril, attaques convulsives débutant par le bras droit et se reproduisant de temps en temps. Plus tard, paralysie de ce bras et parésie du côté droit de la face. Sensibilité conservée. Mort le 12.

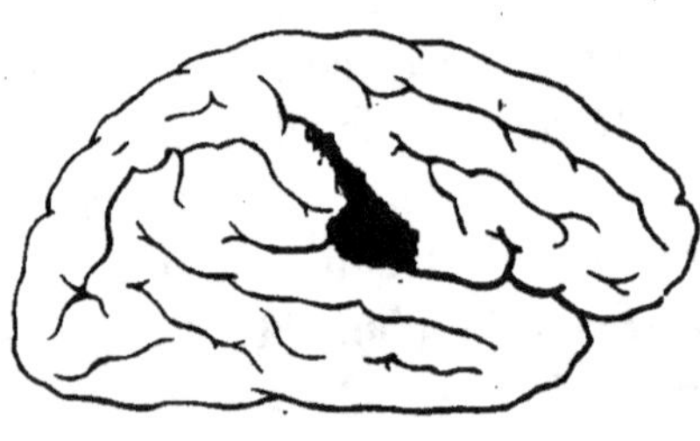

Fig. 27.

Autopsie. — Abcès de la circonvolution frontale ascendante gauche, du volume d'une noix, situé juste au niveau du pied de la deuxième frontale (Percy Kidd, *Lancet*, 26 septembre 1885).

Obs. 68. — Monoplégie associée de la face et du membre supérieur. Ramollissement cortical. Dégénération secondaire.

Jeune fille, 19 ans, atteinte d'insuffisance mitrale. Hémiplégie gauche subite. Plus tard, le membre inférieur reprend sa motilité normale et la paralysie reste limitée à la moitié gauche de la face et de la langue et au membre supérieur gauche. La sensibilité des parties paralysées est largement atteinte. Mort sept mois après le début des accidents cérébraux.

Autopsie. — Foyer de ramollissement occupant les deux tiers inférieurs de la circonvolution centrale postérieure droite et les faisceaux blancs sous-jacents Une très petite partie de la circonvolution antérieure est atteinte. Il y a aussi un petit ramollissement des lobes pariétaux. Dégénération secondaire de la capsule interne et du cordon latéral gauche de la moelle (Mannkopf, *Zeitschr. f. Klin. Med.* Bd VII, Supplément p. 102, 1884).

Obs. 69. — **Paralysie de la face et du bras droit. Aphasie.**

Ramollissement du pied de la troisième circonvolution frontale gauche. Plaque jaune dans le sillon pré-rolandique (Mossé, *Bull. Soc. Anat.*, janvier 1878, p. 29).

Obs. 70. — **Paralysie de la partie inférieure de la face, de la langue et du bras droit.**

Ramollissement occupant le tiers inférieur du sillon de Rolando (Cruveilhier, *Atlas d'anatomie pathologique du corps humain*, livr. 20, pl. IV).

Dans les observations que nous venons de rapporter, la paralysie siégeait à la fois sur tous les muscles de la face inférieure et sur ceux de la langue. Il peut arriver aussi que la paralysie de la face seule ou de la langue seule soit associée à celle du membre supérieur du côté correspondant; c'est ce que démontrent les observations suivantes :

Obs. 71. — Monoplégie brachio-faciale gauche, sans paralysie de la langue. Ramollissement de l'extrémité inférieure de la pariétale ascendante.

Homme, 67 ans, frappé subitement, sans perte de connaissance, d'une paralysie de la moitié gauche de la face inférieure et du membre supérieur gauche. Six mois après on constate que la bouche est déviée et que la commissure labiale gauche est moins mobile que la droite. Pas de déviation de la langue. Les mouvements de l'épaule et du bras sont à peu près revenus. La main est encore faible, surtout au niveau des trois premiers doigts (domaine du nerf médian). Le petit doigt et l'annulaire sont relativement beaucoup moins affaiblis. Mort d'emphysème pulmonaire avec hypertrophie du cœur.

Autopsie. — Ramollissement du cinquième inférieur de la pariétale ascendante droite, pénétrant dans le sillon de Rolando et s'étendant sur la partie contiguë de la moitié inférieure de la frontale ascendante (H. Martin, cité par Charcot et Pitres, 1er *Mémoire*. Obs. 13).

Obs. 72. — Monoplégie brachio-faciale droite, sans paralysie de la langue. — Plaque de tuberculose méningée sur les deux tiers inférieurs du sillon de Rolando (fig. 28).

Homme, 58 ans, entré à l'hôpital le 21 novembre pour une paralysie du bras droit et du côté droit de la face, survenue insidieusement sans ictus apoplectique, sans aphasie, sans maux de tête. Pas de déviation de la langue ni du voile du palais. — Aucun trouble de sensibilité. Intégrité absolue des membres inférieurs. Mort le 30.

Autopsie. — Quelques granulations tuberculeuses disséminées çà et là sur la pie-mère, sans trace de méningite
diffuse. Le sillon de Ro-
lando est tapissé sur ses
deux faces, dans les deux
tiers inférieurs, par une
plaque formée de granula-
tions miliaires confluentes.
Au-dessous de cette plaque
la substance cérébrale a

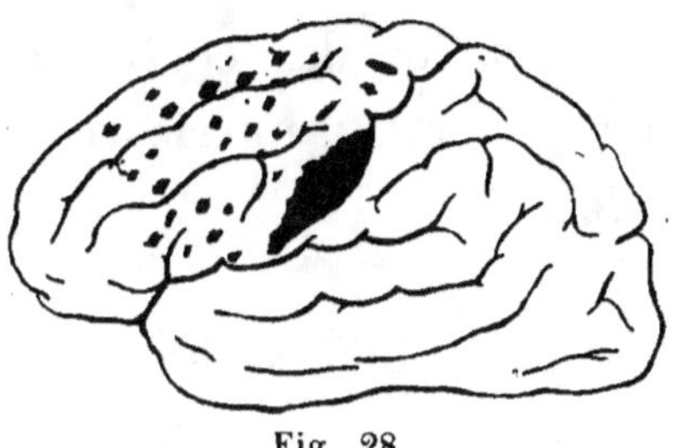

Fig, 28.

une teinte un peu rosée (Landouzy, *Bull. Soc. Anat.* 1878).

Obs. 73. — **Monoplégie brachio-linguale, sans participation de la face. Ramollissement de l'extrémité inférieure de la frontale ascendante.**

Femme, 60 ans, frappée subitement d'aphasie et de paralysie du bras droit. Dans le courant de l'année suivante, elle
eut quelques attaques convulsives du bras paralysé. La sensibilité y était très diminuée. Tous les sens spéciaux étaient
intacts. La langue était légèrement déviée à droite, mais la
face et le membre inférieur ne présentaient aucun trouble
de la mobilité ni de la sensibilité. La mort qui survint brusquement après des convulsions généralisées, fut causée par
une abondante hémorrhagie méningée.

Autopsie. — On constate, indépendamment de l'hémorrhagie terminale, une plaque de ramollissement siégeant
sur l'hémisphère gauche et intéressant la moitié postérieure
de la troisième circonvolution frontale et la partie attenante
de la frontale ascendante. (Wood, *Philad. ms. Times*, t. V,
p. 470, résumée dans le mémoire d'Allen Starr. *Journal of
med. Science.* April 1884).

Nous verrons, dans le chapitre suivant, que ces dissociations de la paralysie dans certains groupes musculaires ont une réelle importance au point de vue de la détermination des centres moteurs qui sont groupés dans la partie inférieure des circonvolutions cérébrales.

§ 2. — DES MONOPLÉGIES BRACHIO-CRURALES

Les monoplégies brachio-crurales d'origine corticale sont produites par des lésions destructives siégeant sur le tiers supérieur de la zone motrice et s'étendant habituellement jusqu'au lobule paracentral.

Exemples :

Obs. 74. — **Monoplégie brachio-crurale gauche. Ramollissement cortical de l'extrémité supérieure de la région rolandique droite** (fig. 29).

Homme, 66 ans, paralysie des deux membres du côté gauche, avec contracture très marquée. Pas de paralysie faciale, pas de déviation de la langue ; sensibilité conservée. Mort huit jours après le début de la paralysie.

Autopsie. — Ramollissement occupant la partie supérieure des circonvolutions ascendantes et s'étendant en pointe : en avant sur la première frontale, en arrière sur le lobule pariétal supérieur (A. Pitres, *Soc. de biol.*, janvier 1876).

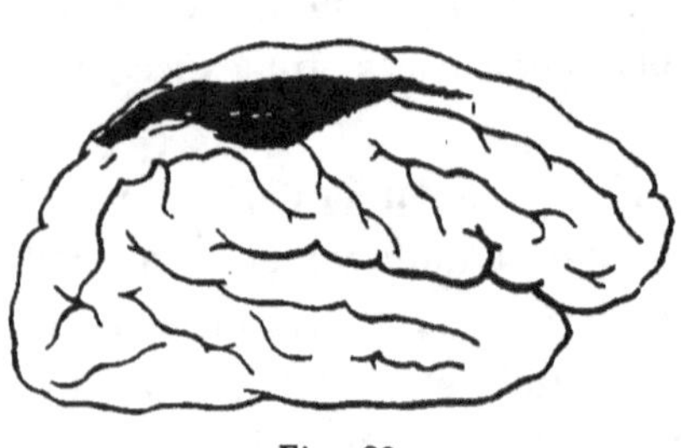

Fig. 29.

Obs. 75. — Monoplégie brachio-crurale gauche avec contracture secondaire.

Femme, 81 ans ; attaque d'apoplexie en septembre 1874. En novembre 1875 on constate la paralysie avec forte contracture secondaire des membres du côté gauche. La face et la langue sont épargnées. Sensibilité normale.

Autopsie. — Plaque jaune siégeant sur le tiers moyen de la circonvolution pariétale ascendante du côté droit. (Charcot et Pitres. *Mémoire.* Obs. 16).

Obs. 76. — Monoplégies associées des membres du côté droit. — Ramollissement cortical de la partie supérieure de la zone motrice gauche.

Homme, 52 ans, frappé de paralysie des membres du côté droit dans la nuit du 29 au 30 octobre. Pas de paralysie faciale ni d'aphasie. Pas d'anesthésie. Mort le 7 novembre.

Autopsie. — Foyer de ramollissement occupant tout le lobule paracentral gauche et la partie supérieure de la frontale ascendante d'où il s'étend : en avant, sous la première frontale, en arrière, sur le bord antérieur de la pariétale ascendante (Dreyfous, *Bull. Soc. anat.* 1877, p. 541).

Obs. 77. Monoplégies associées des membres du côté droit. Ramollissement du lobule paracentral et de la partie supérieure des circonvolutions ascendantes gauches.

Homme, 78 ans ; hémiplégie droite très nette portant sur le bras et la jambe, mais laissant la face dans un état complet d'intégrité. Légère hypoesthésie du côté droit. Durée, quelques jours seulement.

Autopsie : Ramollissement cortical occupant le lobule paracentral et les parties contiguës du lobule carré et de la première circonvolution frontale du côté gauche. Le ramollissement s'étend, sur la face externe de l'hémisphère, à l'extrémité supérieure des circonvolutions frontale et pariétale ascendantes (Grasset, *Études cliniques et anatomo-pathologiques*. Montpellier 1878, p. 8).

OBS. 78. — **Fracture du crâne avec enfoncement. Monoplégie brachio-crurale. Lésion de l'extrémité supérieure de la région rolandique.**

Homme, 18 ans, reçoit le 27 novembre une tuile sur la tête. Fracture du crâne avec enfoncement. Paralysie flaccide des membres du côté droit. Aucune paralysie de la face. Sensibilité intacte. Trépanation. Issue de quelques fragments de substance cérébrale. Après l'opération la paralysie des membres du côté droit persiste. Il y a, de plus, un peu de raideur au coude et au genou. Le 29, convulsions cloniques limitées au bras droit. Coma. Mort le 30.

Autopsie. — Attrition de la substance cérébrale à l'extrémité supérieure des circonvolutions frontale et pariétale ascendantes et du lobule pariétal supérieur du côté gauche. Le lobule paracentral est atteint sur une hauteur de 5 millimètres environ. (Moutard Martin, *Bull. Soc. Anat.* 1876, p. 706).

OBS. 79. — **Monoplégie brachio-crurale droite. Ramollissement de la frontale ascendante gauche.**

Femme, 54 ans, hémiplégie droite, sans paralysie de la face et sans aphasie.

Autopsie. — Petit foyer de ramollissement de 1 pouce environ de diamètre dans la circonvolution frontale ascendant, à l'union de son tiers moyen avec son tiers supérieur. Le ramollissement s'étend en profondeur, à travers la substance blanche, jusqu'au plafond du ventricule latéral (E. C. Seguin, *Trans. of. Amer. Neurol. Soc.*, 1877).

Obs. 80. — Monoplégies associées des membres du côté droit. — Gomme syphilitique de la première circonvolution frontale gauche, empiétant sur le lobule paracentral.

Femme, 34 ans, entrée à l'hôpital le 4 septembre. Depuis quatre jours, paralysie complète et flaccide des membres du côté droit. Aphasie, rotation de la tête vers le côté droit et déviation conjuguée des yeux vers le même côté. Pas de paralysie de la face, de la langue, ni du voile du palais. Sensibilité générale conservée. Sens spéciaux intacts. Mort le 11 septembre.

Autopsie. — Gomme du volume d'une noix, située au niveau de la face externe et de l'extrémité postérieure de la première circonvolution frontale gauche, au voisinage du lobule paracentral. Ulcération et ramollissement superficiel de la substance grise à son niveau (Gilles de la Tourette, *Bull. Soc. anat.*, 7 octobre 1881).

Obs. 81. — Monoplégie brachio-crurale droite. — Lésions de l'extrémité supérieure des circonvolutions rolandiques.

Femme, 58 ans, syphilitique, se plaint, après avoir reçu un coup sur la tête, de céphalée, de vertiges, de vomissements. Contractions spasmodiques des orteils et du pied droit, s'étendant ultérieurement au membre supérieur du même côté. Plus tard, paralysie avec hyperesthésie des membres du côté droit.

Autopsie. — Gomme de la convexité de l'hémisphère gauche, comprimant l'extrémité supérieure des circonvolutions centrales et produisant un ramollissement de la substance grise de cette région (Mills. *Arch. of. méd.*, août 1882).

Obs. 82. — **Paralysie des deux membres du côté gauche, sans paralysie faciale. Méningite tuberculeuse; gomme tuberculeuse du lobule paracentral droit.**

Homme, 19 ans, atteint de phtisie pulmonaire au troisième degré, fait, après avoir eu deux ictos apoplectiformes une paralysie progressive des deux membres du côté gauche avec anesthésie transitoire. Pas de paralysie faciale. Mort un mois après le début des accidents cérébraux.

Autopsie. — Méningite granuleuse diffuse avec un foyer formant une plaque blanchâtre au niveau du lobule paracentral droit. Sous cette plaque se trouve une tumeur du volume d'un œuf de pigeon, pénétrant dans la substance du lobule paracentral et s'étendant, en dehors, dans la partie supérieure des circonvolutions frontale et pariétale ascendantes. Elle paraît formée de granulations tuberculeuses agglomérées. Sur l'hémisphère gauche, à la partie supérieure des circonvolutions ascendantes, on trouve un tubercule, gros comme un pois, qui a refoulé sans la détruire la substance grise sous-jacente (Faisans, *Bull. Soc. anat.*, p. 277).

Obs. 83. — **Monoplégies associées des membres du côté gauche. — Lésion corticale limitée de l'extrémité supérieure des circonvolutions ascendantes droites.**

Homme, 40 ans, se plaint, le 24 octobre 1879, d'engourdissement du membre inférieur gauche et d'un peu d'inhabileté à mouvoir ce membre. Deux jours après, monoplégie crurale complète. Le 28 octobre la main gauche s'engourdit; elle est complètement paralysée le 31. Le 6 novembre, mouvement convulsif des membres du côté gauche. Les jours suivants, on constata une paralysie flaccide de ces membres, sans traces de paralysie faciale ni de déviation de la langue. Les sensations de contact les plus légères y étaient bien perçues et exactement localisées. Mort le 24 novembre.

Autopsie. — Masse caséeuse étalée au-dessus du lobule paracentral et de la partie supérieure des circonvolutions ascendantes du même côté, adhérente à la substánce grise sous-jacente, dont elle ne peut être séparée que par arrachement. La lésion est purement corticale : la substance blanche sous-jacente est injectée mais non ramollie (Ferrier, *Brain*, 1880, p. 128).

Obs. 84. — **Monoplégies associées des membres du côté gauche. — Méningite tuberculeuse localisée à l'extrémité supérieure des circonvolutions rolandiques.**

Homme, 27 ans, atteint de phtisie pulmonaire à la troisième période. Il y a six jours, il fut pris, en traversant une rue, d'un fort étourdissement qui le fit tomber. En revenant à lui il se trouva paralysé de la jambe gauche. Quelques jours plus tard, il ressentit des picotements et de l'engourdissement dans le membre supérieur gauche. Ce membre devint parétique et, deux jours après, il était complètement paralysé. Pas de paralysie faciale.

Autopsie. — Sur l'hémisphère droit, à l'extrémité supérieure du sillon de Rolando, existe une plaque de méningite fibrino-purulente de 2 à 3 millimètres d'épaisseur, adhérente à la substance cérébrale sous-jacente et appliquée sur la partie supérieure des circonvolutions frontale et pariétale ascendantes. Cette plaque se continue sur la face interne de l'hémisphère où elle recouvre le lobule paracentral. Pas de méningite diffuse sur le reste de l'encéphale (Barié et du Castel, *Bull. Soc. Anat.*, 1881, p. 463).

Obs. 85. — **Monoplégie crurale gauche, puis paralysie des deux membres du côté gauche. — Lésion de l'extrémité supéro-interne de la région rolandique.**

Homme, 45 ans, alcoolisé chronique, prétend que le 9 février son pied a tourné et qu'il a pris une entorse. A l'examen, le 13, on ne trouve aucun signe d'entorse, mais une paralysie du membre inférieur gauche. Le membre inférieur droit et les deux membres supérieurs sont normaux. Sensibilité conservée. Le 15 le membre inférieur

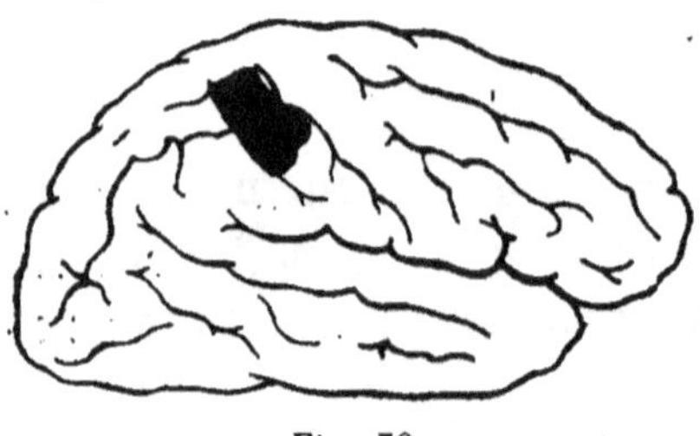

Fig. 30.

gauche est complètement flasque; le bras correspondant est encore indemne. Le 16, la paralysie s'est étendue au membre supérieur gauche. La face est épargnée, le malade peut siffler et fermer également les deux yeux. Mort le 17.

Autopsie. — A l'extrémité supéro-interne des circonvolutions ascendantes de l'hémisphère droit, la pie-mère est doublée d'une fausse membrane jaunâtre, adhérente à la surface cérébrale dont l'altération est superficielle. Granulations tuberculeuses disséminées çà et là, sur la pie-mère (Gouguenheim et Ménard, *Soc. méd. des hôp.*, 22 février 1878).

Obs. 86. — **Monoplégie brachio-crurale gauche**. — **Lésions tuberculeuses du sommet des circonvolutions ascendantes droites et du lobule paracentral** (fig. 31 à 32).

Femme, 35 ans, tuberculeuse, éprouve un engourdissement de la jambe gauche, qui, sans entraver complètement la marche, rend nécessaire l'usage d'une canne. Quinze jours après, attaque épileptiforme à type hémiplégique gauche. La semaine suivante deux autres accès, suivis de parésie du bras gauche. Quelques jours après, on constate une paralysie complète du

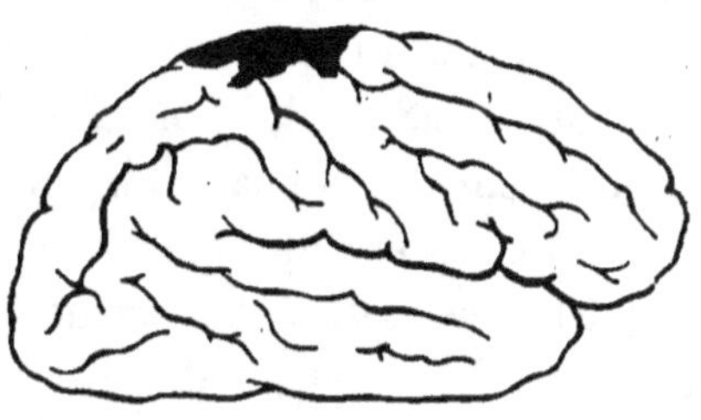

Fig. 31.

membre supérieur gauche et une paralysie incomplète du membre inférieur du même côté. Sensibilité intacte dans tous ses modes.

Autopsie. — Méningite tuberculeuse, adhérence des méninges et ramollissement de la substance

Fig. 32.

corticale au sommet des circonvolutions frontale et pariétale ascendantes et au niveau du lobule paracentral. Les lésions sont parfaitement circonscrites à ces points (Ballet, *Arch. de Neurol*, 1883. Obs. 1).

Obs. 87. — Monoplégie brachio-crurale gauche. — Ramollissement du lobule paracentral et de l'extrémité supérieure des circonvolutions ascendantes du côté droit.

Femme très âgée, ressent, le 2 avril, une sorte d'engourdissement suivi de parésie dans le membre inférieur gauche. Le 4, ce membre est tout à fait impotent, incapable d'exécuter aucun mouvement volontaire. Le membre supérieur gauche, au contraire, et la face sont complètement indemnes. Le 8 avril, la motilité du bras gauche est altérée; les mouvements de la main et de l'avant-bras sont conservés, mais ceux du bras sont nuls; la malade ne peut pas porter sa main à la bouche. Pas de déviation des traits du visage. Le 9, la paralysie des membres du côté gauche est complète. Rien de nouveau à la face. Mort le 14.

Autopsie. — Le lobule paracentral du côté droit a conservé sa forme, mais sa substance offre un aspect spongieux un peu rougeâtre et elle a une consistance comme gélatineuse. Cette altération dépasse un peu en arrière le sillon de séparation d'avec le lobule carré et, sur la convexité, les deux circonvolutions ascendantes sont également altérées dans une étendue de 2 centimètres environ à partir de la scissure inter-hémisphérique (Ballet, *Arch. de Neurol.*, 1883. Obs. 2).

Obs. 88. — Monoplégies associées des membres du côté gauche. — Plaque de méningite tuberculeuse à l'union du tiers moyen avec le tiers supérieur du sillon de Rolando du côté droit.

Homme, 26 ans, alcoolique et tuberculeux; ressent le 5 avril un peu de faiblesse dans le membre supérieur gauche, surtout dans la main et l'avant-bras. Pas de troubles de la sensibilité. Un peu de diminution de la force dans la jambe gauche. Les jours suivants la paralysie devient complète au membre supérieur et s'accentue au membre inférieur. Rien à la face. La sensibilité est plutôt exagérée qu'affaiblie dans les membres du côté gauche. Mort le 10 avril.

Autopsie. — A l'union du tiers supérieur avec le tiers moyen du sillon de Rolando du côté droit, existe une plaque jaunâtre ayant à peu près un centimètre carré, adhérente à l'écorce sous-jacente des circonvolutions frontale et pariétale ascendantes. Quelques granulations isolées se trouvent disséminées çà et là autour des vaisseaux, sous les régions immédiatement contiguës à la plaque de méningite, particulièrement au niveau du lobule paracentral. (Chantemesse, *Bull. Soc. anat.*, avril 1884, p. 338.)

OBS. 89. — Monoplégie brachio-crurale droite. — Lésion de l'extrémité supérieure de la zone motrice du côté gauche.

Monoplégie brachiale droite, d'abord pure, puis accompagnée ultérieurement d'une parésie légère du membre inférieur.

Autopsie. — Foyer de ramollissement limité à l'écorce grise de la partie supérieure de la frontale ascendante gauche et des pieds des première et deuxième frontales. (Julius Mickle, *the Journal of nervous and mental science*, avril 1885.)

Obs. 90. — Monoplégie brachio-crurale gauche. — Ramollissement de l'extrémité supérieure des circonvolutions ascendantes.

Homme, 58 ans, frappé en 1872 d'une attaque d'apoplexie suivie d'hémiplégie gauche sans paralysie faciale. Contracture tardive, mort en 1877.

Autopsie. — Plaque jaune intéressant l'extrémité supérieure des deux circonvolutions ascendantes, le pied du lobule pariétal inférieur et la partie moyenne des première et deuxième circonvolutions sphénoïdales. (De Boyer, *Bull. Soc. anat.*, 1877, p. 550.)

Obs. 91. — Paralysie, avec anesthésie, des deux membres du côté droit, sans paralysie faciale.

Ramollissement occupant, sur la face externe de l'hémisphère gauche, la partie supérieure des circonvolutions frontale et pariétale ascendantes dans une étendue de 2 centimètres 1/2 et, sur la face interne, tout le lobule paracentral. (Dumontpallier, *Journal des conn. méd.*, *Gaz. des hôp.*, 1878, p. 132.)

Obs. 92. — Paralysie des membres du côté droit, prédominant dans le membre supérieur.

Tumeur cancéreuse, de la grosseur d'une noix, siégeant à l'extrémité supérieure des circonvolutions frontale et pariétale ascendantes. (Mathieu, *Bull. Soc. anat.*, 1881, p. 57.)

Obs. 93. — Paralysie du membre inférieur gauche, faiblesse du membre supérieur du même côté.

Agglomération de tubercules formant une carapace de 2 à 3 centimètres, enveloppant le lobule paracentral droit et l'extrémité supérieure des circonvolutions frontale et pariétale ascendantes. (Chantemesse, *Th. Doct.*, 1884, p. 134.)

Obs. 94. — Monoplégie brachio-crurale droite. — Ramollissement ancien du lobule paracentral. — Dégénération secondaire (fig. 33, 34 et 35).

Fillette, 10 ans, sujette à des accès convulsifs épilepti-

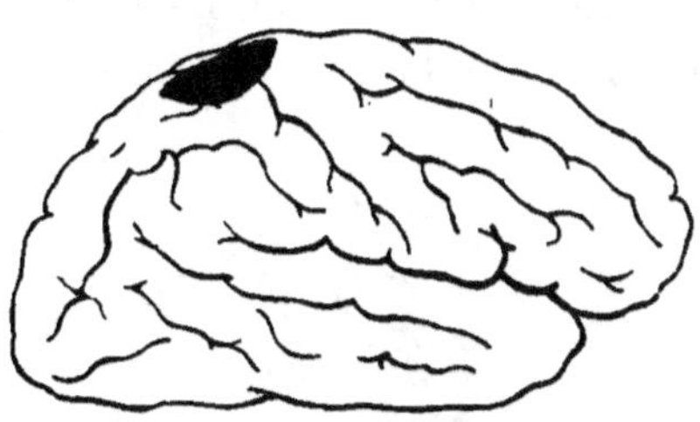

Fig. 33.

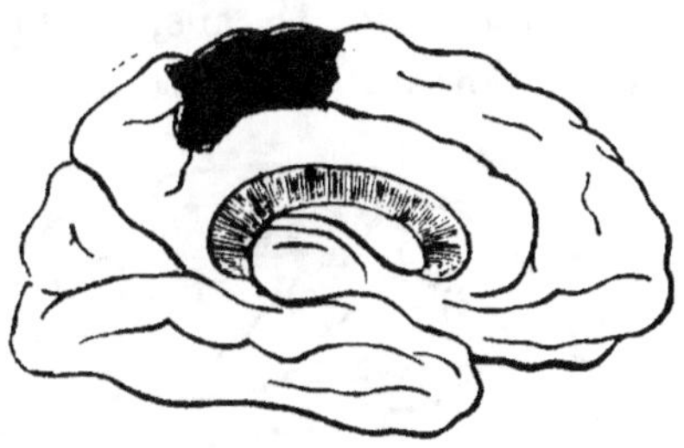

Fig. 34.

formes depuis son jeune âge. En 1872, les membres du côté droit deviennent parétiques et rigides. Mort en état de mal épileptique en avril 1876.

Autopsie. — En outre de quelques taches hortensia récentes, disséminées sur la surface des circonvolutions, on trouve un ramollissement avec atrophie de tout

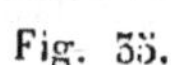

Fig. 35.

le lobule paracentral et du tiers antérieur du lobule quadrilatère. Les circonvolutions frontale et pariétale ascendantes ne sont touchées qu'à leur extrémité supérieure dans une étendue de 1 centimètre. Dégénération secondaire du faisceau pyramidal. Sur des coupes microscopiques de la moelle, on constate une bande de sclérose occupant la partie postérieure du cordon latéral droit et ne différant, par aucun de ses caractères histologiques ou topographiques, des scléroses systématiques déterminées par des lésions de la région capsulaire. (Bourneville *in* Charcot et Pitres, 1er *mémoire*, Obs. 18.)

OBS. 95. — **Monoplégie brachio-crurale gauche. — Atrophie de l'extrémité supérieure de la région rolandique. — Dégénération secondaire** (fig. 36 et 37).

Jeune fille, 18 ans, frappée d'hémiplégie infantile du côté gauche à l'âge de six ans, pendant la convalescence

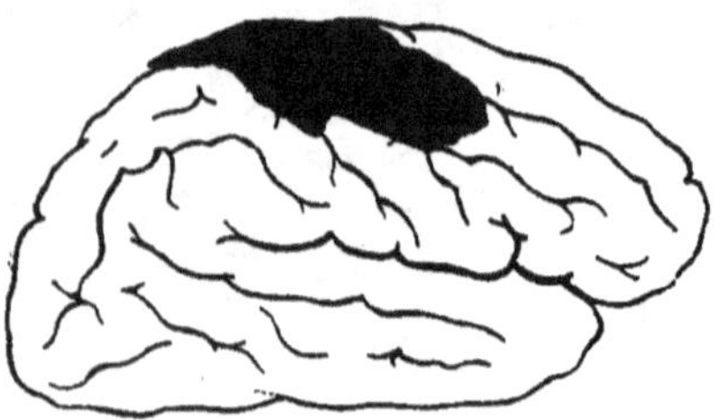

Fig. 36.

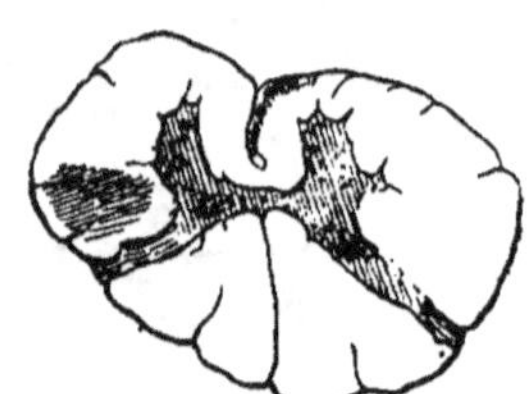

Fig. 37.

d'une rougeole. Pas de paralysie appréciable de la face ni de la langue. Mort en état de mal épileptique.

Autopsie. — Plaque d'atrophie corticale siégeant en avant du sillon de Rolando droit, et occupant la moitié supérieure de la circonvolution frontale ascendante, les pieds des deux premières frontales et le lobule paracentral. Dégénération secondaire du faisceau pyramidal. (Bourneville, *Soc. de biol.*, janvier 1876.)

Obs. 96. — **Monoplégie brachio-crurale droite, ancienne. — Lésion de l'extrémité supérieure de la pariétale ascendante gauche. — Dégénération secondaire du faisceau pyramidal.**

Homme, 40 ans, ayant reçu à l'âge de sept ans un coup de croc sur la région pariétale moyenne droite. Depuis cette époque, paralysie incomplète des deux membres du côté gauche, avec contracture secondaire permanente. Pas de paralysie de la face.

Autopsie. — Sur l'hémisphère droit, à 2 centimètres et 1/2 de la scissure inter-hémisphérique, on aperçoit une cupule correspondant au traumatisme ancien et siégeant exactement à l'union des deux tiers inférieurs avec le tiers supérieur de la circonvolution pariétale ascendante. — Dégénération secondaire du faisceau pyramidal (Langlet, *Union méd. et scient. du Nord-Est*, 31 mars 1877).

Obs. 97. — **Monoplégie brachio-crurale droite. — Épilepsie. — Lésion corticale du lobule paracentral et du lobule pariétal supérieur gauche. — Dégénération secondaire du faisceau pyramidal.**

Homme, 27 ans, mort brusquement sur la voie publique à la suite d'un accès d'épilepsie. A l'âge de deux ans, cet homme avait été paralysé, d'abord de la jambe droite, puis du bras du même côté. Plus tard, la paralysie de la jambe avait diminué au point que le malade pouvait marcher avec un bâton. Mais la paralysie du bras avait persisté en s'accompagnant de contracture secondaire permanente. Motilité du visage intacte. Arrêt de développement des deux membres du côté droit qui étaien trestés moins volumineux que ceux du côté gauche. Attaques convulsives épileptiformes à partir de l'âge de la puberté.

Autopsie. — L'hémisphère gauche est plus petit que le droit. Foyer ancien, ocreux, du volume d'une cerise, à parois remplies de granulations calcaires et de cristaux de cholestérine et d'hématoïdine, avec destruction du lobule pariétal supérieur et atrophie de la portion postérieure de la circonvolution pariétale ascendante et du lobule paracentral. Le foyer s'étend assez profondément dans la substance blanche sans atteindre cependant les ganglions centraux ni la capsule interne. Le noyau caudé et la capsule interne du côté gauche sont pourtant plus petits que les parties similiaires du côté droit.

Dégénération secondaire du pédoncule gauche et de la moitié gauche de la protubérance. Dans la moelle, il existe une dégénération du faisceau pyramidal, avec destruction des fibres nerveuses et épaississement conjonctif au niveau du cordon latéral du côté droit et du cordon antérieur gauche sans altération appréciable des cornes de substance grise. (Neelsen, *Deutsch. Arch. für klin. Med.*, 1879, Bd. 23 ; p. 483.)

L'étude des lésions qui donnent lieu aux monoplégies associées démontre que les appareils moteurs contenus dans la substance grise des circonvolutions ne sont pas indifféremment distribués dans toute l'aire de la zone motrice. S'il en était ainsi, en effet, les destructions partielles de l'écorce se traduiraient par des hémiplégies, plus ou moins graves, selon que les altérations causales seraient plus ou moins étendues, mais toujours par des hémiplégies. Au lieu de cela, nous voyons que les lésions de la partie supérieure de la région rolandique provoquent des paralysies des deux membres du côté opposé, sans paralysie de la face, tandis que celles de la partie inférieure des circonvolutions ascendantes déterminent des paralysies de la face et du membre supérieur du côté opposé sans paralysie des membres inférieurs. D'où il résulte clairement que les appareils moteurs de la face sont situés vers les parties inférieures de la zone motrice, ceux du membre inférieur vers la partie supérieure et ceux du membre supérieur entre les deux autres. L'étude des monoplégies pures va confirmer ces conclusions.

CHAPITRE V

L'histoire des monoplégies d'origine corticale est
certainement un des points les plus intéressants de
l'étude des localisations motrices dans l'écorce du cerveau. Les faits sur lesquels elle repose ont la valeur de
véritables expériences pratiquées sur l'homme. De petits
foyers de ramollissement, très limités, détruisent tout
aussi sûrement les fonctions des parties ramollies que
pourrait le faire le scalpel d'un expérimentateur. En
comparant entre elles un nombre suffisant d'observations de ce genre, on doit arriver à déterminer sur le
cerveau humain la topographie des centres moteurs
corticaux avec autant de précision que cela a été fait
sur les animaux par les vivisections. Il va de soi que
cette topographie ne saurait jamais être qu'approxima-
tive. Il est et il sera vraisemblablement toujours impossible d'apporter une certitude géométrique à la solution des problèmes qui nous occupent. Les sciences
biologiques ne comportent pas de précision absolue.
Tout est, dans une certaine mesure, mobile et personnel
chez les êtres vivants. Le cerveau est construit, dans

chaque espèce, sur un type général uniforme, mais le détail de ses dispositions varie quelque peu. Les circonvolutions ne sont pas identiquement pareilles chez tous les individus d'une même espèce. Elles ne sont pas exactement symétriques sur les deux hémisphères d'un même sujet. Il est certain qu'à ces différences morphologiques correspondent des différences dans l'étendue et la distribution des territoires corticaux pourvus de fonctions distinctes, et que par conséquent on ne saurait fixer les limites absolues de tel ou tel de ces territoires. Hâtons-nous d'ajouter cependant que les variations individuelles ne sont pas tellement étendues qu'on ne puisse établir des lois et déterminer avec une précision relative la topographie habituelle de ces centres moteurs corticaux.

Sous ce nom de *centres moteurs corticaux*, nous entendons désigner simplement les parties des circonvolutions cérébrales, dont la destruction provoque nécessairement des paralysies motrices dans tel ou tel groupe musculaire du côté opposé du corps. Nous ne recherchons rien autre chose que les lois de coexistence de certaines lésions avec certains symptômes. Les interprétations théoriques nous préoccupent fort peu quant à présent, et nous ne voulons pas entrer dans les discussions très complexes qu'elles pourraient soulever. Il nous suffit de savoir que telles parties des circonvolutions ne peuvent être détruites chez l'homme sans qu'il en résulte certains troubles de la motilité volontaire, pour que nous donnions à ces parties le nom de *centres moteurs corticaux*, bien que nous ne soyons pas encore fixés d'une façon positive sur la nature des rapports qui unissent, dans l'espèce, l'organe à la fonction.

Ceci dit, revenons à l'étude des monoplégies corticales, c'est-à-dire des paralysies isolées de la face ou d'un membre, dépendant de lésions très circonscrites des circonvolutions cérébrales. Il en existe trois variétés qui méritent d'être étudiées à part : les monoplégies brachiales, les monoplégies crurales et les monoplégies faciales.

§ 1. — MONOPLÉGIES BRACHIALES.

Les monoplégies brachiales pures débutent tantôt brusquement, tantôt d'une façon lente et progressive. Quand elles débutent brusquement, elles succèdent à un ictus apoplectique ou s'établissent sans que le malade perde connaissance. Elles peuvent être précédées ou accompagnées de secousses convulsives ou d'accès épileptiformes. Parfois elles coexistent avec de la contracture primitive, mais le plus souvent elles sont flaccides.

Dans un certain nombre de cas, elles affectent à peu près également tous les muscles du membre paralysé, de telle sorte que le bras, l'avant-bras, le poignet, la main et les doigts sont uniformément inertes ou impotents. D'autres fois, elles sont *partielles*, en ce sens que certains segments ou certains groupes musculaires du membre atteint sont épargnés alors que d'autres sont plus ou moins paralysés. M. Lépine a, le premier croyons-nous, appelé l'attention des observateurs sur ces monoplégies partielles dont les résultats des expériences physiologiques devaient faire supposer l'existence. On sait, en effet, que chez les animaux, les singes notamment, on peut provoquer, par l'électrisation des différents points de la zone motrice, des mouvements isolés des doigts, du poignet, du coude ou de l'épaule. Pareille dissociation a été observée, chez l'homme, dans les cas, d'ailleurs assez rares, où l'on a eu l'occasion d'exciter les circonvolutions de la région rolandique, après les avoir mises à découvert par la trépanation. C'est ainsi que Keen a obtenu des mouvements du *poignet* et des *doigts* du côté gauche, par l'excitation de la portion antérieure de la circonvolution frontale ascendante droite, immédiatement en arrière de la scissure pré-centrale. Au dessus de ce point, l'application du courant produisait un mouvement du *coude* et de *l'épaule*; au-dessous, un mouvement en bloc de tout le côté gauche de la face[1]. Nancrède a provoqué des mouvements du pouce par l'excitation directe d'une région, correspondant au second quart inférieur de la circonvolution pariétale ascendante[2]. Lloyd et Deaver constatèrent des mouve-

1. *Amer. Journ. of med. science*, 1888.
2. *Medical News*, nov. 1888.

ments du pouce, des doigts, du poignet et du coude, à la suite de l'électrisation d'un point limité situé sur la pariétale ascendante à l'union de son tiers inférieur avec son tiers moyen, juste en arrière du sillon de Rolando[1].

Ces expériences tendent à démontrer que, chez l'homme comme chez le singe, le centre moteur cortical des membres supérieurs est formé par la juxtaposition de plusieurs centres secondaires à attributions distinctes. Mais les observations pathologiques ne permettent pas encore de connaître le nombre et de fixer la topographie de ces centres secondaires. Elles prouvent seulement que les lésions corticales susceptibles de donner lieu à des monoplégies complètes ou incomplètes des membres supérieurs siègent dans l'aire des deux quarts moyens des circonvolutions ascendantes.

Nous résumons ci-dessous les principales observations de monoplégies brachiales totales ou partielles qui ont été publiées qu'à ce jour.

Obs. 98. — **Monoplégie brachiale gauche. Ramollissement très circonscrit des lèvres du sillon de Rolando du côté droit** (fig. 38).

Homme, 50 ans, atteint de phtisie pulmonaire à évolution rapide, est pris subitement, le 15 juillet, sans perte de connaissance, d'une faiblesse du membre supérieur gauche. Le lendemain, la faiblesse est plus marquée. Le 21, on constate

1. *Amer. Journ. of med. science*, 1888.

que la paralysie est absolue dans les extenseurs de la main
et du poignet, moins accentuée dans les fléchisseurs et dans
les muscles du bras. La sensibilité est intacte; il n'y a pas
même de sensation sub-
jective d'engourdissement.
Pas de paralysie faciale ni
de paralysie du membre
inférieur gauche. Parole
facile. Intelligence con-
servée. Mort le 22.

Autopsie. — Petit foyer
de ramollissement rouge

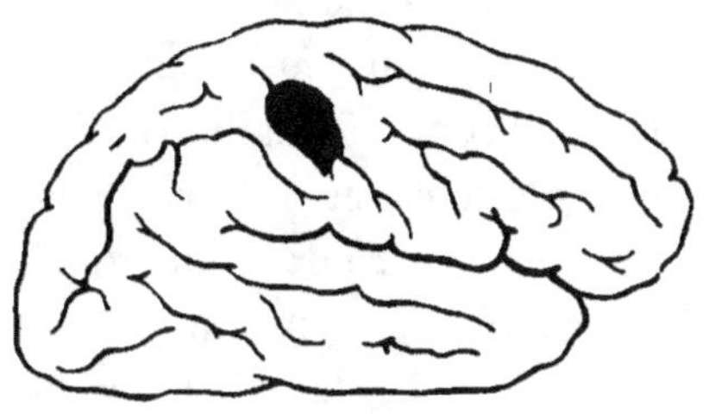

Fig. 58.

(apoplexie capillaire) de la largeur d'une pièce de 20 centimes, développé autour d'un tubercule gros comme un
grain de millet. Ce ramollissement siège entre les lèvres du
sillon de Rolando, à 5 centimètres et demi de son extrémité
supérieure, à la hauteur d'une ligne horizontale passant
par le pied de la deuxième frontale. Il s'étale surtout sur la
face antérieure de la pariétale ascendante. Les masses
centrales, le bulbe et la partie supérieure de la moelle
sont parfaitement sains. (M. Raynaud, *Bull. Soc. Anat.*,
25 juillet 1876.)

**Obs. 99. — Monoplégie brachiale droite. Plaque de
méningite gommeuse à l'extrémité supérieure
de la frontale ascendante gauche.**

Homme, 52 ans (syphilis ancienne), est pris, en 1874, de
violents maux de tête qui précédèrent de plusieurs mois un
engourdissement progressif avec parésie et amaigrissement
du membre supérieur droit. Pas de convulsions; pas de contracture. Pas de paralysie de la face ni des membres inférieurs. La parésie du membre supérieur droit a persisté jus-

qu'à la mort, qui est survenue à la suite de tuberculose miliaire aiguë.

Autopsie. — Sur la face convexe de l'hémisphère gauche, au niveau du tiers supérieur de la frontale ascendante, existe une plaque gommeuse de méningite, épaisse de 5 millimètres environ, du diamètre d'une pièce de 50 centimes, à surface rugueuse et d'aspect grisâtre, tellement adhérente à la substance cérébrale qu'en cherchant à la détacher, on entraîne toute la substance grise sous-jacente et un millimètre environ de la substance blanche. (Leloir, *Bull. Soc. Anat.*, janvier 1879.)

Obs. 100. — **Contracture du bras gauche par contusion cérébrale au niveau de la circonvolution frontale ascendante droite.**

Femme, 77 ans, fait une chute dans un escalier. Perte de connaissance; résolution musculaire de tous les membres, sauf du membre supérieur gauche qui est fortement contracturé, à tel point qu'on ne peut étendre l'avant-bras sur le bras. La bouche est déviée du côté gauche. La malade survit cinq jours, pendant lesquels la connaissance revient, la déviation de la bouche se dissipe, mais la contracture du membre supérieur gauche persiste jusqu'à la mort.

Autopsie. — Épanchement sanguin en nappe autour de l'hémisphère droit. Foyer de contusion cérébrale, du volume d'une noix, rougeâtre, limité à la partie supérieure et antérieure de la circonvolution frontale ascendante et s'étendant sur le pied de la première frontale. (Barbe, *Bull. Soc. Anat.*, 17 juin 1881.)

Obs. 101. — **Monoplégie brachiale gauche. Foyer de ramollissement occupant le tiers moyen de la frontale ascendante droite** (fig. 39).

Femme, 66 ans, se plaint, le 15 novembre 1884, d'une paralysie flaccide (motrice et sensitive) du membre supérieur gauche, accompagnée d'une légère parésie de la moitié gauche de la face inférieure et du membre inférieur gauche. Les jours suivants, la paralysie se limite au seul membre supérieur gauche. Le 4 décembre, il n'y a

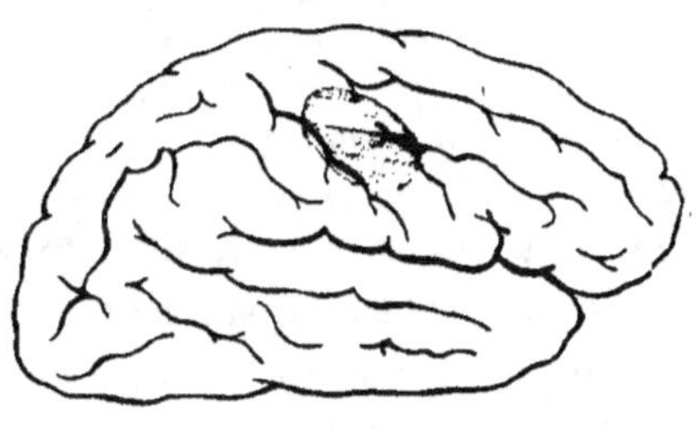

Fig. 39.

plus aucun trouble de la motilité ni de la sensibilité à la face ni aux membres inférieurs, mais la paralysie du membre supérieur gauche persiste. La sensibilité à la douleur et à la température y est très diminuée. Mort le 12 janvier 1885.

Autopsie. — Foyer de ramollissement cortical occupant le tiers moyen de la frontale ascendante et le pied de la deuxième frontale. (Luciani et Seppili, *Le Localizzazioni funzionali del cervello,* 1885, p. 315.)

Obs. 102. — **Monoplégie brachiale gauche. Abcès de la circonvolution frontale ascendante droite** (fig. 40).

Femme, 25 ans, éprouve, le 29 janvier, une difficulté à mouvoir les trois derniers doigts de la main gauche (médius, annulaire et petit doigt). Quatre jours plus tard, l'impotence s'étend au reste de la main et de l'avant-bras. Pas de paralysie de la face ni des membres inférieurs. Pas de troubles de la sensibilité. La main gauche est violacée et plus froide que la droite. La paralysie reste jusqu'à la fin plus marquée à la main et à l'avant-bras qu'au bras. Vomissements, céphalée, coma. Mort le 15 février.

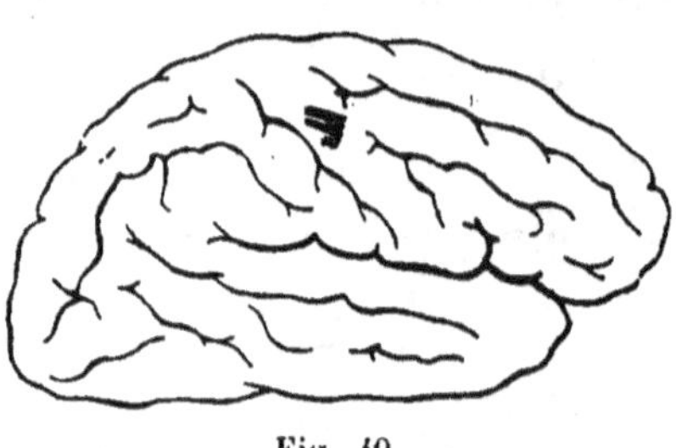

Fig. 40.

Autopsie. — Abcès du volume d'un œuf de pigeon, siégeant sur la frontale ascendante à deux pouces de la scissure interhémisphérique, entouré d'une membrane pyogénique et renfermant une demi-once de pus. La substance blanche sous-jacente est ramollie jusqu'au voisinage de la capsule interne qui n'est pas atteinte. (Walter Pye, *Brain*, vol. VIII, 1886, p. 251).

Obs. 103. — **Monoplégie brachiale droite incomplète. Ramollissement superficiel de l'extrémité inférieure des circonvolutions ascendantes gauches.**

Homme, 43 ans, frappé, en 1878, sans attaque d'apoplexie, d'une paralysie subite de l'avant-bras droit et de la langue. La langue ne resta paralysée que quatre jours. Le membre supérieur droit reprit assez rapidement ses fonctions; le pouce et l'index seuls restèrent parésiés jusqu'à la mort. Intégrité des mouvements dans les trois autres membres. Légère déviation de la pointe de la langue. Analgésie très profonde de la peau recouvrant l'index et le pouce.

Autopsie. — Sur l'hémisphère droit, on trouve un ramollissement latent du lobe occipital. A gauche, ramollissement jaune de 2 centimètres de largeur, partant de l'extrémité inférieure du sillon de Rolando et s'étendant jusqu'à la hauteur du pied de la deuxième frontale. Étalé sur les deux circonvolutions marginales, il empiète davantage sur la frontale ascendante que sur la pariétale ascendante. Son épaisseur est d'environ un millimètre. (Gros, *Lyon médical*, 1880, et Lépine, *Rev. mensuelle de Méd. et de Chir.*, 1880, p. 769.)

Obs. 104. — Paralysie isolée des extenseurs des doigts et du poignet gauches. Abcès du tiers moyen de la pariétale ascendante.

Homme, 26 ans; après un coup sur le côté droit de la tête, a une paralysie des extenseurs du poignet gauche et des doigts de la main gauche. Céphalée intense. Affaiblissement intellectuel. Le traitement spécifique n'ayant produit aucune amélioration, on soupçonne l'existence d'un abcès et on pratique la trépanation. L'ouverture du crâne est faite en face du tiers moyen de la pariétale ascendante. Elle permet d'évacuer deux onces de pus, mais les accidents ne s'apaisent pas et le malade meurt.

Autopsie. — Méningite exactement limitée au point atteint par le traumatisme. Au-dessous de ce point, on trouve la cavité de l'abcès ouvert par la trépanation. Elle était située sous le tiers moyen de la circonvolution centrale postérieure et s'étendait en arrière dans les lobules pariétaux. La substance grise et la substance blanche sous-jacente étaient altérées. (L. A. Stimson, *Arch. of Med.*, April 1881.)

Obs. 105. — Paralysie partielle du membre supérieur gauche. Dépression au niveau du tiers moyen de la pariétale ascendante droite (fig. 41).

Femme, 28 ans, n'ayant présenté jusqu'à ce jour aucun

symptôme nerveux, est atteinte brusquement, dans la nuit
du 28 au 29 janvier, d'une paralysie incomplète du membre
supérieur droit. Les mouvements des quatre derniers doigts sont abolis, ceux du pouce conservés. Les mouvements d'élévation du bras, de flexion et d'extension de l'avant-bras sur le bras sont également conservés, mais ils

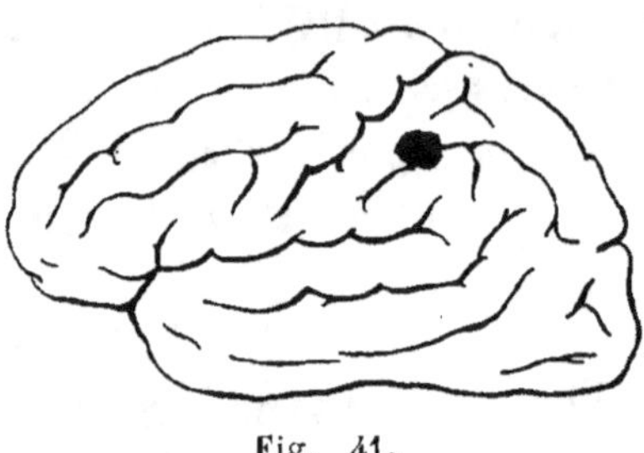

Fig. 41.

s'exécutent sans énergie. Les mouvements de flexion et d'extension de la main sont tout à fait abolis. Sensibilité intacte.
Pas de paralysie de la face ni des autres membres. Mort le
lendemain.

Autopsie. — Méninges injectées. Amas de quatre granulations tuberculeuses, formant une masse du volume d'une
très grosse lentille, située dans le sillon qui sépare la circonvolution pariétale ascendante gauche du lobule pariétal, sur
une ligne horizontale qui passerait par le pied de la deuxième
frontale. Cette masse n'adhère pas à la substance grise sous-
jacente. Celle-ci se trouve déprimée mais non détruite.
(Lépine, *Rev. de Méd.*, 1883, p. 569.)

§ 2. — DES MONOPLÉGIES CRURALES.

Les observations des monoplégies crurales pures sont
assez rares, mais elles sont si concordantes qu'on peut
fixer d'ores et déjà, avec beaucoup de chances de certitude, la topographie des centres moteurs corticaux des
membres inférieurs sur le cerveau humain. Ainsi que
nous l'avons indiqué depuis longtemps, les lésions

corticales susceptibles de donner lieu à des paralysies isolées du membre inférieur siègent toujours dans le lobule paracentral ou dans l'extrémité supéro-interne des circonvolutions rolandiques du côté opposé.

Toutes les observations publiées jusqu'à ce jour confirment cette proposition. Voici les résumés des plus précises :

Obs. 106. — Monoplégie crurale droite. — Lésion de l'extrémité supéro-interne de la zone motrice gauche.

Homme, 51 ans, ayant eu une paralysie complète et incurable de la jambe droite, accompagnée, au début, d'une paralysie partielle et rapidement guérie du bras droit.

Face épargnée. Sensibilité normale.

Pas de contracture ni de convulsions.

Autopsie. — Foyer de ramollissement cortical occupant le haut de la pariétale ascendante et une partie du lobule pariétal supérieur. Il est ocreux, assez profond pour qu'on y puisse loger le bout du doigt. Il s'étend dans la profondeur sous la frontale ascendante. Il occupe aussi un peu du lobule paracentral près de la scissure inter-hémisphérique. (Dérignac, in *Thèse de Boyer*, 1879, p. 123.)

Obs. 107. — Monoplégie du membre inférieur droit.

Plaque de méningite tuberculeuse adhérente au niveau du lobule paracentral gauche. (Jean, *Bull. Soc. anat.*, 1882.)

Obs. 108. — **Monoplégie crurale droite. — Lésion du lobule quadrilatère et du lobule paracentral gauches.**

Femme, 68 ans, frappée subitement d'hémiplégie droite totale et d'aphasie le 11 janvier. Le 14, l'aphasie a disparu et le membre supérieur droit reprend peu à peu ses mouvements, le membre inférieur restant complètement paralysé. Eschare fessière. Le 24, les mouvements sont tout à fait revenus dans le membre supérieur et ils restent abolis dans le membre inférieur jusqu'au dernier jour. Mort le 10 février.

Autopsie. — Plaque de ramollissement cortical, occupant le lobule carré et la moitié postérieure du lobule paracentral, s'enfonçant dans la substance blanche à une profondeur de 1 centimètre environ. (Picot, *in* : Charcot et Pitres, 3° *Mémoire*, Obs. 89, p. 52.)

Obs. 109. — **Monoplégie crurale gauche. — Gliome de l'extrémité supérieure de la pariétale ascendante et du lobule paracentral du côté droit (fig. 42).**

Homme, 46 ans, est pris tout à coup, sans avoir jamais présenté auparavant d'accidents nerveux, et se trouvant en parfaite santé, de fourmillements, de crampes, puis de secousses convulsives dans la jambe gauche. Ces secousses se propagent au membre supérieur et le malade perd connaissance. Les jours suivants, des accès analogues se repro-

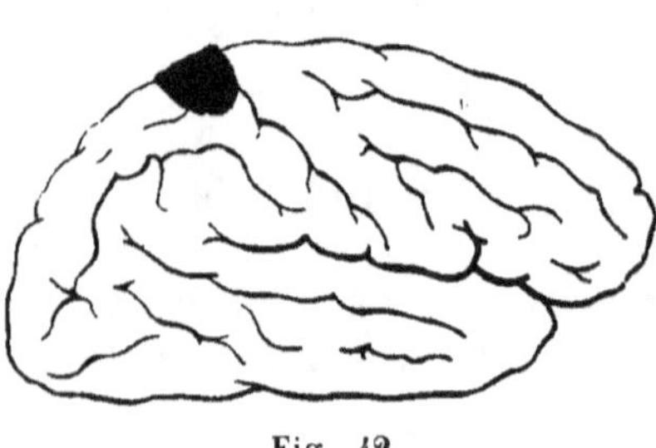

Fig. 42.

duisent. La jambe devient progressivement plus faible et finalement tout à fait paralysée. Après les derniers accès, le membre supérieur gauche est, lui aussi, un peu affaibli. Sensibilité intacte. Mort quatre mois après le début.

Autopsie. — Gliome du volume d'une noisette, ayant détruit le tissu nerveux au niveau de la partie supérieure de la pariétale ascendante droite et envahissant la moitié supérieure du lobule paracentral. Pas de sclérose secondaire appréciable. (Hallopeau et Giraudeau, *l'Encéphale*, 1885.)

Obs. 110. — **Monoplégie crurale droite.** — **Plaque de méningite tuberculeuse sur le lobule paracentral gauche.**

Homme, 48 ans, tuberculeux. Le 22 mai, pendant qu'il marchait, sa jambe droite fléchit brusquement sous lui et il tombe sur le trottoir. Les jours suivants, la paralysie persiste, complète dans le membre inférieur gauche. La sensibilité dans ses divers modes (toucher, douleur, température) est normale et ne diffère en rien de celle du côté opposé. Réflexe rotulien exagéré à droite. La force est un peu moins grande dans le membre supérieur gauche que dans le droit. Rien à la face. Le 27 mai, apparaissent des attaques épileptiformes débutant par le bras droit et se généralisant. Mort le 9 juin.

Autopsie. — Sur la face interne du lobule paracentral gauche, on voit, au milieu d'un exsudat blanc jaunâtre, un amas de granulations tuberculeuses. L'exsudat recouvre tout le lobule paracentral et enveloppe l'extrémité supérieure de la frontale et de la pariétale ascendantes. Au delà existe un semis de granulations miliaires, isolées, s'étendant : vers le lobule carré en arrière, vers la face interne de la première circonvolution frontale en avant, vers le lobule pariétal, le pied

de la première frontale et le tiers supérieur des circonvolutions
rolantiques en dehors. (Bouygues, *Bull. Soc. anat.*, juin 1884,
p. 423.)

Obs. 111. — **Monoplégie du membre inférieur droit**.

Rien d'anormal dans le membre inférieur gauche ni dans
les membres supérieurs. Pas de paralysie faciale. — Plaque
dure, d'un blanc nacré, infiltrée de granulations tuberculeuses, coiffant le lobule paracentral gauche et l'extrémité
supérieure de la frontale et de la pariétale ascendantes dans
l'étendue de 1 centimètre. (Sapelier, *in* Chantemesse, *Th. Doct.*,
Paris, 1884.)

Obs. 112. — **Monoplégie du membre inférieur droit**.

Plaque de méningite fortement adhérente, siégeant sur le
lobule paracentral gauche et sur le tiers supérieur de la
frontale et de la pariétale ascendantes. Sur cette dernière
circonvolution elle s'étend même jusqu'au tiers moyen. (Bal-
lue, *Bull. Soc. anat.*, 1885, p. 507.)

Obs. 113. — **Monoplégie du membre inférieur droit. — Ramollissement du lobule paracentrál gauche** (fig. 43).

Homme, 68 ans, apoplexie le 9 octobre 1881. Paralysie
isolée du membre inférieur droit. L'inertie du membre n'est
pas absolue car le malade peut encore remuer un peu la
jambe dans son lit. Aucune paralysie des membres supérieurs
ni de la face. Sensibilité émoussée dans les parties paralysées.
En 1882 la parésie du membre inférieur droit persiste. Pas
ou presque pas de contracture apparente. Exagération des
réflexes rotuliens. Trépidation épileptoïde bilatérale, plus forte

cependant à droite qu'à gauche. Pas de paralysie de la face
ni des bras. Marche impossible. Hypo-esthésie du membre
inférieur droit. Mort le
5 avril 1884.

Autopsie. — Deux petites
plaques jaunes sur l'hé-
misphère gauche : l'une,
ovalaire, longue de 2 centimètres, siégant en avant
du pied de la première
circonvolution frontale ;

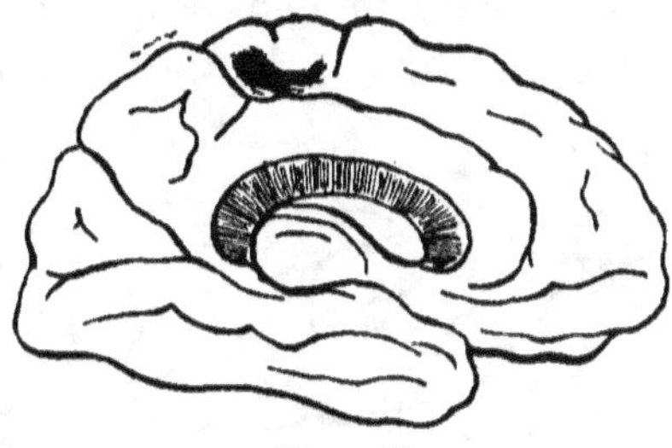

Fig. 43.

l'autre, du volume d'une petite cerise, ayant la forme d'un
croissant, sur le lobule paracentral. Pas de dégénération
secondaire visible à l'œil nu, mais, au microscope, on en
trouve des traces dans le cordon latéral droit jusque dans la
région lombaire. (Joffroy, *Archives de Physiologie*, 1887,
t. I, p. 168.)

**Obs. 114. — Monoplégie avec contracture et con-
vulsions du membre inférieur gauch.**

Tubercule gros comme un pois placé à la superficie de
l'extrémité supérieure de la frontale ascendante droite, en
avant de la scissure de Rolando. (Mosny, *Bull. Soc. anat.*
1888, p. 358.)

**Obs. 115. — Monoplégie crurale gauche. — Tuber-
culome de la région paracentrale droite** (fig. 44
et 45).

Homme, 36 ans, tuberculeux, est pris, le 26 janvier 1890,
d'un accès d'épilepsie particlle débutant par le pied gauche.
Depuis lors, il a eu environ deux attaques par mois,

tantôt limitées au membre inférieur gauche, tantôt se généralisant à tout le côté gauche du corps. En avril 1891, affaiblissement du membre inférieur gauche, devenant progressivement une paralysie véritable. Pas de troubles de la

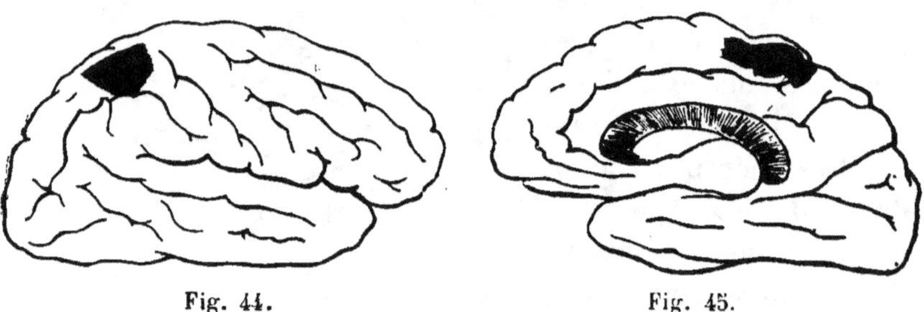

Fig. 44.   Fig. 45.

sensibilité. Face, membre supérieur gauche et membre inférieur droit normaux. Mort le 6 mai 1891.

Autopsie. — Tuberculome dur, d'un blanc jaunâtre, du volume d'une grosse noix, exactement localisé au lobule paracentral droit, et à l'extrémité supérieure de la frontale et de la pariétale ascendantes. (J.-B. Charcot et Souques, *Bull. Soc. anat.*, 1891, p. 274).

Obs. 116. — Monoplégie crurale gauche. — Ramollissement du lobule paracentral et du pied de la première frontale droite (fig. 46 et 47).

Homme, 70 ans, pris le 27 mai, sans éblouissement, en revenant de son travail, d'une faiblesse du membre inférieur gauche. Dès le lendemain la paralysie de ce membre est complète. Sensibilité tactile émoussée sur tout le corps ; sensibilité à la douleur et à la température intactes. Sens spéciaux normaux. Température plus élevée dans le membre paralysé que sur le reste du corps. Intelligence affaiblie. Mort le 2 juillet.

Autopsie. — Sur l'hémisphère droit on trouve deux foyers de ramollissement l'un sur le pied de la première frontale effleurant à peine le frontale ascendante, l'autre sur le lobule

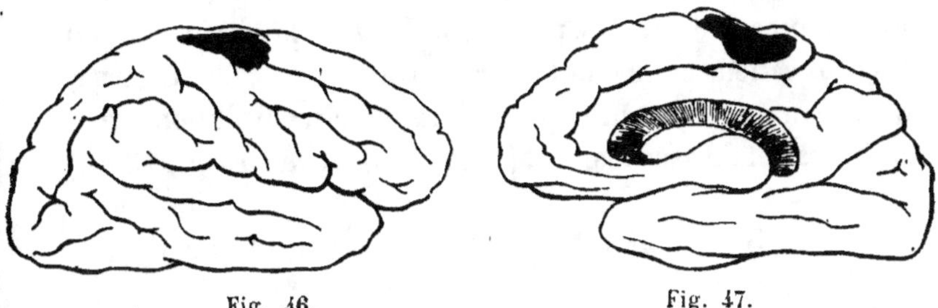

Fig. 46.   Fig. 47.

paracentral. Ils sont tous deux très superficiels. Artères de la base arthéromateuses. Pas d'autres lésions. (Reymond et Weill, *Bull. Soc. anat.* 1895, p. 473.)

Quand l'extrémité supérieure de la zone motrice est détruite ou profondément altérée des deux côtés, il en résulte une double monoplégie crurale qui pourrait en imposer pour une paraplégie dépendant de lésions médullaires. L'observation suivante en fournit la preuve :

Obs. 117. — **Paraplégie provoquée par une méningite tuberculeuse localisée aux deux lobules paracentraux.**

Homme, 35 ans, phtisique, ressent des fourmillements et des engourdissements passagers dans les membres inférieurs. Quinze jours plus tard il s'aperçoit que ces membres s'affaiblissent. Peu à peu, ils deviennent complètement paralysés. Pas de troubles de la sensibilité. Réflexes rotuliens exagérés ; trépidation épileptoïde provoquée. Dans les derniers jours les membres supérieurs, indemnes jusque-là, commencent à se prendre ; ils sont faibles et engourdis.

Autopsie. — Moelle saine. Méningite tuberculeuse localisée, avec exsudat purulent en nappe, étendu des deux côtés sur la face interne des hémisphères, le long de la circonvolution du corps calleux et du lobule paracentral et, sur la face externe, au niveau de l'extrémité supérieure des circonvolutions frontale et pariétale ascendantes. (Rendu, *Clinique médic.*, 1890.)

§ 3. — DES MONOPLÉGIES FACIALES.

La monoplégie faciale d'origine corticale atteint et épargne, dans le visage, les mêmes muscles que l'hémiplégie totale vulgaire. Elle donne lieu au syndrome connu sous le nom de *paralysie faciale inférieure,* lequel est caractérisé par la paralysie des muscles de la bouche, des lèvres, de l'aile du nez et la déviation de la langue, coïncidant avec l'intégrité du mouvement des muscles du front, des paupières, des yeux et de la mâchoire. Elle débute en général brusquement avec ou sans perte de connaissance. Elle est souvent accompagnée de secousses convulsives à répétition ou d'accès épileptiques partiels. Une fois établie, la paralysie s'étend au membre supérieur (et il n'y a plus alors de monoplégie pure), ou bien elle reste indéfiniment fixée à la face. La contracture secondaire des muscles paralysés n'est signalée, à notre connaissance, dans aucune observation de monoplégie faciale pure. Il est probable néanmoins qu'elle se développe dans les cas où la maladie a une longue durée.

Les faits suivants sont des exemples de monoplégies faciales pures provoquées par des lésions corticales :

Obs. 118. — **Monoplégie faciale droite avec aphasie. Ramollissement de la troisième frontale et du tiers inférieur de la frontale ascendante gauche (fig. 48).**

Femme, 71 ans ; carcinome utérin ; état cachectique très prononcé. Le 10 mai, sans aucun prodrome, sans perte de connaissance, elle devient subitement aphasique. Paralysie faciale inférieure droite assez prononcée. Aucune paralysie dans les membres. Sensibilité normale. Les jours suivants l'aphasie et la paralysie faciale persistent et

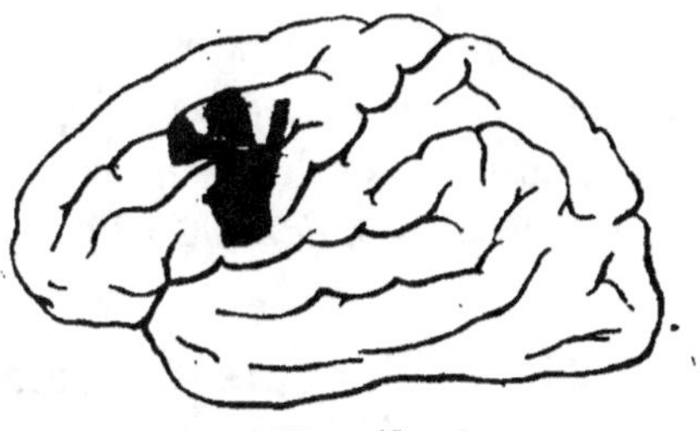

Fig. 48.

la malade s'affaiblit progressivement. Mort le 25 juin.

Autopsie. — Foyer de ramollissement cortical occupant le quart postérieur de la deuxième et de la troisième circonvolutions frontales gauches et le tiers inférieur de la circonvolution frontale ascendante. (Charcot et Pitres, 2e *Mémoire*, Obs. 53.)

Obs. 119. — **Monoplégie faciale gauche. Hémorrhagie corticale sur la partie inférieure de la frontale ascendante droite (fig. 49).**

Femme, 71 ans, s'est subitement affaissée, le 2 août, sans perdre tout à fait connaissance. Paralysie faciale inférieure gauche très marquée ; langue fortement déviée vers la gauche.

Légère parésie du membre supérieur gauche que le malade remue cependant avec facilité. Aucune différence dans la

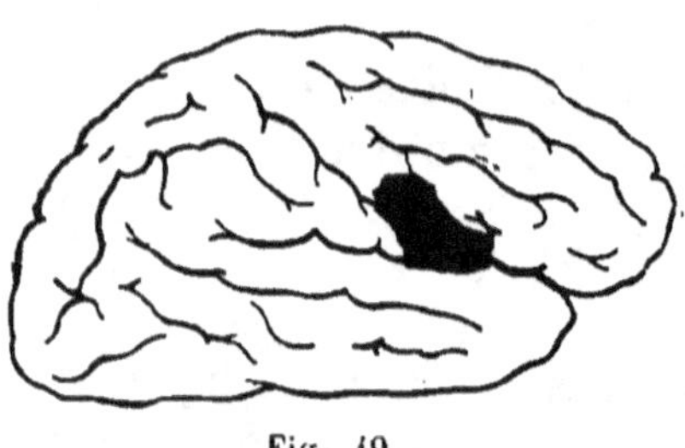

Fig. 49.

motilité des deux membres inférieurs. État de la sensibilité non indiqué. Mort le 6 août.

Autopsie. — Foyer hémorrhagique cortical, du volume d'une grosse noix, renfermant un caillot rouge récent du poids de 5 grammes. Ce foyer occupe la partie inférieure de la circonvolution frontale ascendante droite. Il pénètre assez profondément dans le centre ovale, sans atteindre les noyaux centraux. (Ballet, *Progrès médical*, 1880, p. 762.)

Obs. 120. — **Monoplégie faciale droite et aphasie. Lésion de la troisième frontale gauche et de l'extrémité inférieure de la frontale ascendante.**

Traumatisme du cerveau par un coup de feu. Aphasie, agraphie, paralysie faciale droite; secousses convulsives dans le pouce droit.

Autopsie. — Désorganisation de la substance cérébrale au niveau de la troisième circonvolution frontale gauche dans toute son étendue et de la portion contiguë de l'extrémité inférieure de la frontale ascendante. (Amidon, *The Journ. of nerv. and ment. diseases*, January 1880. (Obs. 5, p. 43.)

Obs. 121. — Monoplégie faciale droite avec aphasie. Ramollissement du pied de la troisième frontale gauche et de la partie contiguë de la frontale ascendante.

Femme, 20 ans, atteinte d'insuffisance mitrale. Perte subite de connaissance suivie d'aphasie et d'agraphie avec paralysie faciale droite. Aucun trouble paralytique dans les membres. Anesthésie de la moitié droite de la face et de la partie supérieure du côté droit du tronc.

Autopsie. — Petit foyer de ramollissement ocreux, de 15 millimètres de diamètre, occupant exactement le pied de la troisième circonvolution frontale gauche et la portion immédiatement contiguë de la frontale ascendante. La lésion est purement corticale. (Petrina, *Ueber Sensibilitäts-stö-rungen*, etc. Prague, 1881, Obs. 5.)

Obs. 122. — Monoplégie faciale droite. Aphasie. Plaque jaune de la troisième frontale gauche et de la portion contiguë de la frontale ascendante.

Homme, 28 ans, atteint d'une affection cardiaque mal compensée. Embolies multiples. Asystolie. Après une perte subite de connaissance, il reste aphasique avec légère para-lysie du facial inférieur droit. Pas de paralysie des membres. Anesthésie générale prédominant du côté droit, sans aucun trouble des sens spéciaux.

Autopsie. — Plaque jaune corticale, de 1 millimètre et demi d'épaisseur, occupant la moitié antérieure du tiers moyen de la circonvolution frontale ascendante, le fond du sillon pré-central, une petite partie du pied de la deuxième frontale et la partie la plus postérieure (pars opercularis) de la troisième. (Nothnagel, *Topisch Diagn.*, etc., 1879, p. 427.)

Obs. 123. — **Monoplégie faciale gauche avec spasmes des zygomatiques. Lésion de l'extrémité inférieure de la frontale ascendante.**

Homme, 75 ans, eut, trente mois avant sa mort, des secousses de l'angle gauche de la bouche, dues à des contractions spasmodiques des muscles zygomatiques. Dans les intervalles des spasmes, le côté gauche de la face était parésié. Pas d'autres symptômes.

Autopsie. — A la surface de la circonvolution centrale antérieure droite, dans son tiers inférieur, on trouva un nodule calcaire dont l'épaisseur ne dépassait pas la moitié de celle de la substance grise. (Berkley, cité par Allen Starr, *Amer. Journ. of med. sc.*, April 1884, Obs. 41.)

La comparaison de ces observations démontre que la monoplégie faciale résulte de lésions siégeant dans la partie la plus inférieure de la zone motrice. C'est là que se trouve le centre moteur cortical par les muscles de la langue et des lèvres du côté opposé. Il est probable que ce centre n'est pas homogène. Vraisemblablement il est formé par la juxtaposition de deux centres distincts présidant, l'un à la motilité des muscles des lèvres, l'autre à la motilité des muscles de la langue. Il existe, en effet, quelques observations, rares, il est vrai, mais très précises, de paralysies corticales isolées de la face ou de la langue.

Nous avons déjà fait remarquer, dans le chapitre relatif aux monoplégies associées, que la paralysie du bras pouvait coexister avec une paralysie des muscles

de la face sans participation de ceux de la langue
(Obs. 71 et 72), ou avec une paralysie de la langue sans
participation de ceux de la face (Obs. 73.).

Dans les deux cas suivants il s'agissait de monoplégies pures du facial inférieur (Obs. 124) ou de l'hypoglosse (Obs. 125).

Obs. 124. — **Monoplégie faciale pure, sans participation de la langue** (fig. 50).

Femme, 78 ans, frappée subitement, sans perte de connaissance, d'aphasie et de paralysie du côté droit de la face.
Déviation de la commis-
sure labiale et de l'aile du
nez. Intégrité de l'orbiculaire des paupières et des
mouvements des yeux. La
langue peut être tirée complètement hors de la bou-
che; elle n'est pas déviée.
Les membres ont conservé

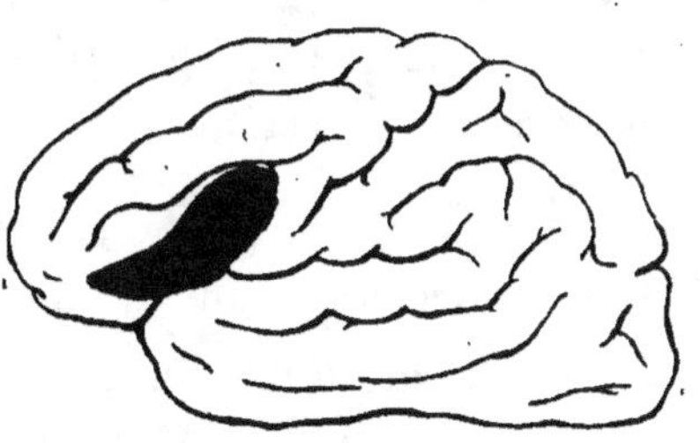

Fig. 50.

la motilité normale. Aphasie complète. Mort deux mois après.
Autopsie. — Ramollissement cortical de la partie postérieure de la troisième circonvolution frontale gauche, atteignant légèrement la portion contiguë de la frontale ascendante. (Raymond, *Gaz. méd. de Paris*, 1884.)

Obs. 125. — **Monoplégie linguale pure, sans participation de la face.**

Homme, 69 ans, atteint d'emphysème pulmonaire et
d'hypertrophie du cœur, est frappé, après une attaque apoplectique, de paralysie de la langue. Aucune paralysie de la

face, du voile du palais, ni des membres. La langue était inerte sur le plancher de la bouche. La parole et la déglutition étaient très gênées ; cependant une bouchée d'aliments portée sur la base de la langue pouvait être avalée. Sensibilité intacte. Mort de marasme et de bronchite.

Autopsie. — Sur l'hémisphère droit, foyer de ramollissement occupant la partie inférieure de la circonvolution frontale ascendante et l'extrémité postérieure de la troisième frontale. Sur l'hémisphère gauche, un foyer occupait le point exactement symétrique ; un autre, plus petit, siégeait à la partie postérieure de la deuxième frontale. En outre, on trouva trois petits foyers lacunaires dans les parties du corps strié voisines du ventricule. Dégénérescence graisseuse des fibres musculaires de la langue. Intégrité des fibres des nerfs hypoglosses. (Rosenthal, Obs. 11, p. 8, du tir. à part.)

On remarquera que dans cette dernière observation, les lésions étaient bilatérales. C'est à cette condition seulement que la paralysie de l'hypoglosse se révèle par une paralysie complète de la langue. Si le centre cortical des muscles innervés par l'hypoglosse est détruit d'un seul côté, on n'observe qu'une faiblesse très légère des mouvements de la langue, se manifestant simplement par la déviation de la pointe de cet organe lorsqu'il est tiré hors de la bouche.

Les faits anatomo-cliniques qui viennent d'être rapportés dans ce chapitre permettent de diviser la zone motrice corticale de l'homme en trois segments distincts :

1° Un segment supérieur, comprenant le quart

supérieur des circonvolutions ascendantes et le lobule paracentral, qui renferme les centres moteurs corticaux du membre inférieur du côté opposé :

2° Un segment moyen, comprenant les deux quarts moyens des circonvolutions ascendantes, qui renferme les centres moteurs corticaux présidant à la motilité du membre supérieur du côté opposé.

3° Un segment inférieur comprenant le quart inférieur des circonvolutions ascendantes et l'opercule rolandique qui renferme les centres moteurs corticaux du facial inférieur et de l'hypoglosse du côté opposé.

CHAPITRE VI

DE QUELQUES LOCALISATIONS DOUTEUSES
OU INSUFFISAMMENT DÉMONTRÉES

D'après les conclusions qui terminent le chapitre précédent, on ne connaîtrait encore d'une façon positive, chez l'homme, que la topographie des centres moteurs corticaux du membre inférieur (quart supérieur des circonvolutions ascendantes et lobule paracentral), du membre supérieur (deux quarts moyens des circonvolutions ascendantes), de la face et de la langue (quart inférieur des circonvolutions ascendantes et opercule rolandique

Quelques auteurs ont cru cependant pouvoir affirmer l'existence d'autres localisations motrices que, pour notre part, nous croyons douteuses ou insuffisamment démontrées. C'est ainsi qu'il est question, dans un certain nombre d'ouvrages récents relatifs à la pathologie du cerveau, de centres moteurs corticaux pour les muscles de la phonation, de la rotation de la tète, de la déviation conjuguée des yeux, de l'élévation de la paupière supérieure, de l'occlusion des paupières et de la mastication. Nous devons indiquer, à propos

de chacune de ces localisations, les raisons qui, jusqu'à
plus ample informé, obligent à rester sur la réserve.

§ 1. — DES CENTRES MOTEURS CORTICAUX DU LARYNX

Ferrier a constaté, dès 1873, que l'excitation de la
région pré-sigmoïde, chez le chien et chez le chat, pro-
voquait assez souvent l'aboiement ou le miaulement
de l'animal en expérience[1]. Duret, en 1877, extirpant
sur des chiens la région corticale que les expériences
de Ferrier et les siennes désignaient comme étant le
siège des centres moteurs de la langue, des mâchoires
et des lèvres, remarqua que les animaux ainsi mutilés,
tout en restant capables de grogner, de pousser des
plaintes, avaient perdu le pouvoir d'aboyer[2]. Soltmann
ayant détruit la même région sur un chien nouveau-né,
s'aperçut, huit semaines après, que l'animal opéré
n'aboyait pas comme ses compagnons du même âge
non opérés. Il poussait seulement de petits cris plain-
tifs semblables à ceux qu'émettent les chiens nais-
sants[3].

Krause[4] a fait en 1884 des expériences plus régulières. En examinant au laryngoscope les cordes vocales

1. FERRIER. *West Riding Asylum medical Reports*, 1873.
2. DURET. *Bull. Soc. Biol.*, 1877.
3. SOLTMANN. *Experimentele Studien über die Funktionen des
Grosshirnes der Neugeborenen*, 1876.
4. KRAUSE. *Ueber die Beziehungen der Grosshirnrinde zu Kehlkopf
und Rachen*; du Bois Reymond's Archiv., 1884, et *zur Frage des
Localisation des Kehlkopfes an der Grosshirnrinde*. Berl. med.
Woch., 25 juin 1890.

d'un chien dont on électrisait la partie antérieure et inférieure du gyrus præfrontal, il vit se produire, avec un courant faible, des mouvements de déglutition, avec un courant plus fort, des mouvements de déglutition associés à une fermeture partielle ou totale de la glotte et du vestibule laryngé. Il en conclut qu'il existait dans la région excitée un centre moteur pour les muscles de la gorge et du larynx. Ces résultats furent confirmés par la méthode des extirpations. Après la destruction unilatérale de la région précédemment indiquée, il y eut, il est vrai, peu de troubles laryngés ; mais si la destruction avait été bilatérale, les animaux restaient incapables d'aboyer, et s'ils tentaient de le faire, ils n'arrivaient qu'à ouvrir la gueule en faisant entendre de temps en temps une sorte de gémissement aigu. Masini, en 1887[1], Semon et Horsley, en 1889[2], sont arrivés, sur les singes, à des résultats à peu près identiques.

Ces expériences concordantes ont conduit les cliniciens à se demander s'il n'existerait pas également chez l'homme des centres moteurs corticaux présidant à la motilité des cordes vocales. Ils ont cherché dans les auteurs anciens des observations de nature à confirmer cette hypothèse et ils en ont trouvé quelques-unes. Mais les faits précis, accompagnés d'autopsies

1. MASINI. Sui centri corticali del Laringe (Comm. au congrès de Pavie). *Riforma medica*, octobre 1887.

2. SEMON et HORSLEY. On the central motor innervation in the larynx. *Brit. med. journ.* 1889 et Communication au congrès de Berlin 1898.

régulières, dans lesquels une aphonie persistante a pu être rapportée, avec quelque vraisemblance, à une lésion circonscrite de l'écorce, sont encore trop rares pour qu'il soit possible d'en tirer des conclusions solidement établies. A notre connaissance, il n'y en a que quatre, dont voici le résumé :

Obs. 126. — **Paralysie de la face, de la langue et du larynx. — Lésion corticale unilatérale.**

Femme, 25 ans, frappée d'hémiplégie avec perte de la parole. Plus tard, nouvelle attaque produisant la perte des mouvements volontaires de tous les muscles de la face (y compris le facial supérieur), tandis que les mouvements réflexes subsistent. La parole est inarticulée, la malade pousse des grognements quand elle veut rire. La langue est paralysée. Les mouvements des mâchoires sont limités; la partie volontaire de la déglutition est très difficile. Mort d'une attaque de choléra.

Autopsie (Froriep). — Dans l'hémisphère droit on trouva un kyste hémorrhagique de la grosseur d'une petite noix, détruisant les deux circonvolutions au bord externe, à l'endroit où le lobe antérieur se confond avec le lobe moyen. (Magnus, *Muller's Archiv. f. Anat.*, 1837, p. 258, cité par Galavielle, th. Montpellier 1893, p. 57.)

Obs. 127. — **Paralysie du larynx par lésion corticale.**

Femme, frappée d'hémiplégie gauche subite qui disparut quelques semaines après, laissant seulement après elle une perturbation de l'action des muscles de la gorge et du larynx, de telle sorte que la malade ne pouvait plus gouverner la tonalité de sa voix. Cela persista un an et demi, avec, de loin en loin, quelques accès épileptiformes. Elle eut alors une attaque d'hémiplégie droite avec aphasie qui l'enleva en deux semaines.

Autopsie. — Deux foyers de ramollissement symétriques sur l'extrémité postérieure de la troisième circonvolution frontale et la moitié antérieure de l'insula de Reil. Celui du côté droit est jaune, ancien, bien circonscrit ; celui du côté gauche est récent, rouge et plus étendu. (E. C. Séguin, *Trans. of Amer. Neurol. Assoc.*, 1877, cité par Allen Starr, *Am. Journ. of Med. Sc.*, April 1884.)

Obs. 128. — **Paralysie des muscles de la langue, de la bouche et du larynx. — Lésions bilatérales de l'extrémité inférieure de la frontale ascendante** (fig. 51).

Enfant de 10 ans, atteint d'une maladie de l'aorte, est frappé d'hémiplégie droite avec aphasie. Ces symptômes se dissipent peu à peu. Trois mois après, monoplégie brachio-faciale avec aphasie et paralysie de tous les muscles volontaires de la bouche et de la langue. Il y avait perte du mouvement volontaire des muscles impliqués dans la déglutition et l'articulation des sons. La déglutition réflexe persistait. Sensibilité intacte.

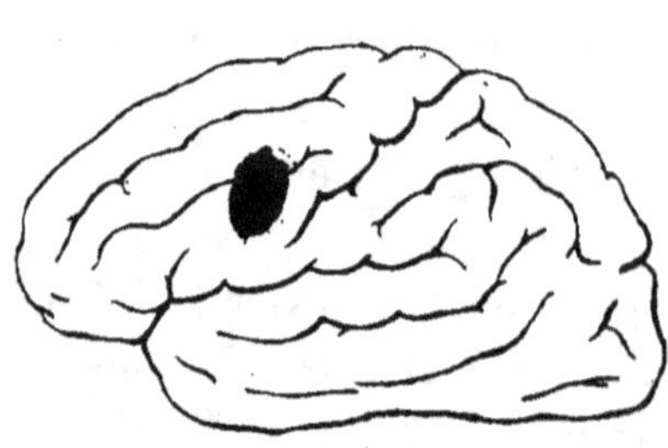

Fig. 51.

Autopsie. — Sur chaque hémisphère, dans un point exactement symétrique, on trouve un petit foyer de ramollissement siégeant à l'extrémité inférieure de la frontale ascendante et l'extrémité postérieure des frontales moyenne et inférieure, (Barlow, *Brit. Med. Journ.*, 1877, p. 103.)

Obs. 129. — **Paralysie du larynx par lésions bilaté-rales de l'écorce** (fig. 52 et 53).

Femme, 72 ans, frappée le 7 janvier d'apoplexie avec hémiplégie droite totale et aphasie ; sensibilité intacte. La

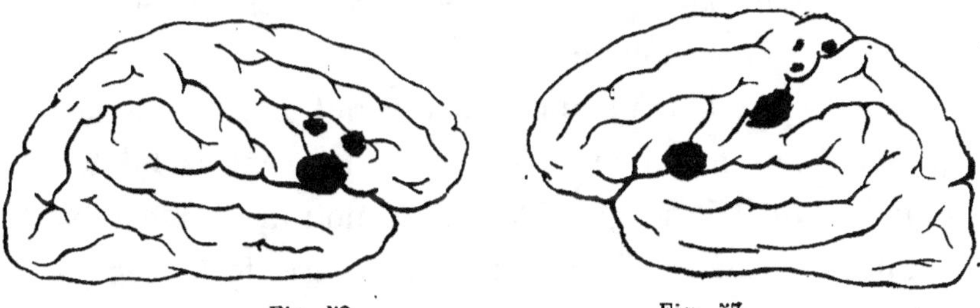

Fig. 52.   Fig. 53.

malade ne peut articuler aucun son, cependant elle comprend bien ce qu'on lui dit et y répond par signes. Le 12, en prati-quant l'examen laryngoscopique, on constate que la corde vocale gauche est seule paralysée. Mort le 27.

Autopsie. — Athérome des artères cérébrales. Sur l'hémi-sphère gauche on trouva cinq petits foyers de ramollissement, un sur la frontale ascendante et le pied de la troisième fron-tale, les autres sur les parties moyennes et supérieures des circonvolutions rolandiques. Sur l'hémisphère droit existent trois foyers, l'un sur le pied de la troisième frontale empié-tant légèrement sur la frontale ascendante, les deux autres sur le bord supérieure de la troisième frontale. (Garel et Dor, **Ann. des maladies de l'oreille, du larynx et du pharynx,** 1890.)

Dans les deux premières de ces observations, les lésions causales siégeaient sur l'hémisphère droit. Aussi Seguin émit-il l'hypothèse que le centre cortical du

larynx siégeait dans le pied de la troisième circonvolution droite en face du centre de l'aphasie, qui se
trouve habituellement, chez les droitiers, sur le pied de
la troisième circonvolution gauche. Mais il y a dans la
science tant d'observations de lésions destructives de
cette région sans aphonie, que l'hypothèse de Seguin
ne paraît pas acceptable.

L'opinion d'après laquelle il y aurait, chez l'homme,
comme chez le singe et le chien, des centres bilaté-
raux et symétriques présidant à la motilité des cordes
vocales et situés à l'extrémité inférieure de la région
rolandique, au voisinage immédiat des centres moteurs
de la langue et du facial inférieur, est plus vraisemblable, mais elle n'est pas encore suffisamment démontrée par les faits anatomo-cliniques pour qu'on doive
la considérer comme certaine.

§ 2. — DU CENTRE ROTATEUR DE LA TÊTE

En électrisant la partie postérieure de la première
circonvolution frontale des singes, Ferrier a obtenu
des mouvements de rotation de la tête, provoqués par
la contraction des muscles de la nuque et du cou du
côté opposé à l'hémisphère excité. Ces expériences,
contrôlées et vérifiées par d'autres physiologistes, notamment par Beevor et Horsley, ont entraîné quelques
observateurs à penser qu'il devait exister aussi chez
l'homme, dans le pied de la première frontale, un

centre rotateur de la tête. Carville et Duret, Pozzi, Duval, etc., ont même représenté ce centre sur leurs schémas des localisations cérébrales. Les faits anatomo cliniques ne confirment pas cette manière de voir. Les lésions destructives du pied de la première frontale ne donnent pas lieu à des paralysies des muscles de la nuque et du cou, ou du moins nous ne connaissons pas un seul exemple de paralysie persistante de la nuque et du cou pouvant être rapporté à une lésion destructive du pied de la première circonvolution frontale. D'autre part, il existe plusieurs observations dans lesquelles le pied de la première frontale étant altéré ou détruit, on n'a constaté aucune paralysie appréciable des muscles de la nuque et du cou. Rien n'autorise donc à admettre que le pied de la première circonvolution frontale de l'homme renferme un organe cortical spécialement affecté à la motricité des muscles de la tête et du cou.

§ 3. — CENTRE DE LA DÉVIATION CONJUGUÉE
DE LA TÊTE ET DES YEUX

La déviation conjuguée de la tête et des yeux, c'est-à-dire le syndrome en vertu duquel certains malades ont la tête et les yeux fixement dirigés vers un côté, est un phénomène qui s'observe assez souvent dans les hémi-

---

1. *Archives de physiologie*, 1875. Planche xvi.
2. *Archives générales de médecine*, 1877.
3. Mathias Duval. *Article Système nerveux du Dictionnaire.*

plégies récentes, particulièrement dans celles qui succèdent à des ictus apoplectiques graves. Signalé jadis par Cruveilhier, Gubler. etc., ce syndrome a été soigneusement étudié par Vulpian et Prévost, mais aucun de ces auteurs n'avait cherché à le rattacher à des lésions localisées du cerveau, lorsque, en 1879, Landouzy[1] et Grasset[2] ont émis l'hypothèse qu'il était commandé par des centres spéciaux siégeant dans l'écorce cérébrale et présidant à la motilité des globes oculaires et de la tête.

La théorie des centres corticaux de la déviation conjuguée a été exposée avec beaucoup d'habileté par Landouzy.

Il existe, dit cet observateur distingué, dans chaque hémisphère cérébral, au niveau ou au voisinage immédiat du lobule pariétal inférieur, un centre dans lequel le moteur oculaire externe d'un côté, le moteur oculaire interne de l'autre côté et la branche externe du spinal (celle qui se distribue au sterno-cléido-mastoïdien et au faisceau supérieur du trapèze) puisent leur innervation corticale. Ce centre peut être irrité ou détruit. S'il est irrité, comme cela arrive dans les cas d'hémiplégie partielle, la déviation conjuguée se produit vers le côté primitivement ou exclusivement convulsé. S'il est détruit d'un seul côté, la déviation se

---

1. Landouzy. *De la déviation conjuguée des yeux et de la rotation de la tête.* Bull. Soc. Anat. 1879.

2. Grasset. *De la déviation conjuguée de la tête et des yeux.* Montpellier, 1879,

produit vers le côté opposé à la paralysie des membres. C'est ce que Grasset exprime dans les termes suivants : « Dans les lésions d'un hémisphère, quand il y a déviation conjuguée, le malade regarde ses membres convulsés s'il y a excitation et regarde sa lésion s'il y a paralysie. Pratiquement, on retiendra cette règle en raisonnant sur l'oculo-moteur externe comme on raisonne sur le facial. Quand il y a excitation, les traits sont tirés du même côté que les membres convulsés ; quand il y a paralysie, les traits sont déviés du côté opposé aux membres paralysés. »

Ces règles nous paraissent, disons-le tout de suite, parfaitement justifiées par l'analyse des nombreuses observations concordantes réunies par Landouzy et Grasset. Mais l'incertitude apparaît quand il s'agit de déterminer la localisation du prétendu centre cortical de la déviation conjuguée.

D'après Landouzy, il siégerait « sur le lobule pariétal inférieur et d'une façon plus précise sur le pied du lobule pariétal inférieur » ; d'après Grasset, « dans les circonvolutions qui coiffent le fond de la scissure de Sylvius et le pli courbe ».

L'analyse attentive à laquelle nous soumîmes, en 1883, les documents anatomo-cliniques relatifs à l'étude des localisations motrices dans l'écorce des hémisphères cérébraux, ne nous permit pas d'accepter comme démontrée l'existence de centres distincts pour la déviation conjuguée de la tête et des yeux.

Les travaux publiés depuis 1883 n'ont pas beaucoup éclairé la question. Ils sont d'ailleurs peu concordants. Tandis qu'Allen Starr déclare n'avoir pas trouvé dans la casuistique américaine d'observation de nature à confirmer les hypothèses de Landouzy et de Grasset, Henschen pense que le centre de la déviation conjuguée des yeux se trouve en réalité dans le lobule pariétal inférieur tout près du lobule du pli courbe. Wernicke est du même avis. A propos d'une observation qu'il a eu l'occasion de recueillir et qui est, à notre avis, beaucoup trop complexe pour être considérée comme démonstrative [1], il a repris l'analyse des documents publiés par les auteurs et est arrivé à conclure : 1° que la déviation conjuguée des yeux survenant comme symptôme direct d'une lésion en foyer, est toujours en rapport avec une lésion du lobule pariétal inférieur ou des faisceaux de fibres émanant de ce lobule; 2° que, réciproquement, les lésions du lobule pariétal inférieur entraînent toujours la déviation conjuguée des yeux, au moins d'une façon transitoire; 3° que les lésions bilatérales symétriques des lobules pariétaux inférieurs paraissent engendrer une forme d'ophtalmoplégie totale qui mériterait le nom d'ophtalmoplégie pseudo-nucléaire.

1. Il y avait, dans ce cas, des lésions bilatérales et d'âge différent dans l'écorce des deux hémisphères, s'étendant profondément dans la substance blanche et atteignant même d'un côté le noyau lenticulaire. Il y avait, de plus, un foyer assez volumineux dans la protubérance. (*Wernicke, Herderkrankung des unteren Scheitelläpchens. Archiv. für Psychiatrie und Nervenkrankheiten.* Bd XX, 1889, p. 243.)

Si ces conclusions étaient bien établies, l'existence des centres moteurs corticaux de la déviation conjuguée et la localisation de ces centres dans la région du lobule pariétal inférieur ne seraient plus douteuses Mais elles ne reposent pas, ce nous semble, sur des bases solides. Les principales raisons qui nous paraissent les infirmer sont les suivantes :

1° Les lésions du lobule pariétal inférieur ne sont pas toujours accompagnées de déviation conjuguée de la tête et des yeux. C'est ainsi que ce syndrome n'est pas signalé dans les Observations 32, 33, 34, 35, 36, 37 et 39, toutes relatives à des cas de destruction plus ou moins étendue des lobules pariétaux.

2° La déviation conjuguée de la tête et des yeux peut se montrer dans des cas où la région du lobule pariétal inférieur est indemne de toute altération appréciable. Exemple :

Obs. 130. — Hémiplégie droite. — Déviation conjuguée des yeux vers la gauche. — Ramollissement circonscrit de la frontale ascendante gauche.

Femme, 57 ans, frappée d'une attaque d'apoplexie le 7 mai 1878. Hémiplégie droite totale (face et membres), flaccide, plus marquée au membre supérieur qu'au membre inférieur. Paupière droite étalée sur le globe oculaire ; occlusion incomplète de cet œil. Déviation conjuguée des yeux vers la gauche. Sensibilité notablement diminuée sur tout le côté droit du corps. Aphasie transitoire. Mort le 27.

Autopsie. — Ramollissement avec pointillé hémorrhagique

de la frontale ascendante épargnant seulement 1 centimètre à l'extrémité inférieure et 2 centimètres à l'extrémité supérieure de cette circonvolution. Le ramollissement empiète sur le pied de la deuxième et laisse tout à fait intact le pied de la troisième frontale. Intégrité de la pariétale ascendante, du lobule de l'insula et de tout le reste de l'écorce. La lésion s'enfonce en forme de coin dans les faisceaux frontaux sans atteindre le pied de la couronne rayonnante dont elle reste distante de 1 centimètre. Coupe pariétale et pédiculo-pariétale, capsule interne, noyaux centraux sains. Hémisphère droit, cervelet, isthme de l'encéphale normaux. (Tripier, *Revue mens. de Méd. et de Chir.*, 1880, p. 154.)

5° Il n'est pas démontré du tout que les lésions bilatérales des lobules pariétaux inférieurs déterminent une ophtalmoplégie totale pseudo-nucléaire. Wernicke, qui a le premier affirmé l'existence d'un rapport de cause à effet entre la destruction des deux lobules pariétaux inférieurs et l'ophtalmoplégie totale, s'appuie sur trois observations. La première, empruntée à la Clinique d'Andral, n'a aucune valeur parce qu'il n'est question dans le texte original ni de déviation ni d'immobilité des globes oculaires, mais simplement d'une occlusion incomplète des paupières[1]. La deuxième est inutilisable parce qu'elle se rapporte à un cas de lésion traumatique du crâne avec fracture de la région pariétale gauche dans lequel la trépanation du point où siégeait la fracture fut suivie de la guérison complète

1. Andral. *Clinique médicale*, 3° édition, t. V. Maladies de l'encéphale. Obs. 15, p. 346.

d'une déviation permanente des globes oculaires vers le côté droit. Or il est évident que dans ces conditions rien ne permet d'affirmer que les deux lobules pariétaux inférieurs étaient altérés[1]. La troisième est accompagnée d'autopsie, mais les symptômes cliniques en sont très complexes et les détails anatomiques sont loin d'avoir toute la netteté désirable. Le malade qui en fait l'objet avait une paralysie avec contracture du membre supérieur droit et de la moitié droite de la face. Son langage était incompréhensible; ses globes oculaires déviés vers la gauche ne pouvaient plus être portés en haut, en bas ni à droite par l'effet de la volonté; mais cela arrivait quelquefois involontairement. Plus tard le malade ne put plus fermer volontairement les paupières, bien qu'il clignât d'une façon réflexe. Il eut du trismus, de l'immobilité générale des traits du visage. La déglutition devint difficile. La paralysie, primitivement limitée au bras droit et à la face, s'étendit au membre inférieur du même côté. A l'autopsie, on trouva sur chaque hémisphère un grand foyer de ramollissement cortical atteignant; à gauche, les deux circonvolutions ascendantes dans toute leur longueur, la partie inférieure du lobule pariétal, l'insula et la partie postérieure des trois circonvolutions frontales: à droite, les pieds des deux frontales inférieures et la partie de

1. Thomson. *Case of fracture of the Skull in which conjugate deviation of the Eyes which had excited for four months was removed by trephining.* Brain, 1883, t. VI, p. 99.

la frontale ascendante qui les limite. Le lobule pariétal inférieur gauche semble donc avoir été épargné. Et s'il en est ainsi, l'observation ne peut pas servir à démontrer les rapports de l'ophtalmoplégie totale avec les lésions bilatérales des lobules pariétaux inférieurs[1].

On voit combien sont peu concluants les documents invoqués par Wernicke en faveur de l'hypothèse qu'il a cherché à démontrer. Ajoutons que Wernicke lui-même a rapporté jadis l'observation d'une malade qui n'eut pas d'ophtalmoplégie totale, bien qu'on ait trouvé, à son autopsie, des foyers de ramollissement très étendus siégeant dans la région pariétale des deux hémisphères[2].

Enfin, il est une particularité très frappante dans l'histoire anatomo-clinique de la déviation conjuguée de la tête et des yeux : c'est qu'on n'a pas encore fourni une seule observation précise dans laquelle ce syndrome se soit montré seul à la suite d'une lésion destructive limitée de la région pariétale, comme se montre la paralysie isolée d'un membre ou d'un groupe musculaire à la suite des lésions circonscrites de la zone motrice. Landouzy, qui a recherché les cas de ce genre, n'en a trouvé que trois[1], et dans les trois il s'agissait de méningites diffuses, c'est-à-dire de lésions inapplicables à

---

1. Cette observation est empruntée à Tilerig (Petersb. med. Zeitschrift, 1874; p. 251). Nous ne la connaissons que par le résumé qu'en a donné Wernicke dans son mémoire des *Archiv. für Psychiatrie und Nervenkrankheiten*, 1889.

2. WERNICKE. Lehrbuch der Gehirn Krankheiten, II, p. 210.

3. Ces trois cas appartiennent à Chouppe (*Bull. Soc. Anat.*, 1871, p. 380, Gauderon (*ibid.*, 1876, p. 272) et Martin (*ibid.*, 1877, p. 43).

l'étude des localisations cérébrales. Wernicke en si-
gnale deux autres dont la valeur n'est pas beaucoup
plus grande. Le premier, dû à Oudin, est rapporté dans
la thèse de Boyer avec un laconisme tel que toute
discussion devient impossible. Nous le reproduisons
textuellement :

Obs. 131. — *Déviation conjuguée des yeux sans paralysie :* on trouve un ramollissement cortical en dehors des
points moteurs, occupant le bord antérieur du deuxième
sillon temporal et un second situé juste sur le pli courbe et le
lobule pariétal inférieur dans sa moitié postérieure. (Oudin,
Obs. inédite communiquée à de Boyer et insérée dans la
thèse de ce dernier. Paris, 1879. Obs. 89, p. 132.)

L'autre, emprunté à M. Grasset, est trop complexe
pour qu'on puisse en tirer un enseignement précis.
En voici le résumé :

Obs. 132. —Homme, hémiplégique gauche, gàteux et dé-
ment. Il a en outre de la glossoplégie allant jusqu'au mutisme.
Il ne peut fermer les paupières. La tète est presque toujours
déviée à gauche. Les yeux sont également dirigés vers la
gauche et ne peuvent dépasser la ligne médiane qnand on
dit au malade de regarder à droite.
Autopsie. — Ramollissement ancien du noyau lenticulaire
droit. Ramollissement superficiel du pli courbe gauche.
(Grasset, *Des localisations dans les maladies cérébrales,*
Paris, 1880, p. 294.)

Le ramollissement du noyau lenticulaire droit expli-
quait l'hémiplégie gauche; celui du pli courbe gauche

rendait compte, d'après Grasset, de troubles de la motilité des yeux et des paupières. Mais l'observation n'en reste pas moins obscure et complexe, et Grasset lui-même, dans les réflexions qui la suivent. reconnaît que la glossoplégie, le mutisme, la dysphagie, la paralysie faciale, « semblent indiquer une lésion bulbaire restée inaperçue, et que le microscope aurait peut-être révélée. »

Il nous semble ressortir clairement des considérations précédentes que l'existence des centres corticaux de la déviation conjuguée de la tête et des yeux est encore douteuse et que leur localisation dans les lobules pariétaux inférieurs est loin d'être démontrée.

§ 4. — CENTRE DU RELEVEUR DE LA PAUPIÈRE SUPÉRIEURE

Dans l'hémiplégie vulgaire, le rameau de la troisième paire qui innerve le muscle releveur de la paupière supérieure conserve toute son activité fonctionnelle, de telle sorte que le globe oculaire reste découvert aussi bien du côté hémiplégié que du côté sain. Mais il n'y a pas de règle sans exception, et, dans quelques cas de lésions cérébrales, on observe une chute plus ou moins marquée de la paupière supérieure. Grasset[1] et Landouzy[2] ont pensé qu'il devait exister dans le pli courbe un centre cortical pour le muscle releveur de la paupière supérieure et que, par conséquent, la blépharoptose

1. GRASSET. *Progrès médical*, 27 mai 1876, p. 406.
2. LANDOUZY. *Archives générales de médecine*, 1377.

était liée à la destruction du pli courbe du côté opposé.

Cette opinion paraît confirmée par un certain nombre d'observations régulières. La première en date, celle de Grasset, ne nous paraît pas à l'abri de tout reproche. Elle se rapporte à un malade chez lequel on nota, dans le cours d'une méningite, une chute de la paupière supérieure du côté gauche. A l'autopsie, on trouva une large tache rouge-sale au niveau de laquelle existait un exsudat blanchâtre et une congestion vraie de la substance corticale. Cette plaque siégeait à l'extrémité supérieure de la scissure parallèle au voisinage immédiat du pli courbe du côté droit. Malheureusement les lésions n'étaient pas limitées à cette région. Il y avait, en outre, « des signes évidents de méningite diffuse à la convexité des deux hémisphères », et rien ne prouve que la chute de la paupière ait été la conséquence directe des lésions de l'extrémité supérieure de la scissure parallèle. Mais il y a d'autres cas plus précis parmi lesquels nous citerons les suivants :

Obs. 133. — Ramollissement du pli courbe gauche. — Blépharoptose droite incomplète (fig. 54).

Homme, 44 ans, entré à l'hôpital pour une affection du cœur, est frappé tout d'un coup, sans perte de connaissance, de cécité

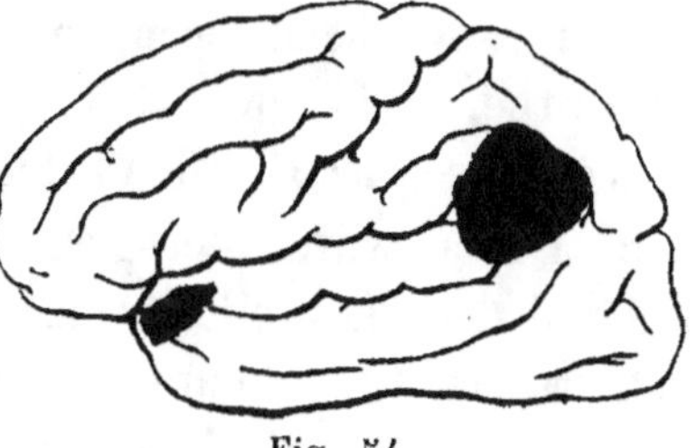

Fig. 54.

et de surdité psychiques. Pas de paralysie des membres, mais l'œil droit semble moins largement ouvert que celui du côté opposé et cligne à demi, comme si la paupière supérieure était légèrement abaissée. Mort trois jours après le début des accidents.

Autopsie. — Foyer de ramollissement rouge de la largeur d'une pièce d'argent de cinq francs occupant le lobule du pli courbe lui-même. (Chauffard, **Revue de Méd.** 1881, p. 940.)

OBS. 154. — **Ramollissement du pli courbe gauche. — Chute persistante de la paupière supérieure droite.**

Homme, 45 ans, atteint de rétrécissement mitral, est frappé, en 1885, d'une attaque d'apoplexie dont il se relève avec une blépharoptose du côté *droit* et une parésie légère des membres du côté *gauche*. La parésie se dissipe rapidement mais le ptosis persiste. La paupière supérieure droite recouvre complètement le globe de l'œil. Quand on la relève, on voit que l'œil est légèrement dévié en dehors. Affaiblissement progressif de la mémoire et de la volonté. En 1887, deuxième attaque d'apoplexie suivie d'hémiplégie gauche. Cinq jours après, troisième attaque et mort.

Autopsie. — En outre des foyers récents d'hémorrhagie qui ont causé les dernières attaques d'apoplexie, on trouve dans l'hémisphère gauche un ramollissement ancien, blanc jaunâtre, superficiel, occupant assez exactement la région du pli courbe, de forme ovalaire, s'étendant, dans la direction de la scissure parallèle, de l'extrémité de la scissure de Sylvius jusqu'à la scissure inter-pariétale. Rien d'anormal dans le bulbe ni dans la probubérance. Aucune altération des nerfs moteurs oculaires communs. Pas de lésion de l'orbite ni du sinus caverneux. (G. Lemoine, **Revue de médecine,** 1887, p. 579.)

**Obs. 135. — Ramollissement du lobule pariétal infé-
rieur gauche. — Chute de la paupière supérieure
droite** (fig. 55).

Homme vigoureux, 46 ans, se jette, étant en état d'ivresse,
dans le canal de la Deûle pour se suicider. Transporté à
l'hôpital, on constate le len-
demain : 1° chute de la
paupière supérieure droite,
qui reste presque complè-
tement abaissée tandis que
l'autre se relève complètement; 2° abaissement de
la commissure des lèvres
du côté droit ; 3° rotation à

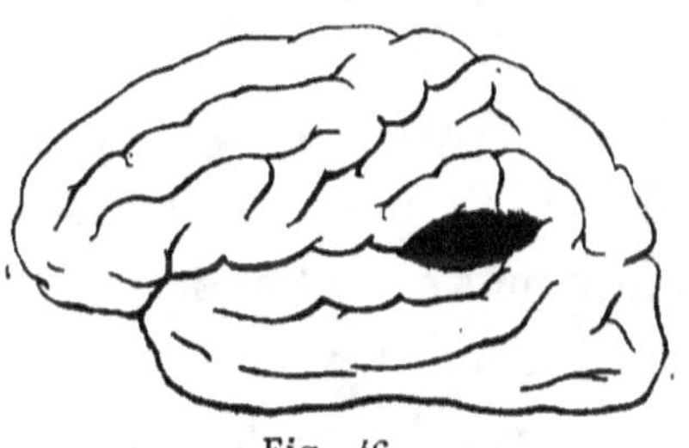

Fig. 46.

droite de la tête qui, placée dans la direction normale ou
tournée à gauche, revient obstinément à sa position première.
Pas de troubles de la motilité des membres. Mort le troisième
jour.

Autopsie. — Plaque, à teinte hémorrhagique, ayant
4 centimètres de long sur 3 de haut, dans laquelle la substance cérébrale est ramollie. Cette plaque occupe la moitié
supérieure du tiers postérieur de la première circonvolution
temporale, la moitié inférieure du lobule pariétal inférieur
et la division antérieure du lobule du pli courbe. Elle empiète
un peu sur la partie tout à fait inférieure et postérieure de la
pariétale ascendante. La lésion est tout à fait superficielle, la
substance blanche sous-jacente est intacte. Rien dans le reste
de l'encéphale, qu'un peu d'athérome des artères à la base.
(Surmont, *Th. doct.*, Lille, 1886.)

Ces observations paraissent confirmer les opinions
de Grasset et de Landouzy. Nous hésitons cependant à

admettre l'existence dans le pli courbe d'un centre cortical pour le rameau de la troisième paire qui innerve le muscle releveur de la paupière supérieure :

1° Parce que dans un grand nombre de cas la chute de la paupière n'est pas signalée dans des observations où l'autopsie a révélé de profondes altérations de la région du pli courbe. C'est ainsi qu'elle n'est pas indiquée dans les observations 32, 33, 34, 35, 36, 37, 38. Et on ne peut pas objecter que les faits de ce genre sont exceptionnels, car Surmont, qui a réuni dans un excellent travail tous les cas de lésions destructives du pli courbe publiés dans ces dernières années, en a relevé *onze* avec blépharoptose plus ou moins complète, contre *cinquante* dans lesquels on n'a noté aucun trouble de la motilité des paupières ;

2° Parce que la blépharoptose est explicitement signalée dans un assez grand nombre d'observations où les lésions siégeaient en dehors et souvent fort loin de la région du pli courbe. Ainsi, nous la voyons coexister, dans l'Obs. 41 du présent ouvrage, avec un ramollissement de la zone motrice ne dépassant pas le pied du lobule pariétal inférieur; dans les observations 43 et 63, avec un ramollissement cortical de l'extrémité inférieure des circonvolutions ascendantes ; dans l'Obs. 130, avec un ramollissement de la frontale ascendante et du pied de la deuxième frontale.

Il résulte de tout ceci que les faits anatomo-cliniques sont loin d'avoir la concordance qui devrait exister si

le rameau de la troisième paire destiné au releveur de
la paupière supérieure prenait réellement son origine
dans le pli courbe. Néanmoins il faut reconnaître que
les observations confirmatives que nous venons de rapporter donnent une certaine vraisemblance à l'opinion
de Grasset et Landouzy. A notre avis, la localisation
dans le pli courbe d'un centre cortical du rameau
palpébral de la troisième paire ne doit pas être
repoussée comme une hypothèse inacceptable. Mais
elle n'est pas encore assez bien démontrée pour qu'on
puisse l'admettre sans conteste.

Nous croyons, en revanche, qu'on peut rejeter d'ores
et déjà, comme étant tout à fait improbable, l'opinion
soutenue récemment par de Bosco, d'après laquelle le
ptosis résulterait des lésions d'un centre cortical « siégeant sur les circonvolutions ascendantes, dans un point
très voisin du sillon de Rolando, au-devant du centre
du bras et au-dessus de celui de la face. »

§ 5. — CENTRE DU FACIAL SUPÉRIEUR

Dans les hémiplégies d'origine cérébrale les muscles
de la partie inférieure de la face (orbiculaire des lèvres,
mentonnier, zygomatiques, releveur de l'aile du nez, etc.)
sont très souvent paralysés, tandis que les muscles de
la partie supérieure du visage (frontaux, sourciliers,
orbiculaire des paupières) sont presque toujours épar-

1. De Bosco. *Il Pisani Gazzetta sicula*, fasc. 1, 1893.

gnés. Dans quelques cas cependant ils sont plus ou moins atteints. Pour expliquer ces cas exceptionnels, on a supposé que les fibres du facial supérieur avaient, dans les circonvolutions, une origine distincte de celle du facial inférieur, et Exner et Paneth ayant démontré que chez les animaux l'excitation du pli courbe détermine des contractions des paupières du côté opposé. on en a conclu que le centre cortical du facial supérieur devait se trouver, chez l'homme, dans la région du pli courbe (Mendel). Aucune observation anatomo-clinique précise ne confirme cette hypothèse. Dans tous les cas rapportés par les auteurs, il s'agissait, ou bien de lésions des masses centrales des hémisphères cérébraux, ou bien de lésions corticales si étendues qu'elles ne pouvaient utilement servir à la détermination d'une localisation fonctionnelle [1]. Dans ces conditions, il est prudent d'attendre que des observations nouvelles et véritablement démonstratives viennent fournir la solution du problème.

§ 6. — CENTRE DES MUSCLES MASTICATEURS

Les muscles masticateurs puisent-ils leur innervation centrale dans certains points limités de l'écorce céré brale? Les physiologistes affirment que oui. Ferrier, chez le chien et le singe, Gad, chez le lapin, ont obtenu

---

1. Voyez à ce sujet : Hallopeau. Note pour servir à déterminer le trajet intra-cérébral du faisceau supérieur du facial. *Revue mensuelle de médecine et de chirurgie*, t. III, 1879, p. 937.

des mouvements de mastication par l'excitation électrique de la surface du cerveau. Beevor et Horsley
placent le centre cortical des muscles masticateurs à
la partie inférieure de la circonvolution frontale ascendante du singe. En est-il de même chez l'homme? Cela
est encore douteux, car les faits anatomo-cliniques de
nature à confirmer cette localisation sont encore trop
peu nombreux pour qu'il soit possible de se faire une
opinion sur ce sujet. Lépine[1], Langer[2], Picot[3], ont
rapporté quelques exemples de trismus dans des cas de
lésions cérébrales étendues ou diffuses. Mais nous ne
connaissons pas un seul cas précis de paralysie des
muscles masticateurs dépendant d'une lésion corticale
limitée. Hirt[4] a bien publié, en 1887, une observation
de ce genre de paralysie. Mais il s'agit d'un cas complexe, avec lésions corticales multiples et sclérose des
cordons postérieurs, qui ne peut pas servir à l'étude
méthodique des localisations cérébrales. La question
de l'existence des centres corticaux de la mastication
chez l'homme est donc posée, mais les documents
concrets manquent encore pour la résoudre.

1. Lépine. *Du trismus d'origine cérébrale.* Revue de médecine,
t. II, 1882, p. 849.
2. Langer. *Ueber Kaummusculatur und Trismus bei Herderkran-
kungen des Gehirns.* Wiener mediz Woch., nᵒ 5, 1886.
3. Picot. Leçons de clinique médicale, 1892.
4. Hirt. *Zur localisation der corticalen Kaumustkulatur bei
Menschen.* Berl. klin. Wochenschrift, juillet 1887, p. 488.

CHAPITRE VII

DES TROUBLES DE LA SENSIBILITÉ DANS LEURS RAPPORTS AVEC LES LÉSIONS DE LA ZONE MOTRICE CORTICALE

L'étude des rapports des troubles de la sensibilité avec les lésions de la zone motrice corticale, ou, d'une façon plus générale, l'analyse psycho-physiologique des relations des fonctions motrices avec les fonctions sensitives, a soulevé de vives controverses, dans lesquelles le désir de faire triompher des interprétations théoriques plus ou moins ingénieuses paraît avoir souvent tenu plus de place que le souci d'observer rigoureusement les faits.

Lorsqu'on eut bien démontré que la destruction de certaines régions limitées des circonvolutions cérébrales déterminait, chez les animaux supérieurs, des paralysies du côté opposé du corps, on s'ingénia à expliquer le mécanisme pathogénique de ces paralysies. Hitzig, après avoir créé l'expression de *centres psycho-moteurs*, parce qu'il croyait primitivement que la région excitable du cerveau correspondait aux points où la volonté entre en rapport avec les premiers

organes matériels du mouvement, abandonna plus tard
cette théorie un peu trop métaphysique et se demanda
si les troubles de la motilité provoqués par la destruction de l'écorce du cerveau, n'étaient pas dus à des
perturbations de la conscience musculaire. Cette hypothèse fut acceptée et développée avec enthousiasme par
un certain nombre de physiologistes : Nothnagel, Schiff,
Munk, Luciani, Tamburini et Seppilli, Bastian, etc.,
l'acceptèrent en lui faisant subir, il est vrai, quelques
modifications. Nothnagel expliqua les paralysies d'origine corticale par des troubles du sens musculaire.
Schiff soutint que les lésions de la zone dite motrice
des hémisphères cérébraux donnaient toujours lieu à
des anesthésies tactiles et que ces anesthésies causaient
secondairement des ataxies du mouvement plutôt que
de véritables paralysies motrices. Munk généralisa cette
conception. Pour lui, le cerveau n'a pas d'action
directe sur la motricité. La région dite motrice des
circonvolutions est la région où aboutissent et s'élabo-
rent les sensations de contact, de pression, de température, de position, d'effort, etc. des différentes parties
du corps. Si ces lésions déterminent des troubles du
mouvement, c'est uniquement parce qu'elles causent
une perte totale ou partielle des sensations kynesthésiques qui excitent et dirigent la motricité. Bastian est
du même avis. Il admet qu'il n'y a pas de centres
moteurs corticaux. L'aire rolandique est formée par
l'agrégation des centres sensitifs dont l'activité a pour

effet d'exciter les centres moteurs volontaires placés dans le bulbe, la protubérance et la moelle épinière. Luciani et Tamburini pensent qu'il y a dans la région excitable du cerveau des éléments directement moteurs et des éléments sensitifs, mais que les uns et les autres sont réunis dans les circonvolutions rolandiques, de telle sorte que les points désignés improprement sous le nom de centres moteurs correspondent en réalité à des aires sensitivo-motrices. Tripier avait antérieurement soutenu une opinion analogue, mais en l'exprimant sous une forme moins radicale.

Ferrier, Bechterew, Horsley, etc., défendent, au contraire, inébranlablement la doctrine de la séparation anatomique et fonctionnelle des centres moteurs et sensitifs. Ils affirment que les mutilations cérébrales limitées à l'aire rolandique ne déterminent par elles-mêmes aucun trouble dans la perception des sensations et qu'on peut provoquer des paralysies motrices, indépendamment de toute perturbation concomitante de la sensibilité des membres paralysés.

Les cliniciens ne sont guère plus d'accord que les physiologistes. Tripier, Ballet, Petrina, Exner, Allen Starr, Seppilli, Henschen, etc., qui ont noté la coexistence fréquente de troubles sensitifs variés avec les paralysies d'origine corticale, seraient disposés à admettre l'hypothèse de la superposition des aires motrices et sensitives. Inversement, d'autres observateurs ayant constaté maintes fois que la sensibilité était intacte, dans un grand nombre de cas d'hémiplégies ou de monoplégies dépendant de lésions limitées des circonvolutions rolandiques, ne peuvent consentir à accepter les déductions théoriques que l'on voudrait fonder sur les faits, accidentels à leur avis, dans lesquels la paralysie motrice s'est accompagnée de quelques perturbations sensitives.

Mais laissons de côté les théories, pour ne nous occuper que des faits et des conclusions qui se dégagent immédiatement de leur comparaison. Et d'abord, voyons quel est le degré de fréquence des troubles de la sensibilité dans les cas de paralysies motrices d'origine corticale. Ferrier a fait sur ce point une statistique importante[1]. Sur un total général de 284 cas de paralysies provoquées par des lésions corticales constatées à l'autopsie qu'il a réunis, la sensibilité était :

Non mentionnée . . . . 100 fois
Intacte. . . . . 121 —
Altérée . . . . 63 —

Sur 110 cas d'hémiplégie totale, la sensibilité était :

Non mentionnée. . . . . 37 fois.
Intacte. . . . . 52 —
Atteinte . . . . 21 —

Sur 19 cas de monoplégie brachio-faciale, la sensibilité était :

Non mentionnée. . . . . 5 fois.
Intacte. . . . . 11 —
Atteinte. . . . . 3 —

1. FERRIER. Leçons sur les localisations cérébrales. Trad. par R. Sorel, Paris, 1891.

Sur 10 cas de monoplégie faciale pure, la sensibilité était :

Non mentionnée. . . . . 5 fois.
Intacte. . . . . 4 —
Altérée. . . . . 1 —

Sur 30 cas de monoplégie brachiale pure, la sensibilité était :

Non mentionnée. . . . . 15 fois.
Intacte. . . . . 12 —
Atteinte. . . . . 3 —

D'où il résulte que, en tenant compte seulement des observations dans lesquelles l'exploration de la sensibilité a été faite et explicitement mentionnée, les paralysies motrices d'origine corticale existent *deux fois sur trois*, sans être accompagnées d'aucune perturbation des fonctions sensitives. Ces chiffres, on en conviendra, ne plaident pas en faveur de l'hypothèse d'après laquelle les centres moteurs et sensitifs seraient confondus dans des aires sensitivo-motrices communes.

Le doute ne peut que s'accentuer si l'on étudie de près, dans les cas où ont été notés des troubles sensitifs, leur distribution par rapport aux paralysies motrices concomitantes.

Dans nos 12 observations de monoplégie brachiofaciale, la sensibilité a été trouvée intacte 4 fois (obs. 62, 66, 67 et 72) et altérée 3 fois (obs. 63, 68 et 73). 5 fois, elle n'est pas mentionnée (obs. 64, 65, 69, 70 et 71). Dans les 3 cas où elle était altérée, elle était nettement superposée à la paralysie motrice, 1 fois (obs. 63), légèrement atteinte 1 fois (obs. 68), et diminuée au bras seulement, bien que la paralysie motrice s'étendît également à la face, 1 fois (obs. 73).

Dans nos 22 observations de monoplégie brachio-crurale, la sensibilité, non mentionnée 13 fois (obs. 75, 81, 82, 84, 87, 89, 90, 91. 92, 93, 94, 95, 96), a été trouvée intacte 7 fois (obs. 74, 76, 78, 80, 83, 85, 86). 2 fois seulement elle était altérée; 1 fois, il existait une légère hypoesthésie du côté paralysé (obs. 77), l'autre fois, la sensibilité était plutôt exagérée qu'affaiblie dans les membres paralysés (obs. 81).

Sur 8 observations de monoplégie brachiale, la sensibilité, non mentionnée 3 fois (obs. 99, 100, 104), a été trouvée intacte 3 fois (obs. 98, 102 et 105), diminuée 1 fois (obs. 101) et abolie 1 fois (obs. 103).

Sur 12 observations de monoplégie crurale, la sensibilité est 5 fois non mentionnée (obs. 107, 108, 111, 112 et 114), 5 fois intacte (obs. 106, 109, 110, 115 et 117), légèrement altérée 1 fois (obs. 113) et 1 fois on a noté *sur tout le corps* un affaiblissement de la sensibilité tactile avec conservation des sensations de douleur et de température (obs. 116).

Enfin, sur 8 observations de monoplégie faciale pure, la sensibilité, non mentionnée 4 fois (obs. 119, 120, 123 et 124) est intacte 2 fois (obs. 118 et 125) et altérée 2 fois (obs. 121 et 122). Mais dans l'un de ces deux cas l'anesthésie s'étend au delà de la face jusqu'à la partie supérieure du côté droit du tronc (obs. 121) et dans l'autre elle est générale avec prédominance sur le côté droit du corps alors que la moitié droite de la face inférieure est seule paralysée de la motricité.

Non seulement les troubles de la sensibilité ne se superposent pas exactement aux parties privées de mouvement, mais encore ils ne persistent pas comme les paralysies motrices. Ils sont presque toujours fugaces et mobiles. Tripier[1], Legroux et de Brun[2], Jules Hamaide[3] et tous les auteurs qui ont étudié soigneusement leurs caractères cliniques l'ont constaté. Seraient-ils susceptibles de se déplacer d'un instant à l'autre, de disparaître et de reparaître sous l'influence des moindres causes s'ils dépendaient réellement de la destruction des centres perceptifs correspondants? Cela est bien peu vraisemblable.

Enfin, rien n'autorise à expliquer, ainsi que l'ont fait quelques auteurs, les paralysies motrices d'origine corticale par des troubles primitifs ou concomitants du sens musculaire, de la sensibilité tactile ou de l'ensemble des sensations dites kynesthésiques. La clinique nous apprend, en effet, d'une façon irrécusable,

---

1. TRIPIER. *De l'anesthésie produite par les lésions des circonvolutions cérébrales.* Revue mensuelle de médecine et de chirurgie, t. IV, 1880.

2. LEGROUX et DE BRUN. *Des troubles de la sensibilité dans l'hémiplégie de cause cérébrale.* L'Encéphale, 1884.

3. JULES HAMAIDE. *Contribution à l'étude clinique des anesthésies dépendant des lésions en foyer de l'écorce cérébrale.* Th. doct. Paris, 1888.

que l'anesthésie superficielle ou profonde des membres n'est pas, par elle-même, une cause d'impotence
motrice. Les hystériques anesthésiques ne perdent pas,
par cela seul qu'ils sont anesthésiques, la faculté de
mouvoir librement leurs membres, même lorsque leur
sens musculaire est aboli et que leur sensibilité
cutanée et profonde est perdue dans tous ses modes.
La motilité peut également être intégralement conservée dans les cas d'hémianesthésie résultant des
lésions destructives siégeant sur la partie postérieure
de la capsule interne. Ces faits sont, ce nous semble,
péremptoires.

Mais il reste à expliquer pourquoi les altérations
de la zone motrice sont, dans un tiers des cas environ, accompagnées de troubles de la sensibilité cutanée ou musculaire.

Legroux et de Brun rattachent ces symptômes sensitifs à des perturbations circulatoires retentissant dans la
substance cérébrale, au delà des points où siège la lésion
paralysante. Ferrier pense qu'ils sont produits par des
lésions coexistantes des centres ou des cordons sensitifs.
Il n'est pas impossible qu'il y ait dans ces interprétations une part de vérité. Des altérations plus ou moins
grossières de la capsule interne peuvent certainement,
dans quelques cas exceptionnels, accompagner des
lésions de l'écorce. Le fait a été directement constaté
dans l'observation suivante :

Obs. 156. — **Monoplégie brachio-faciale droite avec anesthésie. — Ramollissement de la partie inférieure des circonvolutions rolandiques s'étendant en profondeur jusqu'aux faiseaux postérieurs de la capsule interne gauche.**

Homme, 85 ans; après trois ictus apoplectiques survenus les 12 et 13 novembre 1888, est frappé de paralysie flaccide du membre supérieur droit et de la moitié droite de la face. Motilité des membres inférieurs conservée. Hémi-anesthésie du côté droit du corps (membre, face, langue). L'état des organes des sens n'est pas indiqué. Impossibilité de parler. La tête est tournée à gauche. Les jours suivants, il se produit un peu de contracture du membre supérieur droit. Mort le 21.

Autopsie. — Oblitération de la sylvienne gauche. Ramollissement blanc des deux tiers inférieurs des circonvolutions frontale et pariétale ascendantes, atteignant en avant le pied de la troisième frontale, et en arrière le lobule pariétal inférieur. En profondeur le foyer s'étend jusqu'aux fibres postérieures de la capsule interne, qui sont en partie détruites. (Chabrely, *Bull. de la Soc. d'anat. et de physiol. de Bordeaux*, 12 nov. 1889, t. IX, p. 295.)

Mais cette combinaison de deux lésions, l'une corticale provoquant la paralysie, l'autre capsulaire donnant lieu à l'anesthésie, est assurément exceptionnelle.

A notre avis, les anesthésies qui accompagnent parfois les paralysies motrices d'origine corticale sont le plus souvent des anesthésies fonctionnelles, analogues, sinon identiques, aux anesthésies hystériques. La discussion des raisons qui nous paraissent de nature à légitimer cette opinion nous entraînerait au delà des limites que nous pouvons donner à ce chapitre. Contentons-nous donc de conclure, en nous en tenant aux données puisées dans l'examen des faits anatomo-cliniques, que les anesthésies qui accompagnent parfois les paralysies motrices d'origine corticale sont des phénomènes surajoutés, accidentels, ne dépendant pas directement des lésions de la région rolandique et ne jouant aucun rôle pathogénique dans la production des symptômes paralytiques.

CHAPITRE VIII

DES CONVULSIONS ÉPILEPTIFORMES DANS LEURS RAPPORTS AVEC LES LÉSIONS DE LA ZONE MOTRICE CORTICALE.

Les lésions de l'écorce cérébrale donnent souvent lieu à des convulsions épileptiformes survenant par accès et connues sous les noms d'*épilepsie partielle*, *épilepsie à aura motrice* ou *épilepsie Bravais-Jacksonnienne*. Leur caractère le plus général est de débuter par un groupe musculaire isolé et de ne pas s'accompagner, comme les accès de mal comitial vrai, de perte immédiate de la connaissance. Parfois, les secousses convulsives restent localisées au groupe musculaire dans lequel elles ont pris naissance. D'autres fois, elles s'étendent progressivement aux muscles voisins, envahissent toute une moitié du corps et peuvent même se généraliser. Pendant toute la première partie de l'accès le malade a conscience de son état. Il se rend compte de l'envahissement progressif des convulsions. Il ne perd connaissance que lorsque celles-ci se sont déjà étendues à une grande partie du corps. L'accès dure rarement plus de une à cinq minutes. Il laisse après lui, surtout dans le membre primitivement convulsé, une sensation de grande lassitude, et, souvent, une véritable impotence motrice qui persiste pendant quelques heures ou quelques jours.

L'étude de l'épilepsie partielle, commencée par Bravais, poursuivi par Hughlings Jackson, a été l'objet dans ces dernières années de nombreuses recherches cliniques et expérimentales. Nous ne pouvons nous occuper actuellement de la description de ses diverses variétés. On en trouvera des analyses détaillées dans les monographies qui lui ont été consacrées, notamment dans celle de Rolland[1]. Nous croyons devoir indiquer seulement la façon dont on peut concevoir ses rapports pathogéniques avec les lésions qui lui donnent naissance, en reproduisant à peu près textuellement ce que nous en avons dit dans notre Mémoire de 1883.

Dans la grande majorité des cas, l'épilepsie partielle est produite par des lésions corticales. Il est rare qu'on l'observe à la suite des lésions isolées du centre ovale et plus rare encore qu'elle coexiste avec des lésions profondes de la région capsulaire ou des noyaux centraux (corps striés ou couche optique).

Les altérations anatomiques qui sont le plus favorables à sa production sont les lésions limitées, à évolution active et progressive, comme, par exemple, les

---

1. E. ROLLAND. *De l'Épilepsie Jacksonienne. Mémoire couronné par la Société de médecine et de chirurgie de Bordeaux.* Paris, 1888.

néoplasmes, les encéphalites superficielles, les méningites aiguës ou chroniques.

Elle ne se montre jamais à la suite des lésions destructives très étendues qui atteignent d'un seul coup toute l'aire de la zone motrice corticale, à la suite, par exemple, des grands ramollissements nécrobiotiques consécutifs à l'oblitération du tronc des artères sylviennes. Il n'y a donc aucun rapport direct entre l'étendue des lésions corticales et l'apparition de l'épilepsie partielle. Les lésions les plus étendues en surface et en profondeur ne sont pas celles qui déterminent le plus sûrement des convulsions épileptiformes. L'épilepsie jacksonienne est au contraire le plus souvent le résultat de lésions limitées des circonvolutions cérébrales.

Les lésions provocatrices peuvent siéger dans la zone motrice corticale, mais elles peuvent aussi être situées en dehors de cette zone, à une distance plus ou moins grande de ses limites extrêmes. C'est là un fait très important sur lequel l'attention n'a pas été, ce nous semble, suffisamment attirée jusqu'à ce jour et qui mérite quelques explications. Tout ce que nous savons aujourd'hui sur la pathogénie des convulsions épileptiformes symptomatiques tend à démontrer que l'épilepsie partielle est le résultat direct de l'irritation des éléments nerveux contenus dans la substance grise des circonvolutions motrices. Mais il est facile de comprendre que l'irritation nécessaire à la mise en activité anormale de ces éléments peut. également avoir son point de départ, ou dans une lésion des circonvolutions motrices elles-mêmes, ou dans une lésion des circonvolutions non motrices voisines. Pour citer un exemple qui fixera mieux les idées, il se peut très bien que les cellules contenues dans le tiers moyen de la circonvolution frontale ascendante soient irritées par une lésion siégeant dans le tiers supérieur ou dans le tiers inférieur de cette circonvolution (zone motrice) ou encore par une lésion siégeant sur le pied de la deuxième circonvolution frontale ou même sur un point plus éloigné du lobe préfrontal (zone non motrice).

Il résulte de ces considérations que les lésions corticales susceptibles de provoquer l'épilepsie jacksonnienne doivent avoir une topographie moins fixe que les lésions susceptibles de provoquer des paralysies permanentes. C'est en effet ce qu'apprend l'analyse des observations d'épilepsie partielle publiées jusqu'à ce jour.

Il en résulte encore que les paralysies et les convulsions d'origine corticale ne doivent pas être entre elles dans des rapports constants, c'est-à-dire que la paralysie corticale peut exister avec ou sans convulsions épileptiformes et *vice versa*. Ici encore les faits confirment pleinement la théorie. Beaucoup de malades atteints de lésions corticales ont de l'épilepsie partielle sans paralysie; d'autres ont de la paralysie sans épilepsie; d'autres enfin ont à la fois des paralysies et des convulsions. L'étude de ces associations pathologiques est pleine d'intérêt et il est facile d'en tirer des applications utiles au diagnostic.

Nous pensons que les règles suivantes doivent diriger le clinicien dans le diagnostic topographique des lésions qui déterminent l'épilepsie corticale.

1° Quand, dans l'intervalle de ses accès, le malade atteint de convulsions épileptiformes ne présente aucune espèce de phénomènes paralytiques permanents, c'est que la lésion est tout à fait superficielle ou bien qu'il s'agit d'une lésion siégeant au voisinage de la zone motrice et n'ayant détruit aucun point des circonvolutions ascendantes.

2° Quand, au contraire, le malade présente, dans l'intervalle des accès convulsifs, une paralysie permanente à type monoplégique ou hémiplégique, on doit en conclure qu'il existe une lésion destructive plus ou moins limitée mais siégeant dans l'aire de la zone motrice corticale.

Il n'y a pas à tenir compte, au point de vue du diagnostic, des paralysies transitoires post-épileptoïdes[1]. Ces paralysies éphémères qui surviennent aussitôt après l'accès, persistent de quelques minutes à quelques jours et se dissipent spontanément jusqu'à ce qu'un nouvel accès survienne, sont loin d'être rares. Signalées par Bravais, décrites par Todd, et bien étudiées par M. Hughlings Jackson, elles ont fait l'objet

---

1. DUTIL. *Des paralysies post-épileptoïdes transitoires.* Revue de médecine, mars 1885.

d'un intéressant mémoire de M. Dutil[1]. Elles paraissent être le résultat de l'épuisement momentané, de la fatigue, des éléments nerveux après l'activité exagérée qui a provoqué l'attaque et sont sans valeur pour le diagnostic topographique des lésions corticales qui déterminent les convulsions.

L'épilepsie partielle peut débuter par le membre supérieur, le membre inférieur ou la face. Le siège des lésions cérébrales est, dans une certaine mesure, en rapport avec le mode de début des convulsions. Mais on ne peut établir à ce sujet aucune règle précise et invariable. Tout ce qu'on peut dire à ce sujet, c'est que les convulsions épileptiformes débutant par les muscles des membres sont produites *en général* par des lésions situées au niveau des deux tiers supérieurs de la zone motrice ou dans leur voisinage, tandis que celles qui débutent par les muscles de la face sont le résultat de lésions occupant l'extrémité inférieure de la zone motrice ou les parties voisines de cette extrémité infé rieure. L'étude attentive des observations ne permet pas de préciser davantage.

Fort utile dans le diagnostic clinique des lésions corticales, l'épilepsie partielle ne peut donc pas servir à l'étude rigoureuse de la topographie fonctionnelle des circonvolutions.

1. DUTIL. *Des paralysies post-épileptoïdes transitoires.* Revue de médecine, avril 1883.

CHAPITRE IX

DES ATROPHIES LIMITÉES DE LA ZONE MOTRICE CONSÉCUTIVES
AUX AMPUTATIONS ANCIENNES DES MEMBRES

On sait, depuis les recherches de Dickinson, contrôlées et complétées par les travaux de Vulpian, Hayem, Kahler et Pick, Erlitzky, Friedlander et Krause, Homen, Pellizzi, etc., qu'à la suite des amputations anciennes des membres il se produit une atrophie simple, souvent très apparente, dans le segment de la moelle épinière correspondant au membre amputé.

Lorsque l'existence de centres moteurs corticaux fut bien démontrée, on se demanda si ces centres ne s'atrophiaient pas eux aussi, quand, après l'amputation des membres, ils avaient perdu leur activité fonctionnelle et, pour ainsi dire, leur raison d'être.

Les premiers auteurs qui se sont occupés des atrophies de la moelle chez les amputés n'ont pas signalé d'altérations analogues dans l'encéphale. Dickinson n'a trouvé aucune atrophie sur les cerveaux de quatre sujets amputés de deux à cinquante-trois ans avant leur mort. Vulpian n'a pas été plus heureux. Mais,

depuis, on a cité plusieurs exemples d'atrophies partielles du cerveau paraissant dépendre d'amputations
anciennes des membres du côté opposé.

Tous les faits cités par les auteurs ne sont pas également démonstratifs. Par suite d'un entraînement
fàcheux, on a rapproché des cas d'amputation (qui
seuls devaient être mis en cause), un certain nombre
d'observations de malformations congénitales ou d'atrophies acquises des extrémités dont il est impossible,
ce nous semble, de tirer un parti sérieux pour la solution de la question en litige. Dans ces observations, en
effet, la coexistence de lésions cérébrales et d'arrêts de
développement ou de malformations atrophiques des
membres ne prouve pas que l'altération centrale ait
été la conséquence des lésions périphériques. Le rapport inverse est même beaucoup plus vraisemblable.
Il faut, pour éviter toute incertitude, se borner à l'étude
des cas d'amputation dans lesquels l'atrophie cérébrale,
si elle existe, peut être sûrement rattachée à la soustraction du membre enlevé[1]. Ces cas ne sont pas rares,
mais ils ne sont malheureusement pas aussi concordants qu'on le désirerait. Nous rapporterons successi-

---

1. Pour cette raison nous laissons en dehors de la discussion les
observations souvent citées de : Sander, *Centralblatt* 1875, n° 15.
Bazy (*Soc. anat.* 1876); Landouzy (*ibid.* 1877); Jean (*ibid.* 1877);
Oudin (*Rev. mens. de méd. et de chir.* 1878); Marc Sée (*Soc. de chir.*
1878); Gowers (*The Lancet* 1878); Neelsen (*Deutsch Arch. für klin.
Med.* 1879), Broca (*Soc. d'anthrop.* 1880); Edinger (*Virchow's Archiv.*
1882); Bourdon (*Acad. de méd.* 1883); Rumpf (*Arch. für Psych.*
1885); Salesses (*Encéphale* 1886). Sibut (*Thèse doct. Nancy* 1889).

vement ceux dans lesquels on a constaté des atrophies limitées ou diffuses de la région rolandique à la suite d'amputations anciennes du membre supérieur ou du membre inférieur, et ceux dans lesquels on n'a trouvé à l'autopsie aucune altération appréciable du cerveau.

1° CAS POSITIFS

A. *Amputations anciennes du membre supérieur.*

OBS. 137. — Homme, amputé du bras gauche en 1870. Mort de fièvre typhoïde en 1876.

Autopsie. — On trouve une atrophie manifeste du tiers supérieur de la pariétale ascendante droite, portant sur une longueur exacte de 2 centimètres, et une diminution de volume du lobule paracentral du même côté. Protubérance et bulbe non examinés. (Chuquet, *Bull. de la Soc. d'anat.*, 1876.)

OBS. 138. — Homme, 79 ans, amputé du bras gauche, au tiers supérieur, à l'âge de quarante-huit ans, pour une morsure de cheval.

Autopsie. — Tout l'hémisphère cérébral droit est plus petit que le gauche. La frontale ascendante notamment est plus grêle que la gauche. Les pyramides sont égales. L'état de la protubérance et des pédoncules n'est pas indiqué. (De Boyer, *Bull. de la Soc. anat.*, 1877.)

OBS. 139. — Homme, 30 ans, amputé du bras gauche à l'âge de dix-neuf ans. Mort de tuberculose pulmonaire et méningée.

Autopsie. — Les deux circonvolutions ascendantes du côté droit sont plus grêles et plus aplaties que celles du côté opposé. Toutes les autres parties du cerveau sont normales et symétriques. (Raymond, *Progrès médical*, n° 24, 1882.)

OBS. 140. — Femme, morte à 56 ans, après avoir subi, à l'âge de quatre ans, l'amputation du bras gauche.

Autopsie. — La circonvolution pariétale ascendante du côté droit est de moitié plus petite que sa congénère du côté gauche. (Wiglesworth, *Lond. med. Presse*, 1885.)

OBS. 141. — Homme, 32 ans, amputé du bras droit à l'âge de treize ans, à la suite d'un traumatisme.

Autopsie. — Atrophie de la moitié supérieure de la circonvolution frontale ascendante gauche. (Salesses, *Encéphale*, 1886, p. 286.)

OBS. 142. — Homme, 35 ans, amputé de l'avant-bras droit à la partie moyenne en 1872, à la suite d'un traumatisme ; mort en 1887, de tuberculose pulmonaire.

Autopsie. — Les circonvolutions frontale et pariétale ascendantes du côté gauche, dans la moitié supérieure, paraissent déprimées, légèrement aplaties et plus molles que du côté opposé. Le bulbe et la protubérance n'ont pas été examinés (Lamarque, *Bull. de la Soc. d'anat. et de physiol. de Bordeaux*, 26 juillet 1887, t. VII, p. 151.)

B. *Amputations du membre inférieur.*

OBS. 143. — Femme, 65 ans, amputée à vingt ans de la jambe gauche.

Autopsie. — Atrophie notable de l'hémisphère cérébral droit, surtout apparente de la partie supérieure de la circonvolution frontale ascendante et du lobule paracentral. Il y a également atrophie (mais moins prononcée) des parties similaires du côté opposé, qui paraît s'être transmise d'un côté à l'autre par le corps calleux. (Luys, *Soc. biol.* 1875, p. 241.)

Obs. 144. — Vieillard (âge non indiqué), amputé vingt-cinq ans avant sa mort de la cuisse gauche au tiers supérieur.

Autopsie. — Atrophie limitée de la deuxième circonvolution frontale droite[1]. (Luys, *Bull. de la Soc. méd. des hôp. de Paris*, 13 juillet 1877.)

Obs. 145. — Femme, 75 ans, amputée de la jambe gauche au tiers supérieur, depuis plus de trente-cinq ans.

Autopsie. — Atrophie très nette de la frontale ascendante à son point de rencontre avec la première frontale. (Luys, cité par Bourdon, *Bull. Acad. Méd.* 1877.)

Obs. 146. — Femme, 79 ans, amputée de la jambe droite au tiers supérieurs, à l'âge de 27 ans.

Autopsie. — Atrophie de la première frontale à son point d'implantation sur la frontale ascendante. (Luys, cité par Bourdon, *Bull. Acad. Méd.* 1877.)

Obs. 147. — Homme, 71 ans, amputé de la jambe gauche au lieu d'élection trente ans avant sa mort.

Autopsie. — Atrophie générale de l'hémisphère droit sans qu'on puisse signaler aucun point limité qui soit manifestement plus grêle que le point correspondant du côté opposé. Il faut même dire que l'hémisphère droit pesait, malgré son

---

1. Cette atrophie ne devait pas être très marquée, car Féréol déclara que pour lui les deux lobes frontaux avaient le même volume. « Ce cerveau, dit-il, offre une certaine irrégularité mais non une atrophie. » (La remarque de Féréol ne figure pas dans les *Bulletins de la Société médicale des hôpitaux.* Elle se trouve dans le compte rendu de la séance du 13 juillet publié par la *Gazette hebdomadaire de médecine et de chirurgie*, 1877, p. 462.)

atrophie apparente, 5 grammes de plus que le gauche. (Mossé, *Bull. de la Soc. d'anat.*, février 1878.)

Obs. 148. — Homme, 54 ans, amputé de la cuisse gauche depuis dix-huit ans.

Autopsie. — Atrophie manifeste de l'extrémité supérieure de la circonvolution pariétale ascendante. (Battarel, *Alger Médical* 1878.)

Obs. 149. — Homme, 41 ans, amputé en 1859, à l'âge de 21 ans, de la cuisse droite. Mort en 1879.

Autopsie. — Atrophie de la deuxième circonvolution frontale gauche à l'union des deux tiers antérieurs avec le tiers postérieur. (Le Double et Viollet, *Tribune Médicale* 1879, p. 245).

Obs. 150. — Homme, amputé de la cuisse droite en 1846, à 19 ans, consécutivement à un traumatisme du genou. Mort en 1877 de tuberculose.

Autopsie. — Atrophie très sensible du pli de passage de la deuxième circonvolution frontale gauche à la marginale antérieure. La pariétale ascendante est normale ainsi que le lobule paracentral. Rien à signaler dans la protubérance, ni dans le bulbe. (Le Double et Viollet, *Tribune Médicale* 1879, p. 572.)

Obs. 151. — Homme, 54 ans, amputé de la jambe gauche à l'âge de 17 ans.

Autopsie. — Atrophie générale de tout l'hémisphère droit, portant principalement sur le tiers supérieur de la circonvolution pariétale ascendante et sur le lobule paracentral. (Stanislas Alès, *Th. doct.*, Montpellier, 1879.)

Obs. 152. — Amputation de la jambe gauche vingt ans

avans la mort. Atrophie des circonvolutions ascendantes et du lobule paracental du côté droit. (Mills, *Amer. Journ. of Med. Sc.*, 1879.)

Obs. 153. — Homme, 26 ans, amputé en 1875, de la cuisse droite au niveau du tiers moyen ; mort en 1879.

Autopsie. — Les circonvolutions frontale et pariétale ascendantes gauches ainsi que le lobule paracentral paraissent plus grêles que du côté opposé, mais la différence est peu marqués. C'est surtout l'extrémité supérieure de la pariétale ascendante gauche qui paraît atrophiée. (De Varigny, *Bull. de la Soc. anat.* Paris, 1879, p. 492.)

Obs. 154. — Homme, 55 ans, mort de tuberculose pulmonaire dix-huit mois après une amputation de la jambe gauche, pratiquée à la suite d'une arthrite suppurée du genou.

Autopsie.—Les circonvolutions ascendantes du côté droit sont moins volumineuses, dans leur partie supérieure, que celles du côté opposé, mais le lobule paracentral droit est un peu plus gros que le gauche. (Mathieu, *Bull. de la Soc. anat.*, juillet 1882.)

Obs. 155. — Homme, 39 ans, amputé au tiers supérieur de la jambe gauche en 1864, à la suite d'une blessure par arme à feu ; mort de paralysie générale progressive en 1885, vingt et un ans après l'amputation.

Autopsie. — Lésions habituelles de la paralysie générale. En outre, la circonvolution pariétale ascendante droite et le lobule pariétal supérieur sont plus grêles que les parties similaires du côté gauche. Sur des coupes microscopiques, les cellules y sont cependant aussi volumineuses et aussi nombreuses que du côté opposé. Rien d'anormal sur les coupes de la moelle, à la région cervicale et à la partie supérieure du renflement lombaire. Sur les coupes pratiquées au niveau de la portion moyenne du renflement lombaire, la corne antérieure gauche est plus grêle que la droite, et les cellules y sont moins nombreuses que dans la corne antérieure du côté opposé. La différence d'un côté à l'autre est encore plus manifeste sur les coupes de la partie inférieure du renflement lombaire. (William Dudley, *Brain*, vol. IX, 1887, p. 87.)

Obs. 156. — Homme, âge non indiqué, amputé, huit ans avant sa mort, de la jambe droite au lieu d'élection.

Autopsie. — On constate une dépression manifeste au sommet de la frontale ascendante et de la pariétale ascendante. (Desmartin, *Bull. Soc. d'Anat. et de Physiol. de Bordeaux*, 16 avril 1888, t. IX, p. 96.)

Obs. 157. — Homme, 70 ans, amputé, à l'âge de dix ans, de la cuisse droite.

Autopsie. — Atrophie très peu sensible au niveau du tiers supérieur de la circonvolution pariétale ascendante gauche. Pas d'examen de la protubérance, du bulbe ni de la moelle. (Faguet et Mongoas, *Bull. Soc. d'Anat. et de Phys. de Bordeaux*, 1ᵉʳ décembre 1890, t. XI, p. 241.)

Obs. 158. — Atrophie du centre cortical de la jambe chez un amputé de ce membre. (Schaw, *Brit. Med. Journ.*, 1891, p. 946.)

2° CAS NÉGATIFS

A. *Amputations du membre supérieur.*

Obs. 159. — Femme, 45 ans, ayant subi à l'âge de cinq ans la désarticulation de l'épaule gauche.

Autopsie. — Les deux hémisphères sont exactement semblables. Pas d'atrophie des zones motrices.

Obs. 160. — Homme, amputé du bras droit, au siège de Sébastopol. Mort en 1888.

Autopsie. — Pas d'atrophie appréciable du cerveau (Faivre, *Bull. Soc. d'Anat. et de Physiol. de Bordeaux*, 23 juillet 1888, p. 161).

Obs. 161. — Homme, 60 ans, amputé de l'avant-bras gauche, à la suite d'un traumatisme, en 1871. Mort en 1888.

Autopsie. — Les deux hémisphères sont égaux, quoique légèrement asymétriques. Les deux moitiés de la protubérance sont égales et symétriques (Arnozan, *ibid.*, 1888).

Obs. 162. — Jeune fille, 16 ans, amputée en 1888 du bras droit pour une tumeur blanche. Mort en 1890.

Autopsie. — Hémisphères égaux en volume et en poids. Aucune dépression au niveau de la zone motrice (A. Moussous, *ibid.*, 9 juin 1890, t. XI, p. 161).

Obs. 163. — Homme, 47 ans, amputé du bras droit immédiatement au-dessus du coude en 1876, mort en 1883.

Autopsie. — Aucune trace d'asymétrie ou d'atrophie du cerveau (Hayem et Gilbert, *Archives de physiologie*, 1884, t. I, p. 430).

B. *Amputations du membre inférieur.*

Obs. 164. — Homme, mort de fièvre typhoïde trente ans après avoir subi, pour une tumeur blanche du genou, l'amputation de la cuisse au tiers inférieur.

Autopsie. — Atrophie du renflement lombaire de la

moelle. Les deux moitiés du cerveau sont égales et symétriques. (Geuzmer, *Virchow's Archiv*, 66.)

Obs. 165. — Homme, mort à 57 ans, de tuberculose pulmonaire, après avoir été amputé de la jambe droite au tiers supérieur, à l'âge de huit ans. Le cerveau ne présentait aucune atrophie limitée, aucune asymétrie dans le développement des hémisphères. (Féré et Mayor, *Soc. anat.*, 1877.)

Obs. 166. — Homme, mort neuf mois et demi après l'amputation d'une cuisse. Égalité complète des deux hémisphères cérébraux. (Brun, *Soc. anat.*, 1877.)

Obs. 167. — Femme, 54 ans, amputée de la jambe droite au lieu d'élection, pour un ostéo-sarcome du tibia, quatre ans avant sa mort. Pas d'atrophie du cerveau. (Girardeau, *Th. doct.*, Bordeaux, 1883.)

Obs. 168. — Homme, 72 ans, amputé de la cuisse gauche au tiers inférieur, trente ans auparavant. Pas d'atrophie appréciable du cerveau. (*Ibid.*)

Obs. 169. — Homme, 75 ans, amputé de la cuisse gauche au tiers inférieur, huit ans avant sa mort. Pas d'atrophie du cerveau. (*Ibid.*)

Obs. 170. — Homme, 57 ans, amputé il y a trente ans de la cuisse droite à l'union du tiers supérieur et du tiers moyen, pour une tumeur blanche du genou. Mort de tuberculose pulmonaire en 1884.
Autopsie. — Aucune atrophie appréciable de l'hémisphère cérébral gauche. Pas d'asymétrie du bulbe, de la protubérance ni des pédoncules. (Suzanne, *Bull. Soc. d'Anat. et de Physiol. de Bordeaux*, 1884, t. V, p. 226.)

Obs. 171. — Homme, 55 ans, amputé, le 14 novembre 1879, au tiers supérieur de la cuisse gauche, devient paralytique général, et meurt le 2 avril 1886, six ans et demi après l'amputation.

Autopsie. — Aucune différence appréciable des circonvolutions d'un côté à l'autre. Pas d'asymétrie de la protubérance ni du bulbe. Atrophie de la région lombaire moyenne et inférieure. Aucun changement dans les régions cervicale, dorsale et lombaire supérieure. (Ernest S. Reynolds, *Brain,* t. IX, 1887, p. 494.)

Obs. 172. — Homme, 80 ans, amputé de la cuisse soixante ans auparavant. Rien de particulier dans le cerveau. (De Sardac, *Bull. Soc. d'Anat. et de Physiol. de Bordeaux,* 24 déc. 1888, p. 550.)

Obs. 173. — Homme, 59 ans, amputé depuis quarante-trois ans de la cuisse gauche. Mort de tuberculose.

Autopsie. — Pas d'asymétrie des circonvolutions; pas d'atrophie limitée. (Sabrazès, *ibid.,* 27 mai 1889, p. 115.)

En résumé, sur un total de *trente-sept* cas d'amputations anciennes, une atrophie plus ou moins marquée de la région rolandique du côté opposé, existait *vingt et une* fois et faisait défaut *seize* fois.

L'analyse de ces trente-sept observations ne permet pas de préciser les causes en vertu desquelles l'atrophie cérébrale se produit dans un certain nombre de cas et ne se produit pas dans les autres.

L'existence de l'atrophie consécutive paraît être un peu plus fréquente à la suite des amputations du membre supérieur (9 fois sur 14, soit 66,4 pour 100) qu'à la suite des amputations du membre inférieur (14 fois sur 23, soit 60,8 pour 100) : mais la différence est si faible qu'il est impossible d'en tirer des déductions sérieuses.

Il semble également que l'atrophie cérébrale croisée survienne un peu plus souvent chez les sujets amputés avant l'âge adulte que chez les sujets amputés après trente ans. Mais la règle est loin d'être absolue, car le cerveau était atrophié dans les observations 138, 147 et 154, où l'amputation avait été pratiquée à 31, 41 et 51 ans et il n'était pas atrophié dans les observations 159, 165, 162, 173, 172, 170 et 171, où l'amputation avait été faite à 5. 8, 12, 16, 20, 27 et 28 ans.

Le retentissement de l'amputation sur les centres nerveux dépendrait-il de l'étendue plus ou moins grande des tissus soustraits par l'opération à l'influence des centres moteurs corticaux ? Non, car l'atrophie était très appréciable dans des cas d'amputation de l'avant-bras (obs. 142) ou de la jambe (obs. 145, 146, 147, 151, 152, 154, 155, 156), tandis qu'elle manquait dans des cas où l'amputation avait porté sur le bras (obs. 159, 160) ou la cuisse (obs. 164, 166, 168, 169, 170, 171, 172 et 173).

Une seule chose paraît ressortir bien nettement de l'analyse des documents que nous possédons, c'est que l'atrophie cérébrale, quand elle existe, n'est pas le résultat d'une altération ascendante se continuant sans interruption depuis le renflement lombaire ou le renflement cervico-brachial de la moelle épinière jusqu'aux circonvolutions rolandiques.

L'amputation d'un membre est toujours suivie d'une atrophie unilatérale limitée à la région médullaire correspondant au membre amputé. Au-dessus de cette région, les cornes de substance grise et les cordons blancs du myélaxe ne présentent jamais aucune altération. Toutes les fois qu'on a examiné le bulbe, la protubérance et les pédoncules, on les a invariablement trouvés normaux. Si donc, dans un certain nombre de cas, il existe des atrophies localisées du cerveau, ces atrophies ne dépendent pas d'une altération systématique, envahissant de proche en proche un des appareils spécialisés des centres nerveux, comme le font les scléroses descendantes du faisceau pyramidal. Elles naissent *in situ* et résultent vraisemblablement de l'inertie fonctionnelle d'une partie des éléments anatomiques contenus dans les centres moteurs corticaux et rendus inutiles par le fait de la suppression des membres dont ils étaient destinés à stimuler et à diriger l'activité motrice. Quel que soit d'ailleurs leur mode de production, elles ne sont ni assez constantes ni assez régulièrement circonscrites pour que leur étude puisse utilement servir à la détermination de la topographie fonctionnelle de la zone motrice corticale.

CHAPITRE X

DES OBSERVATIONS CONTRADICTOIRES

Nous avons indiqué, à propos de chacune des questions traitées dans les chapitres précédents, les conclusions particulières qui nous paraissaient appuyées sur des groupes cohérents d'observations régulières. Mais nous avons presque toujours omis de faire allusion aux observations contradictoires. La raison en est fort simple : ces observations contradictoires, dont quelques auteurs parlent avec une complaisance marquée, n'ont, en général, aucune valeur démonstrative. Quand on remonte aux sources, on ne tarde pas à acquérir la certitude qu'elles ne méritent pas d'être prises en sérieuse considération. Après avoir soigneusement étudié une à une, en 1883, toutes celles qui avaient été publiées dans le courant des cinq années précédentes, nous avons pu démontrer qu'elles péchaient toutes, soit par l'insuffisance des détails cliniques ou des descriptions nécroscopiques, soit parce qu'elles se rapportaient à des cas complexes passibles d'interprétations variées. Il nous paraît inutile de recommencer aujourd'hui ce fastidieux travail d'analyse. Aussi bien, l'intérêt des faits donnés comme contradictoires est de beaucoup diminué depuis que la doctrine des localisations motrices a conquis l'assentiment de la grande majorité des cliniciens. Tout le monde comprend que ce n'est pas en opposant triomphalement quelques cas exceptionnels au groupe compact des observations rentrant dans les lois générales qu'on peut rendre service à la science. « Le rôle de la critique sérieuse et vraiment utile, dit excellemment Claude Bernard, n'est pas d'opposer des faits à des faits, mais de chercher la raison des divergences apparentes dans les résultats et d'établir par là les conditions exactes des phénomènes. » Si donc, un fait particulier paraît de prime abord en opposition avec des lois solidement établies, il faut, avant de mettre en doute la légitimité de ces lois, s'efforcer de déterminer les circonstances spéciales qui pourraient rendre compte de l'exception observée. Un exemple fera comprendre notre pensée. Dans l'immense majorité des cas, les paralysies d'origine cérébrale sont croisées par rapport aux lésions qui les déterminent, c'est-à-dire que les lésions de l'hémisphère droit du cerveau donnent lieu à des paralysies du côté gauche du corps et les lésions de l'hémisphère gauche à des paralysies du côté droit. Telle est la loi. Elle est établie sur d'innombrables observations et trouve son explication naturelle dans le fait de la décussation des faisceaux pyramidaux au niveau de l'entre-croisement de Mistichelli. Eh bien! cette loi n'est pas absolue. Il existe dans la science quelques observations d'hémiplégies d'un côté du corps provoquées par des lésions de l'hémisphère cérébral du même côté. En voici une qui est accompagnée de détails assez précis pour ne laisser aucun doute. Nous la devons à M. le Dr Bidon, médecin des hôpitaux de Marseille, qui nous l'a obligeamment communiquée :

Obs. 174. — **Hémiplégie gauche avec aphasie. Ramollissement cortical de la moitié inférieure des circonvolutions rolandiques du côté gauche et du pied de la troisième circonvolution frontale gauche. — Atrophie et dégénération secondaire du pédoncule cérébral gauche. — Sclérose descendante des cordons antérieur et latéral gauches de la moelle épinière (fig. 56 et 57).**

S... Marius, âgé de 66 ans, charretier, assez robuste, n'a pas d'antécédents héréditaires. D'une bonne santé habituelle,

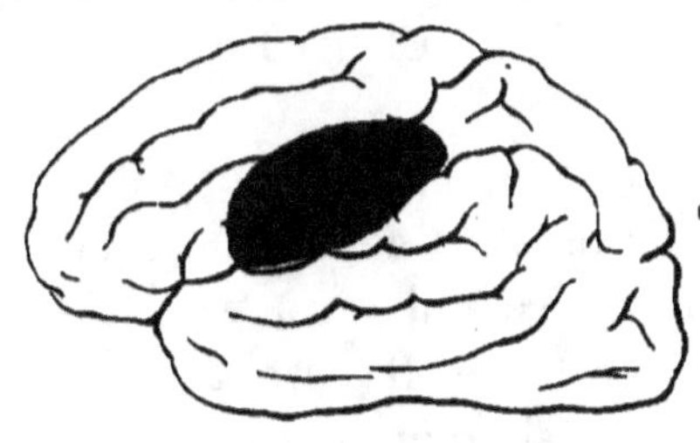

Fig. 56.

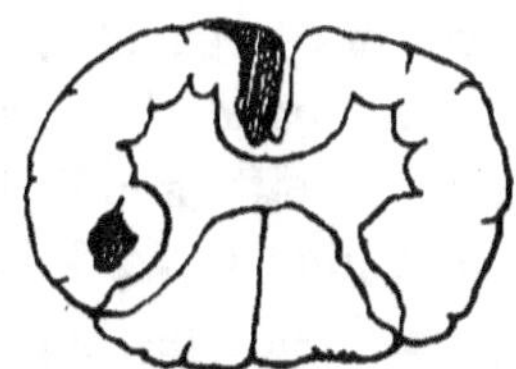

Fig. 57.

sans atteinte de syphilis ni d'alcoolisme, il a beaucoup travaillé, eu cinq enfants et souffert de la misère. Au commencement de 1885, il commença à éprouver de l'engourdissement dans la main et le bras gauche, un peu de céphalalgie frontale et des vertiges. Cela dura quelques semaines au bout desquelles éclata un ictus apoplectique incomplet, probablement sans perte de connaissance. On ne sait pas s'il a existé des convulsions. Au sortir de cette attaque il y eut un affaiblissement très grand et progressif des membres du côté *gauche* avec déviation faciale et *aphasie*. Tels sont les renseignements qu'il m'a été possible d'arracher au malade en multipliant les questions, car personne ne vient le voir et il ne répond que par signes.

En avril 1886, je constate, en prenant le service, une *hémiplégie gauche* complète avec contracture rigide. Le *membre inférieur* est le moins atteint quoique sa raideur empêche la marche. Son réflexe rotulien est très accru ; on peut provoquer un peu de trépidation épileptoïde. Le *membre supérieur* est absolument immobilisé, collé au corps dans l'attitude de la paralysie cérébrale ; bras appliqué sur le côté externe du thorax ; coude très légèrement fléchi ; avant-bras à la fois en flexion légère et adduction de manière à porter la main vers la région ombilicale ; poignet fortement fléchi ; doigts repliés dans la paume, sur le pouce. Le côté correspondant de la *face* est raide ; la commissure labiale gauche est attirée plus haut que la droite. La langue est à peine déviée vers la gauche, assez mobile.

Les *membres droits* semblent avoir conservé leur vigueur : la main droite a une force de pression de 40 kilogrammes et la jambe de 52 kilogrammes, ce qui est à peu près la moyenne pour les hommes de cet âge. Il n'est pas possible d'y découvrir une exagération quelconque des réflexes tendineux.

La *sensibilité*, sous ses différents modes, paraît bien conservée. La vision, notamment, est normale.

Il existe une *aphasie motrice complète*. Le malade n'articule jamais un mot ; il conserve la seule syllabe : ma... ma... ma... qu'il répète avec des intonations variées selon l'émotion du moment. Il comprend très bien tout ce qu'on lui dit et répond avec justesse par signes. Il nous apprend ainsi, outre les commémoratifs donnés plus haut, qu'il ne sait ni lire ni écrire, qu'il n'est jamais allé à l'école et, d'autre part, qu'il n'est pas gaucher. Mais il est incapable de répéter les mots qu'on prononce devant lui. Quand on lui montre un objet, il en reconnaît de suite l'usage. Pour voir s'il en sait le nom, on lui montre un porte-plume et on lui demande si c'est une cuiller, etc. ; il fait avec la main des gestes négatifs et répond, au contraire affirmativement dès qu'on prononce le mot porte-plume. En mettant devant lui des couteaux, des verres, des crayons, etc., il prend sans hésitation l'ustensile qu'on lui nomme. Il montre également très bien celui des médecins ou des élèves dont on lui dit le nom.

Son émotivité exagérée s'exprime assez bien par les variétés d'intonation de son cri uniforme : ma... ma... ma.... Il témoigne une vive affection pour ceux qui s'occupent de lui et pleure à leur approche. Par moment, il a de courts entêtements dont il revient assez vite du reste.

Les *fonctions organiques* s'exécutent bien. Les sphincters ne sont pas atteints; ils l'ont été un peu au début. On perçoit à la base du cœur un léger souffle d'insuffisance aortique. Les artères sont un peu dures.

J'observai le malade pendant deux mois encore sans rien noter de particulier. Au commencement de juin, il contracta une broncho-pneumonie prédominante du côté paralysé; il mourut au douzième jour.

L'*autopsie* est faite vingt-cinq heures après le décès. On trouve des foyers de broncho-pneumonie, plus avancés et plus nombreux dans le poumon gauche. Au cœur, les valvules aortiques sont un peu insuffisantes et portent quelques végétations sur leurs bords. Dans l'aorte, quelques petites plaques d'athérome.

Dans le *cerveau*, l'*hémisphère droit* est tout à fait intact à l'examen macroscopique.

Hémisphère gauche. — Dès qu'on a enlevé les méninges, à peine un peu adhérentes vers le sillon inter-hémisphérique, on découvre une large plaque de ramollissement ancien dont le bord part du bas de la branche ascendante de la scissure de Sylvius, parallèlement à laquelle il marche à un demi-centimètre en avant, remonte jusqu'au sillon frontal inférieur (entre F^2 et F^3), empiète à peine sur la partie la plus inférieure et postérieure de la deuxième frontale, suit un moment le sillon pré-frontal, prenant la moitié inférieure de la frontale ascendante, puis, à partir du sillon rolandique, redescend sur la pariétale ascendante dont il occupe la partie antérieure, et se dirige à quelques millimètres de la branche horizontale de la scissure de Sylvius, pour rejoindre le point de départ.

Sur les diverses coupes de Flechsig et de Pitres combinées, on voit que le ramollissement atteint toute l'épaisseur de la substance grise et s'enfonce de quelques millimètres dans la substance blanche, sans arriver au contact des noyaux centraux. La capsule interne et tous les autres points de l'hémisphère paraissent normaux.

Le pied du *pédoncule cérébral gauche*, plus petit que la région symétrique droite, est parcouru par une bande longitudinale, un peu plus grisâtre que les faisceaux voisins, de 2 à 3 millimètres de largeur. Elle paraît se perdre en haut dans l'hémisphère et en bas dans la protubérance.

Au *bulbe* la pyramide antérieure droite est normale. Au contraire, depuis la protubérance jusqu'à son union à la moelle, toute la *pyramide antérieure gauche* a la même teinte grisâtre que la bandelette du pédoncule cérébral. Elle est un peu plus étroite que la pyramide droite dans le sens transversal, de sorte que le sillon médian du bulbe est plus ouvert qu'à l'ordinaire. Mais, chose étonnante, quand on écarte les bords de cette fente, on en voit facilement le fond, sans pouvoir découvrir à sa partie inférieure les quelques faisceaux qui le traversent habituellement pour aller d'une pyramide à celle du côté opposé. La bandelette dégénérée se poursuit, sans s'amincir, dans la moelle cervicale dont elle constitue le faisceau pyramidal direct. Même par la section du bulbe il est impossible de trouver trace du passage des faisceaux internes d'une pyramide dans celle du côté opposé. A l'état normal, au contraire, il est facile de voir cet entrecroisement du faisceau pyramidal qui forme une sorte de natte haute d'environ 2 centimètres.

L'histologie confirme ces données. Tandis que dans la région de la pyramide motrice gauche on ne trouve qu'un nombre insignifiant de tubes nerveux sains et qu'on voit bien le tissu de sclérose en pleine voie de prolifération, les autres points du bulbe ne montrent pas d'altération. Au-dessous de la moelle allongée, il en est de même. Le faisceau pyramidal direct gauche est tout entier le siège d'une sclérose très manifeste. Cette partie de la coupe (faisceau de Türck) empiète légèrement sur le bord antéro-externe du faisceau antéro-latéral fondamental et paraît au moins deux fois plus étendue que normalement. La surface occupée d'ordinaire par le faisceau pyramidal croisé (c'est-à-dire l'espace elliptique compris entre le faisceau de Gowers et le faisceau antéro-latéral fondamental en avant, la zone marginale externe, la corne postérieure et la zone externe de Lissauer en arrière et en dedans, le faisceau cérébelleux en dehors) contient du côté gauche quelques fibres dégénérées, tassées dans un champ bien moins vaste que celui occupé communément par ce faisceau. Le côté droit et les autres parties de la moelle sont normaux, au moins dans la moitié supérieure de la portion cervicale que j'ai seule examinée.

Si M. Bidon s'était contenté de noter la coexistence d'une hémiplégie du côté gauche avec une lésion de l'hémisphère cérébral gauche, son observation n'aurait, pour ainsi dire, aucune importance. On la classerait à côté des observations du même genre publiées antérieurement, et, ne comprenant pas les raisons d'une dérogation grossière à la loi maintes fois vérifiée de l'action croisée des hémisphères cérébraux, on ne pourrait en tirer aucun profit. Mais M. Bidon a cherché et trouvé la cause de l'inversion du rapport habituel des lésions aux symptômes. Dès lors, tout s'éclaire et s'explique. Pourquoi les paralysies d'origine cérébrale siègent-elles d'ordinaire du côté opposé du corps? Parce que le faisceau pyramidal s'entre-croise chez presque tous les sujets. Pourquoi, chez le malade observé par M. Bidon, l'hémiplégie siégeait-elle du même côté que la lésion cérébrale? Parce que, chez ce malade, l'entre-croisement des pyramides faisait défaut. Des exceptions de ce genre ne changent rien aux lois générales de la pathologie cérébrale : on pourrait presque dire qu'elles les confirment.

C'est dans cet esprit qu'il conviendrait, ce nous semble, d'étudier désormais les faits exceptionnels paraissant en opposition avec les principes fondamentaux de la doctrine des localisations motrices dans l'écorce des hémisphères cérébraux. Il reste assurément sur ce sujet bien des incertitudes à dissiper, bien des détails à préciser, bien des découvertes nouvelles à accomplir.

Mais il y a d'ores et déjà un ensemble de lois solidement établies que quelques faits exceptionnels ne sauraient ébranler. Sans avoir la généralité absolue des solutions mathématiques, ces lois expriment des rapports si constants que nous n'hésitons pas à déclarer que toute théorie des fonctions cérébrales qui n'en tiendrait pas compte dans ses prémisses ou qui serait en désaccord formel avec elles, devrait être tenue pour erronee, quels que soient d'ailleurs les faits expérimentaux ou les raisonnements psychologiques invoqués à son appui.

CONCLUSIONS

Les principaux résultats fournis par l'application de
la méthode anatomo-clinique à l'étude des fonctions
motrices du cerveau humain, peuvent être résumés
dans les conclusions suivantes :

1. L'existence ou l'absence de troubles de la motilité
à la suite des lésions des circonvolutions cérébrales
de l'homme, est en rapport constant avec la distribution topographique de ces lésions.

2. Les circonvolutions du cerveau humain doivent
être, au point de vue de leur action sur les fonctions
de la motricité, divisées en deux zones distinctes : la
zone latente et la zone motrice.

3. La *zone latente* comprend toute l'écorce cérébrale, sauf les parties contiguës au sillon de Rolando. Ses lésions destructives, même très étendues,
ne provoquent pas de paralysies des mouvements. Elles
ne sont pas suivies de dégénération secondaire du
faisceau pyramidal.

4. La *zone motrice* comprend seulement les circonvolutions qui entourent le sillon de Rolando, c'est-
à-dire la circonvolution frontale ascendante, la circonvolution pariétale ascendante, le lobule paracentral **et**

l'opercule rolandique. Ses lésions destructives, même circonscrites, provoquent toujours des paralysies permanentes dans un ou plusieurs groupes musculaires du côté opposé du corps ; elles sont suivies de dégéné-ration secondaire systématique du faisceau pyramidal.

5. La zone motrice est formée par la juxtaposition de plusieurs centres présidant chacun pour son propre compte à la motricité d'un membre ou d'un groupe musculaire du côté opposé du corps.

6. Les centres moteurs corticaux de l'homme sont disposés de haut en bas dans l'ordre suivant :

a. Le centre du membre inférieur, dans le lobule paracentral et le quart supérieur des circonvolutions ascendantes ;

b. Le centre du membre supérieur, dans les deux quarts moyens des circonvolutions ascendantes ;

c. Les centres de la face, de la langue et peut-être du larynx, dans l'opercule rolandique et le quart inférieur des circonvolutions ascendantes.

7. La topographie des centres moteurs corticaux de l'homme est surtout démontrée par l'étude anatomo-clinique des paralysies motrices d'origine corticale. Ces paralysies sont étendues ou circonscrites selon que les lésions de l'écorce dont elles dépendent ont une extension plus ou moins grande, et elles affectent telle ou telle partie déterminée du corps selon que ces lésions siègent sur telle ou telle partie déterminée de la zone motrice du côté opposé.

8. Les *hémiplégies totales* résultent de lésions destructives étendues à la totalité ou à une grande partie de l'aire des circonvolutions rolandiques du côté opposé.

9. Les *monoplégies associées de la variété brachio-crurale* sont produites par des lésions siégeant sur la moitié supérieure des circonvolutions rolandiques ; les *monoplégies associées de la variété brachio-faciale*, par des lésions siégeant sur la moitié inférieure des circonvolutions rolandiques.

10. Les *monoplégies pures du membre inférieur* sont en rapport avec des lésions limitées au lobule parencentral ou au quart supérieur de la zone motrice ; les *monoplégies pures du membre supérieur*, **avec des** lésions limitées aux deux quarts moyens de la zone motrice ; les *monoplégies pures de la face et de la langue*, avec des lésions limitées à l'opercule rolandique ou au quart inférieur de la zone motrice.

11. L'existence de centres moteurs corticaux distincts pour les muscles présidant à la phonation, à la rotation de la tête, à la déviation conjuguée des yeux, à l'élévation de la paupière supérieure, à l'occlusion des paupières, à la mastication est encore douteuse ou insuffisamment démontrée.

12. Les paralysies d'origine corticale s'accompagnent parfois de troubles de la sensibilité cutanée ou musculaire ; mais ces troubles sensitifs, éventuellement associés aux paralysies motrices, n'ont aucun rapport con-

stant et nécessaire avec les lésions de la zone motrice. Les centres moteurs corticaux de la région rolandique ne sont donc pas des organes sensitivo-moteurs.

13. L'épilepsie partielle à aura motrice paraît avoir pour condition pathogénique essentielle, une irritation des appareils moteurs intra-corticaux. Quand elle dépend de lésions circonscrites de l'écorce, ces lésions siègent habituellement au niveau ou au voisinage des centres moteurs corticaux correspondant aux muscles dans lesquels se produisent les convulsions initiales des accès.

14. Les atrophies limitées qui se produisent parfois dans la zone motrice d'un côté à la suite des amputations anciennes de l'un des membres du côté opposé ne sont pas le résultat d'une altération ascendante systématique remontant sans interruption de la moelle au cerveau. Elles paraissent dues à l'inertie fonctionnelle des centres moteurs corticaux devenus inutiles par suite de la soustraction des parties auxquelles s'appliquait leur activité. Mais l'inconstance de leur apparition et la variabilité de leur étendue ne permettent guère d'en tirer parti pour l'analyse rigoureuse des régions fonctionnellement distinctes des circonvolutions cérébrales.

TABLE DES MATIÈRES

28 532. — PARIS, IMPRIMERIE LAHURE
9. Rue de Fleurus, 9.

CENTRES CORTICAUX MOTEURS.

DEUXIÈME VOLUME

Maladies de l'appareil circulatoire et du sang, 1 vol., relié
en peau pleine souple...................................... 10 »

TROISIÈME VOLUME

Maladies du système nerveux, 1 vol., relié en peau pleine
souple, avec 51 figures dans le texte, dont 23 en couleurs...... 16 »

QUATRIÈME VOLUME

Maladies du système nerveux (deuxième partie). 1 vol.,
relié en peau pleine souple, avec 11 figures dans le texte .... 16 »

CINQUIÈME VOLUME

Maladies du tube digestif et du péritoine, 1 vol., relié en
peau pleine souple.. 16 »

par le Dᵣ G.-M Dɛ-
ᴍᴏᴠᴇ, membre de l'Académie de médecine, professeur à la Faculté
de médecine, médecin de l'hôpital Andral, et le Dᵣ A. Rᴇᴍᴏɴᴅ
(de Metz), professeur agrégé à la Faculté de médecine de Tou-
louse. 1 vol. in-8° raisin. reliure d'amateur, tête dorée .... 12 »

par le Dᵣ A. Mᴀᴛʜɪᴇᴜ. 1 vol. in-8° carre. reliure d'amateur, tête dorée.. 8 »

par le Dᵣ Dᴏʏᴇɴ, de Reims. — *Sous presse.*

par le Dᵣ Jᴜʟᴇs Cᴏᴍʙʏ,
médecin de l'hôpital Tenon. 1 vol. de 900 p., reliure d'amateur,
peau pleine rouge, tête dorée...... .... 12 »

*Thérapeutique et prophylaxie des maladies des
enfants*, par le Dᵣ Jᴜʟᴇs Cᴏᴍʙʏ, médecin de l'hôpital Tenon et des
dispensaires pour enfants malades de la Sociéte philanthropique.
1 vol. in-16, reliure d'amateur maroquin écrasé, tête dorée .... 10 »

par le
Dᵣ E. Fᴇʀɪᴇʀ. 1 vol. — *Sous presse.*

par le Dᵣ Pᴀᴜʟ Rᴀʏᴍᴏɴᴅ, ancien interne des hôpitaux,
lauréat de l'Académie de médecine, lauréat de la Faculté de médecine. Ouvrage couronné par l'Académie de médecine (Prix de
l'Hygiène de l'enfance. 1892). 1 vol. in-16, broché............. 2 50

par le Dᵣ Hᴇɴʀɪ
Cᴏʟɪɴ, ancien interne des asiles de la Seine et de l'Infirmerie spéciale du Dépôt, médecin adjoint des asiles d'aliénés de la Seine;
préface de M. le professeur Cʜᴀʀᴄᴏᴛ, avec 82 figures dans le
texte et 8 planches ophtalmologiques hors texte. 1 vol. in-8°, br. 5 »

par le Dᵣ Pᴀᴜʟ Bʟᴏᴄǫ,
chef des travaux d'anatomie pathologique à la Clinique des maladies du système nerveux de la Faculté, lauréat de la Société
médico-psychologique, de la Faculté, de l'Académie de médecine

[illegible] par le Dʳ A. AUVARD, accoucheur des hôpitaux. 1 vol. in-32 colombier, illustré de 100 gravures, dont 54 en couleurs et 11 aquarelles reproduites en chromotypographie, reliure d'amateur, peau pleine souple, tête dorée.. 8 »

[illegible] par le Dʳ A. AUVARD, accoucheur des hôpitaux. 1 vol. in-32 colombier, illustré de 100 gravures, dont 29 en couleurs et 1 aquarelle reproduite en chromotypographie, reliure d'amateur, peau pleine souple, tête dorée. 8 »

[illegible] (*Traitements anciens et nouveaux*), par le Dʳ F.-P. GUIARD, ancien interne des hôpitaux, avec une préface du professeur GUYON. 1 vol. in-8° carré, reliure d'amateur, peau pleine..... 8 »

[illegible] publié sous la direction du Dʳ A. AUVARD, accoucheur des hôpitaux. Cet ouvrage se compose de 7 volumes format in-16 carré, reliure d'amateur, peau pleine souple, tranches dorées, qui sont répartis de la façon suivante :

TOME Iᵉʳ. — *Indications thérapeutiques*, par le Dʳ A. AUVARD 6 50

TOME II. — *Thérapeutique générale et hygiène*, par le Dʳ E. CAUBET.................................. .... 4 50

TOME III. — *Médications locales*, avec 35 figures dans le texte, par le Dʳ DE KERVILLY.............................. 4 50

TOME IV. — *Opérations*, avec 112 figures dans le texte, par le Dʳ BERLIN... 7 50

TOME V. — *Électricité*, avec 20 figures dans le texte, par le Dʳ TOUVENAINT...................................... 4 50

TOME VI. — *Massage*, avec 64 figures dans le texte, par le Dʳ D'HOTMAN DE VILLIERS............................... 4 50

TOME VII. — *Hydrothérapie et eaux minérales*, par le Dʳ OZENNE... 4 50

Les sept volumes réunis en un élégant carton............. 33 »

[illegible] par le Dʳ E. DOYEN. 1 vol. in-16 double couronne, broché, tête dorée................... 1 50

[illegible] par le Dʳ JOAL, du Mont-Dore, 1 vol. in-16, cartonné toile..................... 3 50

[illegible], par le Dʳ MARTHA, ancien interne des hôpitaux...................................... 4 »

[illegible] par M. MAURICE ARTHUS, préparateur à la Faculté des sciences, docteur ès sciences. 4 »

[illegible] par M. HELD, professeur à l'École de pharmacie de Nancy............................. 4 »

Guide de l'étudiant au Jardin botanique de l'École supérieure de Pharmacie de Paris, *contenant un résumé des caractères des familles végétales et un plan du jardin*, par Léon Guignard, professeur à l'École supérieure de Pharmacie, directeur du Jardin botanique. 1 vol. in-16, cartonné toile..... **4 »**

Agenda du pharmacien-chimiste, *manuel du praticien*, par A. Bouriez, pharmacien de 1re classe et chimiste à Lille, lauréat de la Faculté de médecine et de la Société des sciences, licencié ès sciences naturelles. 1 vol. in-16, cartonné toile..... **4 »**

Manuel de chimie clinique, *analyse de l'urine, des calculs, concrétions et sédiments, des transsudats et exsudats liquides, des liquides kystiques et du suc gastrique*, par le Dr Bourget, professeur à la Faculté de médecine de Lausanne. 1 vol. in-16, cartonné toile.................... **3 50**

Technique élémentaire de bactériologie, *à l'usage des médecins*, par le Dr C.-J. Salomonsen, professeur agrégé à l'Université de Copenhague, directeur du Laboratoire de bactériologie médicale; traduit par le Dr R. Durand-Fardel, ancien chef de clinique médicale, préparateur au Laboratoire d'anatomie pathologique de la Faculté de Paris. 1 vol. in-16, cartonné toile... **4 »**

Technique des pratiques hydrothérapiques, *observations pratiques sur la forme, la pression, la durée des procédés hydrothérapiques*, par le Dr L.-C. Burgonzio, traduit de l'italien, avec notes et commentaires par le Dr Max Durand-Fardel, membre de l'Académie de médecine, médecin inspecteur des sources d'Hauterive, à Vichy, président honoraire de la Société d'hydrologie médicale de Paris et du Congrès international d'hydrologie et de climatologie. 1 vol. in-16, cartonné toile.... **4 »**

Les végétations adénoïdes dans l'histoire. *La maladie et la mort de François II*, par le Dr Poriquet. 1 vol. illustré de vignettes et portraits, 3 fr. 50. — *Il a été tiré de cet ouvrage 100 exemplaires sur papier de Hollande, numérotés à la presse de 1 à 100.* **10 »**

Revue des médicaments nouveaux et de quelques médications nouvelles, par C. Crinon, pharmacien de 1re classe, membre de la Société de Pharmacie de Paris, directeur du *Répertoire de Pharmacie*. 3e édition, revue et augmentée. 1 vol. in-18, cartonné toile...................... **4 »**

Éléments d'hygiène et de zootechnie, par M. Rossignol, professeur à l'École d'agriculture de Melun, et M. Dechambre, répétiteur de zootechnie à l'École vétérinaire d'Alfort. 2 vol. in-16, avec nombreuses figures dans le texte. Reliure en peau rouge, tête dorée. Chaque volume...................... **6 »**

Corbeil. — Imprimerie Crété de l'Arbre.